中国汽车低碳行动计划丛书

面向碳中和的
汽车行业低碳发展
战略与转型路径

（CALCP 2024）

中汽数据有限公司 组编

冯屹 等著

机械工业出版社
CHINA MACHINE PRESS

本书在全面核算汽车全生命周期碳排放的基础上，研究提出汽车行业低碳转型路径，并对转型路径减排潜力进行了量化分析，最后提出科学合理的中国汽车低碳发展战略与转型路径建议。本书通过对汽车全生命周期碳排放的核算及对转型路径减排潜力的分析，支撑汽车行业分解及落实"双碳"目标、制定切实可行的长期规划方案和管理政策、引导汽车行业开展碳减排等工作。

本书适用于汽车生命周期评价、碳足迹研究及碳达峰碳中和相关规划等汽车行业有关人员学习参考，也可作为普通高等院校汽车相关专业师生的参考书。

图书在版编目（CIP）数据

面向碳中和的汽车行业低碳发展战略与转型路径：CALCP 2024 / 中汽数据有限公司组编；冯屹等著. 2版. – – 北京：机械工业出版社，2025. 1. – –（中国汽车低碳行动计划丛书）. – – ISBN 978-7-111-77625-3

Ⅰ. F426.471

中国国家版本馆 CIP 数据核字第 2025LS2598 号

机械工业出版社（北京市百万庄大街 22 号　邮政编码 100037）
策划编辑：王　婕　　　　　责任编辑：王　婕
责任校对：龚思文　张昕妍　　责任印制：刘　媛
北京中科印刷有限公司印刷
2025 年 4 月第 2 版第 1 次印刷
169mm×239mm・23.75 印张・2 插页・359 千字
标准书号：ISBN 978-7-111-77625-3
定价：269.00 元

电话服务　　　　　　网络服务
客服电话：010-88361066　机　工　官　网：www.cmpbook.com
　　　　　010-88379833　机　工　官　博：weibo.com/cmp1952
　　　　　010-68326294　金　书　网：www.golden-book.com
封底无防伪标均为盗版　机工教育服务网：www.cmpedu.com

面向碳中和的汽车行业低碳发展战略与转型路径
（CALCP 2024）

编委会

编委会主任：冯 屹　赵冬昶
编委会副主任：赵明楠　孙 锌
编委会委员（按姓氏笔画排序）：

于佳鑫	马翠梅	王 震	王文恺	石丽娜
卢林峰	付 丽	朱 云	朱 瑾	任 悦
任嘉祥	刘 晶	刘牧心	刘春辉	刘焕然
刘颖昊	齐 亮	孙晓行	纪柯柯	李 贞
李家昂	杨 熹	来鑫雪	吴 博	吴金龙
宋昌素	张 廷	张 妍	张 敏	张木泽
张少君	张宇平	张红杰	张晓玲	张铜柱
张逸娟	张晶杰	陈 琨	武佳丽	苟 斌
林 宇	郑馨竺	孟大海	赵 津	赵天宁
郝婧姝	柳邵辉	钟绍良	姜福铭	骆 曼
莫科凡	夏菖佑	顾 军	徐国强	凌晨冰
郭 辉	郭德卿	常 维	康医飞	梁 希
梁啸林	宿 睿	韩 鹏	韩文轩	焦显辉
雷振鲁	樊 平	薛兴宇		

序 FOREWORD

2024年，全球气候变化带来的挑战依然严峻。政府间气候变化专门委员会（IPCC）的最新报告中指出，全球气温正以前所未有的速度上升，若继续忽视这一问题，未来可能会导致更多的极端天气事件和生态破坏。面对这些挑战，我们亟须采取切实有效的行动来应对。

同时，国际社会对碳中和目标的共识更加明确，绿色低碳转型成为全球经济重塑的重要驱动力。截至2024年底，全球共有197个缔约方提交了其国家自主贡献（NDC），这些国家的减排承诺覆盖了全球93%的温室气体排放。同时，已有145个国家宣布了碳中和目标，这些国家占全球88%的碳排放、93%的全球GDP和89%的全球人口。这一趋势表明，气候行动已成为全球共同的责任，国际社会正携手迈向更绿色、更低碳的未来。

中国作为《巴黎协定》的签署国，积极响应全球气候治理的号召，提出了力争2030年前达到碳排放峰值、2060年前实现碳中和的目标。近年来，随着绿色技术的不断发展和政策的不断完善，中国在推动能源转型、发展可再生能源以及大力支持新能源汽车产业等方面取得了显著成效。特别是在新能源汽车领域，2023年我国新能源汽车的保有量突破了1500万辆，连续多年稳居全球首位，为我国及全球的汽车低碳发展提供了强有力的支撑。

当前，国际经贸格局正在因绿色低碳规则的重塑而发生深刻变化。我国汽车行业作为全球化程度最高的产业之一，需基于全生命周期的碳足迹管理等方面加强行动，以适应新兴的国际规则。未来，在"双碳"目标的指引下，我国汽车行业面临着巨大挑战，也蕴藏着前所未有的机遇。汽车行业的绿色低碳转型不仅需要在产品制造和能源结构方面实现突破，更需要贯穿全生命周期的系统性碳管理。

　　应对气候变化不仅是我国履行国际责任的体现，更是实现经济高质量发展的内在需求。汽车行业作为"双碳"目标的重要领域，应以技术创新为核心，以绿色发展为驱动，肩负起推动低碳转型的时代使命。本书以全生命周期理念为指导，系统总结了我国汽车行业在低碳发展中的战略与转型路径，为全球气候治理提供了"中国方案"，同时也为世界汽车行业的低碳转型注入了"中国力量"。

2024 年 11 月 29 日

前言

大量科学证据表明人类活动产生的温室气体，尤其是工业革命以来排放的大量温室气体是造成目前全球气候异常的重要原因。为应对气候变化，《巴黎协定》明确规定到21世纪末把全球平均气温升幅较工业革命前控制在2℃以内，并努力把升幅控制在1.5℃内。为实现温度控制目标，各缔约方应在平等的基础上，在21世纪下半叶实现温室气体源的人为排放与汇的清除之间的平衡，即"碳中和"。2020年9月22日，我国国家主席习近平郑重宣布中国二氧化碳排放力争于2030年前达到峰值，努力争取2060年前实现碳中和。

为实现宏伟的碳中和目标，作为我国的国民经济支柱性产业，汽车行业的碳排放具备碳排放总量增长快、全产业链带动性强等重要的特征。我国"30·60"双碳目标的提出，是我国积极参与国际气候治理、彰显大国担当的实际需要，也是汽车行业转型升级、实现绿色低碳高质量发展的重要契机。在我国各行业迈向净零排放的过程中，汽车行业应该充分发挥其引领和带动作用，选择合适的路径，牵引和推动整个汽车上下游产业链的脱碳进程，从而实现我国自主汽车品牌的由大转强。

为推动汽车行业减排降碳，中汽数据有限公司（以下简称"中汽数据"）多年来持续开展汽车碳排放管理研究。自2018年中汽数据组织成立世界汽车生命周期联合研究工作组（World Automotive Life Cycle Assessment Working Group, WALCA），发起"中国汽车低碳行动计划（China Automobile Low Carbon Action Plan, CALCP）"以来，已连续七年核算并发布了超过 3 万余款乘用车车型的汽车全生命周期碳排放研究成果。

2024 年，中汽数据联合 20 家国内外机构，开展《中国汽车低碳行动计划（2024）》的研究工作。在本研究中，首先，基于汽车生命周期评价模型（CALCM）对 2022 年和 2023 年中国境内销售的乘用车、商用车，开展单车、企业和车队全生命周期的碳排放核算，分析和公示中国现阶段汽车企业和产品的生命周期碳排放水平。其次，聚焦汽车行业碳中和，从不同角度提出了电力清洁化转型、车辆电动化转型、燃料脱碳化转型、材料低碳化转型、生产数字化转型、交通智慧化转型、出行共享化转型、资源循环化转型、捕集利用和封存、汽车生态化转型十大转型路径，分别设置了基准情景、汽车行业 2060 年前碳中和情景和汽车行业 2050 年前碳中和情景三个情景，在此基础上，充分讨论了不同情景下不同路径的碳减排潜力。最后，基于研究结果和"双碳"目标下汽车行业面临的国内外挑战，为我国汽车行业低碳发展指出了政策措施和战略要点建议，以期支撑国家碳排放政策制定，促进企业低碳技术研发和应用，引领汽车行业向碳中和目标迈进，共筑更高质量、更有效率、更可持续的未来。

本书由冯屹、赵冬昶担任编委会主任，由赵明楠、孙锌担任编委会副主任。孙锌负责本书总体思路和要点确定、全书修订及协调组织，吴金龙、焦显辉、张红杰、李家昂和刘焕然具体负责统稿。

（本书所有数据截止时间为 2024 年 4 月 30 日）

本书编委会
2024 年 5 月

目 录
CONTENTS

序
前言

第 1 章 /1
概　　述

1.1 全球气候变化对汽车产业的影响 …………………………………………1
  1.1.1 全球气候变化的现状及变化趋势 …………………………………1
  1.1.2 我国汽车行业温室气体排放现状 …………………………………3
  1.1.3 气候变化对我国汽车产业结构的影响 ……………………………4
  1.1.4 气候变化对我国汽车进出口的影响 ………………………………6
1.2 汽车行业碳中和共识及应对措施 …………………………………………8
1.3 汽车产品碳足迹管理的困难与挑战 ………………………………………10
  1.3.1 碳政策分类认识及意识问题 ………………………………………10
  1.3.2 产品碳足迹核算面临的问题 ………………………………………10
  1.3.3 碳目标设定问题及落实困境 ………………………………………11
1.4 本书的研究框架与整体思路 ………………………………………………11
参考文献 …………………………………………………………………………12

第 2 章 /15
生命周期评价及碳足迹方法学综述

2.1 生命周期评价标准 ISO 14040/14044 ……………………………………16
  2.1.1 概述 …………………………………………………………………16

	2.1.2　主要内容	17
2.2	温室气体排放评价规范（PAS 2050）	20
	2.2.1　概述	20
	2.2.2　主要内容	20
2.3	温室气体核算体系（GHG Protocol）	24
	2.3.1　概述	24
	2.3.2　主要内容	26
2.4	碳足迹标准 ISO 14067	33
	2.4.1　概述	33
	2.4.2　主要内容	34
2.5	产品环境足迹类别规则指南（PEFCR）	38
	2.5.1　概述	38
	2.5.2　主要内容	38
2.6	其他	41
参考文献		42

第 3 章 /43
汽车产品碳足迹核算方法与工具

3.1	汽车产品碳足迹核算范围	43
	3.1.1　目的和范围	43
	3.1.2　数据来源	46
3.2	汽车产品碳足迹核算方法	47
	3.2.1　车辆周期碳排放核算方法	47
	3.2.2　燃料周期碳排放核算方法	53
	3.2.3　生命周期单位行驶里程碳排放	56
3.3	汽车车队碳足迹核算方法	56
	3.3.1　乘用车车队生命周期碳排放核算方法	57
	3.3.2　商用车车队生命周期碳排放核算方法	60
3.4	汽车低碳供应商评价方法	62

3.4.1　基本参评条件 ··· 62
　　3.4.2　基本合规要求 ··· 62
　　3.4.3　基本管理要求 ··· 63
　　3.4.4　评价指标 ··· 64
　　3.4.5　得分计算 ··· 67
　　3.4.6　持续改善阶段 ··· 69
3.5　汽车产品碳足迹核算工具体系 ····································· 69
　　3.5.1　国内外碳足迹核算工具分析 ································ 69
　　3.5.2　中国工业碳排放信息系统（CICES） ····················· 70
　　3.5.3　产品碳足迹标准管理工具（PCFst） ······················ 75
　　3.5.4　汽车产品生命周期评价工具（OBS） ···················· 76
　　3.5.5　碳仿真数据系统（CSS） ····································· 78
3.6　汽车产品低碳评价与公示平台 ····································· 79
　　3.6.1　中国汽车产业链碳公示平台（CPP） ····················· 79
　　3.6.2　低碳技术征集平台 ·· 80
　　3.6.3　低碳供应商平台（LCS） ····································· 82
　　3.6.4　企业数字化碳管理系统（CMS） ··························· 84
　　3.6.5　碳标识 ··· 86
参考文献 ·· 88

第 4 章　/91

2022—2023 年中国汽车产品碳足迹研究结果

4.1　乘用车产品碳足迹研究结果 ··· 91
　　4.1.1　不同燃料类型乘用车产品碳足迹 ·························· 91
　　4.1.2　不同级别乘用车整车车型产品碳足迹 ··················· 97
4.2　商用车产品碳足迹研究结果 ··· 118
　　4.2.1　轻型货车产品碳足迹研究结果 ····························· 119
　　4.2.2　中重型货车产品碳足迹研究结果 ·························· 125
　　4.2.3　公交车产品碳足迹研究结果 ································ 134

4.3 汽车车队碳足迹研究结果 ··· 138
 4.3.1 乘用车车队碳足迹研究结果 ·· 138
 4.3.2 商用车车队碳足迹研究结果 ·· 144

第 5 章　/151
面向碳中和的汽车行业低碳转型路径分析

5.1 总体转型路径框架 ·· 151
 5.1.1 转型路径 ·· 151
 5.1.2 情景设置 ·· 153
5.2 碳中和转型十大路径 ··· 154
 5.2.1 路径一：电力清洁化转型 ·· 154
 5.2.2 路径二：车辆电动化转型 ·· 159
 5.2.3 路径三：燃料脱碳化转型 ·· 170
 5.2.4 路径四：材料低碳化转型 ·· 178
 5.2.5 路径五：生产数字化转型 ·· 210
 5.2.6 路径六：交通智慧化转型 ·· 216
 5.2.7 路径七：出行共享化转型 ·· 221
 5.2.8 路径八：资源循环化转型 ·· 226
 5.2.9 路径九：捕集利用和封存 ·· 239
 5.2.10 路径十：汽车生态化转型 ·· 243

参考文献 ··· 246

第 6 章　/257
未来汽车行业碳减排潜力分析

6.1 汽车产品生命周期碳减排效果分析 ····································· 257
 6.1.1 乘用车产品生命周期碳减排效果 ································· 258
 6.1.2 商用车生命周期碳减排效果 ······································· 266
 6.1.3 小结 ·· 288
6.2 汽车车队生命周期碳减排效果分析 ····································· 288

  6.2.1 汽车保有量预测 ······ 288
  6.2.2 能源结果预测 ······ 291
  6.2.3 碳排放结果预测 ······ 295
  6.2.4 减排效果评估 ······ 304
  6.2.5 小结 ······ 308

第 7 章 /311
"双碳"目标下汽车行业面临的机遇

 7.1 国内碳排放管理机制逐步完善 ······ 311
  7.1.1 碳排放管理政策法规日新月异 ······ 311
  7.1.2 汽车碳排放标准体系日益完善 ······ 312
  7.1.3 供应链碳数据完整度大幅提高 ······ 313
  7.1.4 碳排放信息公示制度初步建立 ······ 314
 7.2 国际市场竞争带来新的发展机遇 ······ 316
  7.2.1 碳壁垒政策倒逼汽车产业深度脱碳 ······ 316
  7.2.2 整车碳足迹低碳竞争力提升 ······ 317
  7.2.3 国际碳足迹自主话语权加强 ······ 318

第 8 章 /321
面向碳中和的汽车行业低碳发展战略要点与政策保障

 8.1 汽车行业低碳发展的政策措施 ······ 321
  8.1.1 汽车低碳发展标准体系建设 ······ 321
  8.1.2 汽车低碳发展政策工具支撑 ······ 342
 8.2 汽车行业低碳发展的战略要点 ······ 352
  8.2.1 加快电力结构的脱碳化进程 ······ 352
  8.2.2 稳步推进汽车电动化发展 ······ 353
  8.2.3 加大低碳材料的有效供给 ······ 354
  8.2.4 提升智能化生产生活水平 ······ 355
  8.2.5 推广低碳替代燃料使用 ······ 356

8.2.6　倡导居民低碳出行新模式 …………………………………… 357
　　　8.2.7　加快推进负碳技术研发 ……………………………………… 357
　8.3　总结与展望 ……………………………………………………………… 358
　参考文献 ……………………………………………………………………… 359

附录 /361

　　附录 A　材料更换及逸散次数 ……………………………………………… 361
　　附录 B　车辆周期相关碳排放因子 ………………………………………… 362
　　附录 C　能源/燃料生产的碳排放因子 ……………………………………… 363
　　附录 D　常见化石燃料特定参数值 ………………………………………… 364

第1章 概述

1.1 全球气候变化对汽车产业的影响

1.1.1 全球气候变化的现状及变化趋势

IPCC 第六次评估报告显示[1]，工业化以来，全球气温增幅显著增强。如图 1-1 所示，过去十年，即 2011—2020 年，是有记录以来最热的十年，全球地表温度相对于 1850—1900 年增加了 1.09℃（0.95~1.2℃）。世界气象组织（WMO）发布的《2023 年全球气候状况》显示 2023 年是有记录以来最暖的一年，全球近地表平均温度比工业化前基线高出了 1.45℃（不确定度为 ±0.12℃）[2]。

IPCC 通过对过去导致全球气温变化的人为因素和自然因素模拟发现，人类活动对气候变暖的影响起绝对主导作用。从图 1-2 可以看出[3]，1980—2023 年期间除个别年份二氧化碳排放量略有下降，二氧化碳排放量整体呈上升趋势，年均增加约 0.44Gt，增幅较大，2010 年实现增量 1.89Gt。受到经济复苏、能源市场变化和不利的天气等因素的影响，2021 年二氧化碳排放量大幅度增加，在 2020 年的基础上增长了 6%，约为 2.04Gt，是 1979 年以来的最大增量。

a) 全球地表温度(十年平均)的重建值(1~2000)和观测值(1850—2020年)

b) 人为、自然和唯一自然因素两种条件下观测和模拟的年平均全球地表温度变化(1850—2020年)

图 1-1　全球地表温度值及年度变化

图 1-2　1980—2023 年能源燃烧和工业过程中二氧化碳排放量的年度变化

截至目前，全球共有 197 个缔约方递交了国家自主决定贡献（National Determined Contributions，NDC）。各国在《巴黎协定》下提出的 NDC 目标和行动计划距离实现 2℃温控目标尚有较大差距，到 2030 年还有 120～150 亿 t 二氧化碳当量（CO_2e）的年减排缺口[4]。按此测算，到 21 世纪末全球温升中值数可达 2.7℃，低于 2℃的概率不足 5%，高于 3℃的概率大于 25%[5]。若未来温室气体排放量继续上升，气候变化上升的趋势将会进一步加剧。持续的全球气温上升将导致更加频繁和严重的极端事件，包括寒潮、热浪、洪水、干旱、野火、风暴等。因此迫切需要各国落实并提出减排目标，进一步强化气候行动。IPCC 第六次评估报告第三工作组报告研究表明[6]，控制全球温升，未来几年是关键。在第三工作组评估的情景中，如果要将全球变暖控制在不超过工业化前 2℃以内，需要大约在 21 世纪 70 年代初实现全球二氧化碳净零排放，即"碳中和"；而如果要将全球变暖控制在不超过工业化前 1.5℃以内，则需要在 21 世纪 50 年代初实现全球二氧化碳净零排放。目前，为控制全球气候变化，包括中国在内的约 145 个国家以不同的形式提出碳中和目标，约占全球碳排放量的 88%，占全球经济总量的 93% 左右[7]。

1.1.2 我国汽车行业温室气体排放现状

从总量来看，我国 2021 年碳排放量约为 106 亿 t，占全球碳排放量的比例为 31.2%[8]。较高的碳排放水平对我国"30·60"双碳目标的实现造成了较大的减排压力。交通行业碳排放因总量高、增速快、产业链长等特点，已成为我国温室气体减排的重要一环。作为全球最大的汽车制造国，我国汽车产销量连续 15 年位居全球首位，2023 年分别完成产销量 3016.1 万辆和 3009.4 万辆[9]。截至 2023 年底，全国机动车保有量达 4.35 亿辆，汽车保有量达到 3.36 亿辆[10]。随着产销量及保有量的增加，汽车行业碳排放增长迅速，对交通行业的碳排放贡献日益增加，如图 1-3 所示。2019 年道路交通碳排放量近 8 亿 t，占到我国碳排放总量的 8% 左右，交通行业的 85% 以上[11]。

图 1-3　2010—2019 年交通行业碳排放量

汽车行业碳排放逐渐成为交通行业乃至我国碳排放的重要来源之一。若考虑到汽车上游产业链产生的碳排放，汽车行业碳排放对我国碳排放总量贡献更大。汽车行业能源需求和碳排放量的快速增加加剧了日益严重的能源危机和生态环境危机，给我国经济社会的可持续发展带来巨大挑战。有效控制汽车行业碳排放总量，对推动交通行业绿色低碳转型，从而对我国"双碳"目标实现具有重要意义。

1.1.3　气候变化对我国汽车产业结构的影响

为促进汽车行业低碳高质量发展，我国正在加快推广新能源汽车研发及应用，2009 年以来，中央财政开始大力支持新能源汽车推广应用，包括对新能源汽车实施车辆购置补贴、车辆购置税减免等优惠政策。另外，工信部、财政部等部门联合发布《乘用车企业平均燃料消耗量与新能源汽车积分并行管理办法》，构建双积分挂钩管理机制，落实了企业平均燃料消耗管理要求，形成新能源汽车产业长效发展机制。2022 年 1 月 21 日，国家发改委等部门联合印发《促进绿色消费实施方案》，提出大力推广新能源汽车，包括逐步取消各地新能源车辆购买限制，推动落实免限行、路权等支持政策，加强充换电、新型储能、加氢等配套基础设施建设等举措。新能源汽车车辆购置补贴、车购税减免、双积分政策、基础保障等一系列利好政策的实施，促使我国新能源汽车迅速打开市场。

与此同时，汽车企业正在加速新能源汽车技术研发，将电动化作为未来发展的主要战略之一，加快新能源汽车产品布局，不断提高新能源汽车市场投入份额。传统车企探索在原有车型的基础上增加混动版本和纯电版本。在"绿智潮玩"战略中，长城汽车公司提出在纯电动、氢能、混动三大领域进行饱和式精准投入，预计2025年前，全体系推出50余款新能源车型，销量占比达80%。广汽集团发布的"绿净计划"指出，2025年自主品牌新能源汽车销量占比达50%，2030年全集团新能源汽车销量占比达50%。2022年4月3日，比亚迪汽车公司正式宣布，自3月起停止燃油汽车的整车生产，未来在汽车板块将专注于纯电动和插电式混合动力汽车业务。另外，造车新势力的出现也在不断推动新能源汽车发展，例如蔚来汽车、小鹏汽车、理想汽车、哪吒汽车等。

在补贴政策扶优扶强导向推动、企业积极响应的基础上，我国新能源汽车产业迎来快速发展期，新能源汽车产品供给质量持续提升，技术水平明显进步，产品实用性大幅提升。根据中国汽车工业协会的统计数据显示，近年来新能源汽车市场份额迅速攀升。2023年新能源汽车持续快速增长，产销分别完成958.7万辆和949.5万辆，同比分别增长35.8%和37.9%。如图1-4所示，近15年来，中国新能源汽车以惊人的速度发展。2010—2015年，中国新能源汽车用了5年，渗透率才突破1%。2016—2019年，虽然新能源渗透率提升到4.5%，但燃油车依然是市场的主角。2020年是一个分水岭，其后中国新能源渗透率迎来爆发式提升，2021年突破13%，2022年突破25%，2023年突破30%。整体上，我国汽车产业结构正逐步由传统能源汽车向新能源汽车转移。根据《节能与新能源汽车技术路线图2.0》预测[12]，未来我国新能源汽车市场渗透率将进一步提升，预计到2025年，新能源汽车市场渗透率将达到20%，2030年将达到40%左右，2050年新能源汽车将成为市场主流。

图 1-4　2010—2023 年新能源汽车市场渗透率

1.1.4　气候变化对我国汽车进出口的影响

1）碳排放管理政策要求推动电动化发展。双碳背景下，各国纷纷加严汽车行业碳排放管理。2019 年欧盟发布《乘用车和小货车 CO_2 排放标准》，2020 年正式实施[13]。该标准规定，2021 年碳排放目标值乘用车为 95g/km，轻型商用车为 147g/km，企业平均 CO_2 排放每超过目标值 1g/km，需要为该年份登记的每一辆新车交付 95 欧元的罚款，同时，明确 2025 年乘用车和轻型商用车 CO_2 排放减少 15% 的目标，以及 2030 年乘用车和轻型商用车 CO_2 排放分别减少 37.5% 和 31%。2023 年，欧盟发布最新的《乘用车和小货车 CO_2 排放标准》，以修订 2019 年发布的标准版本[14]。该标准进一步提高乘用车和轻型商用车 2030 年的减排目标，并增加了 2035 年减排 100% 的目标，以更好地实现气候目标。2021 年 12 月，美国环保署（EPA）连同美国国家公路交通安全管理局（NHTSA）为 2023 年及以后车型年的小汽车和轻型货车制定了新的燃油经济性和 CO_2 排放标准[15]，在 2020 年出台的 SAFE 标准[注] 的基础上进一步加严了CO_2排放目标要求。自2013年新加坡陆路交通管理局（Land Transport Authority，LTA）出台实施车辆碳排放计划（Carbon Emissions-based Vehicle Scheme，CEVS）以来，相应计划已经过多次修订。2018年，新加坡将污染物排放纳入监管范围内，CEVS更改为车辆排放计划（Vehicular Emissions Scheme，VES），将按照碳排放和污染物表现最差的指标确定车辆等级，决定给予回扣或征收附加费。2021—2022年实施修订的VES计划，在之前的基础上，进一步提高了奖惩力度，A1级、A2级获得奖励，B级车为奖惩分界线，C级车将获得惩罚。为有效地减少汽车的温室气体排放，大幅提高汽车的燃油效率，2022年2月，新西兰针对乘用车和轻型商用车发布了一系列汽车能效和CO_2排放的法律法规，包括《陆路运输（清洁车辆）法修订（2022）》《陆路运输（清洁车辆税费抵扣方案罚款）法规（2022）》《陆路运输规则—车辆能效和排放数据（2022）》等。在传统油耗管控的基础上，我国正在加快构建汽车行业碳排放管理体系，包括碳排放核算标准、公示制度等。不断加严的碳排放标准促使传统汽车企业纷纷寻求有效的减排措施，电动化成为主要路径之一。

2）我国新能源汽车技术整体较为成熟。 我国对发展新能源汽车比较重视，具备一定的先发优势和规模优势，新能源整车技术、动力电池技术基本达到国际先进水平，续驶里程取得了较大的进步，呈现逐年递增的趋势。2020年，我国纯电动乘用车的平均续驶里程达到394km，相对于2018年增加了34.9%。续驶里程在400km以上的纯电动乘用车占比快速提升，从2018年的2.6%快速增至2020年的58.7%[16]。同时，整车性能、安全性、智能化应用等方面已经取得了全面进步，配套的充电桩等基础设施以及管理规范在逐步完善。多元化替代燃料动力系统研发，氢能与燃料电池产业链加速布局，不断满足居民出行需求。《新能源汽车产业发展规划（2021—2035年）》指出，未来将继续提高技术创新能力，深化"三纵三横"研发布局。以纯电动汽车、插电式混合动力（含增程式）汽车、燃料电池汽车为"三纵"，布局整车技术创新链。以动力电池与管理系统、驱动电机与电力电子、网联化与智能化技术为"三横"，构建关键零部件技术供给体系。总的来说，

[注] SAFE标准指美国提出的Safer Affordable Fuel-Efficient (SAFE) Vehicles Rule。

我国新能源汽车具有较强的市场竞争优势，国内外消费者市场认可度日益提高。

在这种发展趋势下，我国汽车产品出口形势较好，尤其是新能源汽车，绕开了国际上对传统能源汽车设置的贸易壁垒，成为拉动出口增长的新动能。2021年，我国共出口汽车201.5万辆，同比增长100%。其中，新能源汽车出口达到31万辆，同比增长304.6%，新能源乘用车出口30万辆，同比增长329.5%，新能源商用车出口1万辆，同比增长59.6%[9]。欧洲成为我国新能源汽车出口的主要增量市场，主要集中于比利时、英国、德国、法国、挪威、意大利、西班牙、葡萄牙等发达国家，中国自主品牌新能源汽车在欧洲市场初露竞争力，包括上汽MG ZS、MG EHS、飞凡Marvel R、MG5，比亚迪唐EV，蔚来ES6、ES8，小鹏G3、小鹏P7，东风达契亚春天Step One和Step Two等新能源汽车品牌。

1.2　汽车行业碳中和共识及应对措施

国际车企纷纷提出了各自的碳中和目标，主要涉及工厂、产品和企业三个层面，实现碳中和的时间点均在2050年之前。例如，戴姆勒提出2039年之前建立一支碳中和的新汽车车队；大众提出2050年实现整个集团层面的全面碳中和；沃尔沃提出，2040年之前，将公司发展成为全球气候零负荷标杆企业；长城计划2045年全面实现碳中和；广汽集团提出，2050年前（挑战2045年）实现产品全生命周期的碳中和。为了实现碳中和目标，各车企围绕材料、供应商、生产制造、物流、产品、回收等全生命周期提出了应对措施，见表1-1。

表 1-1 汽车全生命周期碳中和措施举例

材料	供应商	生产制造	物流	产品	回收
• 可再生材料 • 高能效材料 • 轻量化材料 • 可再生能源生产的零部件/材料 • 生物基材料 • 高强度材料 • 降低原材料需求 • 增加铝、钴、镍的循环材料用量要求	• 将 CO_2 指标作为选择供应商的重要标准 • 使用可再生能源生产的电池 • 对电池供应商提出铝、镍、钴的可再生材料份额要求 • 原料环保可回收作为采购选择的一大依据 • 应用区块链技术实现电池原材料全球可追溯性 • 推进供应商可持续性培训及自我评价 • 供应商环境风险审核 • 供应商考核向二级供应商（Tier2）展开	• 可再生能源电力使用；外购或生产 • 生产工艺或技术优化 • 提高材料利用率，减少材料和零部件使用量 • 余热收集 • 碳抵消：购买碳信用额，抵消制造过程中产生的排放 • 控制工序排放和促进循环利用 • 推进运营环境管理体系 • 成立专门节能改善小组	• 优化物流网络：缩短行驶里程；公转铁、空转铁，使用多用途载重机，增加货车装载率，减少运输次数，供应商近地化 • 减少包装材料，并轻量化包装材料；包装材料循环使用；100%可降解；循环周转箱共享和租赁计划 • 清洁能源车型运输：运输车辆的电动化	• 打造新能源动力系统，涵盖纯电技术、混合动力、替代燃料以及氢燃料电池等技术路径 • 提升传统燃料效率 • 促进新能源汽车的生产 • 提高电池能量密度	• 提高产品中使用二次原料透明度 • 研发高压电池新回收技术：促进材料回收钴、锂等材料回收 • 易拆解设计 • 构建报废汽车处理网络 • 构建电池生态系统

1.3 汽车产品碳足迹管理的困难与挑战

1.3.1 碳政策分类认识及意识问题

一方面，汽车企业无法厘清各类碳排放内在逻辑关系及与自身的关系。碳排放分为产品层面、项目层面和组织层面，不同层面的碳排放适用于不同的碳排放管理政策和核算方法。例如，组成层面的碳交易市场、欧盟碳边境调节机制、产业竞争政策等，产品碳足迹核算方法 ISO 14067、PAS 2050 等。但部分企业无法明确区分不同层面碳排放的应用场景和核算方法，导致在碳排放管理时存在一定的问题。另一方面，部分汽车企业认为碳中和是国家层面的宏观政策，与汽车行业并无太大关系，导致脱碳动力不足。汽车产业是我国国民经济支柱型产业，也是基础工业和交通领域碳减排的关键环节，对我国碳中和的实现有着举足轻重的影响。众多汽车企业应当转变认知，防患于未然，积极探索自身减排路径，发展绿色低碳产品，制定碳达峰碳中和方案，走在国家政策之前，为我国的碳达峰碳中和目标的实现贡献力量。

1.3.2 产品碳足迹核算面临的问题

一方面，尚未有统一的汽车产品碳足迹核算方法，无法对汽车行业碳排放管理形成有效引导。目前产品碳足迹核算指南类标准已比较成熟，包括国际标准组织推出的 ISO 14067《温室气体产品碳足迹量化要求和指南》，英国标准协会编制的 PAS 2050《商品和服务在生命周期内的温室气体排放评价规范》，日本发布的 TSQ 0010《产品碳足迹技术规范》以及欧盟发布的《产品环境足迹种类规则指南》等。针对汽车产品，各个国家尚未有统一的产品碳足迹核算方法，而现有的指南类标准内容过于广泛，没有考虑到汽车产品的生产工艺和产品特点，导致企业在应用指南类标准时采用的细则有所不同，不同产品间的碳足迹核算结果无法进行比较。另一方面，汽车上下游产业链碳排放管理协同难度大。汽车行业具有产业链长、辐射面广的特点，若要开展汽车产品碳足迹核算，需要上下游企业协同发力。但不同汽车企业对供应链企业的要求不同，导致供应链企业在填报数据时流程复杂、内容烦琐。同时，部分供应链企业碳排放经验不足，碳管理能力薄弱，汽车企业无法收集到高质量的数据。

1.3.3 碳目标设定问题及落实困境

目前我国已提出"30·60"双碳目标，明确在2030年前实现碳达峰，2060年前实现碳中和，但目前多数汽车企业对于自身的减排目标尚不明确，或简单套用国家"双碳"目标，或盲目加码目标。一方面，虽然国内主管部门正在加紧制定汽车行业碳排放相关政策，但尚未给企业下达具体减排指标，加之企业对国内外碳排放管理发展形势认识尚浅，导致企业对"碳"不重视、不行动。另一方面，统计考核体系的建设，直接关系到了碳减排目标设定的合理性以及后续相应管理和运作机制的设定，但较多企业在进行自身碳排放管理时，无论是企业层面或是产品层面，将重心过多地放在了未来时间节点的目标设定，而忽略了自身碳排放数据的收集、统计。因此，汽车企业需要根据企业自身发展情况、上游供应链情况、国家宏观情况，科学合理地制定企业及减排目标，有目的性地开展减排工作。

1.4 本书的研究框架与整体思路

本书深入结合汽车行业发展态势和汽车产品自身特点，提出汽车生命周期碳排放核算方法，并披露汽车产品、企业和行业的碳排放数据，在此基础上，提出汽车行业面向碳中和的十大转型路径，包括但不限于：电力清洁化转型、车辆电动化转型、燃料脱碳化转型、材料低碳化转型、生产数字化转型（能效提升）、交通智慧化转型、出行共享化转型、资源循环化转型、捕集利用和封存、汽车生态化转型。此外，本书结合十大路径在不同情景下的转型效果，对未来汽车产品及汽车行业碳减排潜力进行了定量分析，并提出了面向碳中和的汽车行业低碳发展战略与政策保障。研究内容与结构框架如图1-5所示。

图 1-5　研究内容与结构框架

参考文献

[1] Intergovernmental Panel on Climate Change（IPCC）. IPCC_AR6_WGI：Climate Change 2021 The Physical Science Basis [Z]. 2021.

[2] World Meteorological Organization（WMO）. State of the Global Climate 2023 [Z]. 2023.

[3] IEA. Global Energy Review：CO_2 Emissions in 2021. 1900-2021 [Z]. 2021.

[4] United Nations Environment Program. Emissions gap report 2019 [Z]. 2019.

[5] 清华大学气候变化与可持续发展研究院.《中国长期低碳发展战略与转型路径研究》综合报告 [R]. 北京：中国环境出版集团，2021.

[6] Intergovernmental Panel on Climate Change（IPCC）. IPCC_AR6_WGIII：Climate Change 2022 Mitigation of Climate Change [Z]. 2022.

[7] Energy & Clinate Intelligence Unit. Net Zero Tracker [EB/OL]. (2022-06-06) [2022-06-12]. https：//zerotracker.net/.

[8] BP 中国. BP Statistical Review of World Energy [Z]. 2021.

[9] 中国汽车工业协会. 最全 PPT 看懂中汽协产销数据 [EB/OL]. (2022-01-12) [2022-06-12]. https：//mp.weixin.qq.com/s/t6sSfdyHqWbiuGaSqFTB2A.

[10] 公安部交通管理局. 全国机动车保有量突破 4 亿辆 一季度新注册登记新能源汽车 111 万辆 同比增加 138.20% [EB/OL]. (2022-04-07) [2022-06-16]. https：//mp.weixin.qq.com/s/XJcAEIgb-LhtHpgiGor10g.

[11] 世界资源研究所. Transport Emissions & Social Cost Assessment：Methodology Guide [Z]. 2017.

[12] 中国汽车工程学会. 节能与新能源汽车技术路线图 2.0 [M]. 北京：机械工业出版社，2021.

[13] European Union. Regulation（EU）2019（631）setting CO_2 emission performance standards for new passenger cars and for new light commercial vehicles [Z]. 2019.

[14] European Union. Regulation（EU）2023/851 amending Regulation（EU）2019/631 as regards strengthening the CO_2 emission performance standards for new passenger cars and new light commercial vehicles in line with the Union's increased climate ambition [Z]. 2023.

[15] Environmental Protection Agency. Revised 2023 and Later Model Year Light-Duty Vehicle Greenhouse Gas Emissions Standards [Z]. 2021.

[16] 王震坡，梁兆文，等. 中国新能源汽车大数据研究报告 [M]. 北京：机械工业出版社，2021.

第 2 章 生命周期评价及碳足迹方法学综述

随着"双碳"目标的不断推进，产品碳足迹与生命周期评价方法越来越受到人们的重视。生命周期评价（Life Cycle Assessment，LCA）是对一个产品系统的生命周期中输入、输出及潜在环境影响的汇编和评价[1]。标准化的 LCA 方法作为一种科学的环境管理工具和定量化的决策工具，被广泛应用于清洁生产评估、产品设计和优化、政策制定等领域。

LCA 方法始于 20 世纪 70 年代初，最初被称为资源与环境状况分析。随着科学技术的发展与进步，当一种新的产品或技术出现时，都可能出现资源环境问题在不同阶段、不同类型之间转移，比如晶硅太阳能电池、电动汽车等。为全面衡量新旧产品或技术在资源环境角度方面的优劣，出现了 LCA 评价方法。1990 年，国际环境毒理与化学学会（Society of Environmental Toxicology and Chemistry，SETAC）首次主持召开了有关生命周期评价的国际研讨会；1993 年，SETAC 正式发布第一个 LCA 方法指南。随后，国际标准化组织（International Organization for Standardization，ISO）采纳了 LCA 评价方法，并发布了 2 项生命周期评价标准，即 ISO 14040《环境管理—生命周期评价—原则与框架》[1] 和 ISO 14044《环境管理—生命周期评价—要求与指南》[2]。

国际主流碳足迹方法学发展进程如图 2-1 所示。在产品碳足迹核算标准上，英国标准化协会率先提出了 2008 版的 PAS 2050，形成了首个产品碳足迹的核算标准，并于 2011 年对标准进行了更新与修订。与此同时，世界资源研究所与世界可持续发展工商理事会在此基础上开发了 GHG Protocol 的产品碳足迹标准，随后 ISO 在 14040 和 14044 的基础上，结合 GHG Protocol 和 PAS 2050 的部分要素，发布了 ISO 14067 产品碳足迹标准。此后的方法学，包括 PEFCR 指南、日本的碳足迹指南、Pathfinder、Catena-X 碳足迹指南、PCR 乘用车等都是基于前四大类方法学形成的框架之上开发的。

图 2-1 国际主流碳足迹方法学发展进程

2.1 生命周期评价标准 ISO 14040/14044

2.1.1 概述

ISO 14040 和 ISO 14044（图 2-2）这两项国际标准构成了 LCA 环境影响的基本框架，是目前 LCA 领域最核心和影响范围最广的标准，为全球 LCA 评价提供了基础指导。其中，ISO 14040《环境管理—生命周期评价—原则与框架》是原则性与指导性的标准，对生命周期评价的原则、阶段、主要特征、总体概念、方法学框架、生命周期清单分析、生命周期影响评价、报告、鉴定性评审做出了规定；ISO 14044《环境管理—生命周期评价—要求与指南》是 ISO 14040 的有效补充，对前者提出的目标定义和范围的界定、清单分析、影响评价和结果解释等步骤给出了相对更加细节的要求与指南。

图 2-2　生命周期评价标准 ISO 14040/14044

2.1.2　主要内容

根据 ISO 标准，完整的 LCA 评价共包括目标与范围定义、生命周期清单分析、影响分析评价、结果解释、报告和鉴定性评审这 6 个阶段。

1. 目标与范围定义

在 LCA 的研究过程中，首要且至关重要的一步是清晰地界定研究的目标和范围。这一步涉及明确为何要进行 LCA，其成果将如何应用，以及它将如何支持特定的决策问题。这一过程包含两个核心维度的考量：一是全生命周期的涵盖范围（即系统边界的设定），二是所关注的自然资源影响类型（涉及生命周期清单分析指标的选择）。

关于 LCA 系统边界的选择，通常有两种主流方法："摇篮到坟墓"和"摇篮到大门"。前者广泛适用于终端产品的评价，例如汽车、手机和家具等；而后者则更适用于中间产品的分析，比如电解铝和塑料的生产过程。这两种方法确保了研究的深度和广度能够与研究对象的特点相匹配。

在自然资源影响类型方面，LCA 关注的是多种指标，涵盖了资源消耗（如矿物和能源的使用）、气候变化（如碳足迹的计算）、大气环境质量（如酸化和臭氧层消耗）以及水体和土壤毒性（如淡水污染和对人体健康的影响）等。当前，对于产品碳足迹的评估已成为 LCA 研究中的一个热点和常见需求。这些指标的选择和评估为理解和改善产品或服务的环境影响提供了全面的视角。

2. 生命周期清单分析

生命周期清单分析是对所研究系统中输入和输出数据建立清单的过程，在这一阶段，首要任务是根据预定的研究范围构建一个全面的生命周期模型。随后，收集各个单元过程的具体数据，这些数据将作为量化输入和输出的基础。经过仔细计算与汇总，最终得出产品在其全生命周期内的详细清单结果。

单元过程，作为生命周期清单分析中的基石，是为了量化数据而定义的最基本单位。在识别单元过程时，一般应遵循"产品名称＋生产技术名称＋原料名称"的原则，以确保数据的准确性和全面性。

在单元过程数据集的收集过程中，通常涵盖以下六类关键数据类型：①单元过程的产品和副产品（有价值的产出包括非实物产出，即服务）；②单元过程的自然资源消耗（煤炭、石油、天然气等）；③原辅料等物料消耗数据（自来水、中水等经过人工处理的，不仅要知道其消耗量，原则上还需继续向前追溯到自然资源）；④能源消耗数据（二次能源）；⑤环境排放（包括温室气体排放，直接排放到自然环境）；⑥待处置废弃物（废水、废弃物、危废等，原则上要向后追溯处置过程）。通过这些详尽的数据收集和分析，我们能够全面了解产品在其生命周期内的环境影响，为后续的评估和改进提供坚实基础。

目前比较有影响力的 LCA 基础数据库主要有 Ecoinvent 和 Sphera（原 GaBi）数据库，这些基础数据库包含了几百种大宗能源、原材料的生产过程数据库。大宗原材料在生产过程中，其生产链不再是线性的，而是交织形成网状结构，比如发电和煤炭开采互为上下游关系，因此，LCA 的建模并不是无限追溯的，而是可以形成完整模型的。

3. 影响分析评价

影响分析评价是目标界定和清单分析之后的又一关键环节。它的主要目标是基于清单分析所得的物料、能源消耗以及各类排放数据，对产品产生的环境影响进行全面评估。这一过程实际上是对清单分析结果进行定性或定量的排序分析，旨在揭示和比较产品在整个生命周期内的环境影响程度。在进行影响分析评价时，通常借助特定的计算模型，将清单分析阶段收集到的产品生命周期中的各类环境数据进行分类、指标化，并据此进行系统的评估。这样的分析流程不仅能帮助我们准确了解产品的环境绩效，还为进一步优化产品设计和生产流程提供了科学依据。

4. 结果解释

结果解释是基于生命周期清单分析和影响分析评价的结果识别出产品生命周期中的重大问题，并对结果进行评估，进而给出结论、局限和建议。这个过程包括完整性检查、敏感性分析、一致性检查及其他检查等。

5. 报告

在 LCA 研究中，结果的报告应确保完整性、准确性和公正性，避免任何潜在偏见。所有得出的结果、使用的数据、方法论的假设以及可能存在的局限性都应清晰透明地展现，并提供详尽的说明，使读者能够全面理解其复杂性和背后的权衡考量。此外，报告的表述应允许其结论和解释能够灵活地应用于与研究目的相契合的其他领域或情境中。当编制第三方报告时，以下几点内容应纳入考虑：

1）对初始范围的修改及理由。

2）系统边界包括：①系统基本流中的输入和输出的类型；②边界确定准则。

3）单元过程的描述，包括所确定的分配方法。

4）数据包括：①数据的确定；②每个数据的细节；③数据质量要求。

5）影响类型和类型参数的选择。

6. 鉴定性评审

鉴定性评审是一个核查某个 LCA 是否满足方法学、数据解释和报告要求的过程，同时也核查它是否符合基本原则。鉴定性评审应确保：

1）用于进行 LCA 的方法符合本标准。
2）用于进行 LCA 的方法在科学上和技术上是有效的。
3）就研究目的而言，所使用的数据是恰当和合理的。
4）解释能反映所识别的局限性和研究目的。
5）研究报告具有透明性和一致性。

鉴定性评审的范围和类型应在确定 LCA 研究范围的阶段予以确定，并且鉴定性评审的类型的确定也应被记录。

2.2 温室气体排放评价规范（PAS 2050）

2.2.1 概述

英国标准学会（British Standards Institution，BSI）于 2008 年 10 月发布了 PAS 2050《商品和服务在生命周期内的温室气体排放评价规范》。PAS 2050 是第一个建立在生命周期评价方法之上的评价物品和服务（统称为产品）生命周期内温室气体排放的标准，该规范属于公开可获得的文件，两年内进行复审，复审后做出修改，因此，该规范于 2011 年进行了复审，根据两年的实践进行了修改，形成第二版 PAS 2050（2011 版）。该规范主要包括两个文件《商品和服务在生命周期内的温室气体排放评价规范》以及《PAS 2050 规范的使用指南》，它们对于产品碳足迹的定义、温室气体排放的相关数据以及如何评价产品的碳足迹作了详尽的分析介绍。PAS 2050 标准的宗旨是帮助企业了解他们的产品对气候变化的影响，寻找在产品设计、生产和供应等过程中降低温室气体排放的机会，最终开发出碳足迹较小的新产品，以便在应对气候变化方面发挥更大的作用[3]。

2.2.2 主要内容

PAS 2050 标准对产品的碳足迹给予了较为严谨的定义，即碳足迹是指产品在其生命周期中，包括生产使用和弃置各个阶段所排放二氧化碳及其他温室气体的总量。根据这项标准，计算一项商品或服务在全生命周期中的碳足迹主要包括5个基本步骤（图2-3）：一是建立商品全生命周期流程图；二是测定边界及优先重点；三是收集数据信息；四是计算碳足迹；五是不确定性分析。

1. 流程图
- 绘制产品生命周期的过程图，从原材料到处置，包括所有的材料流、能量流和废物流

2. 边界和优先重点
- 确认边界，并进行高级别足迹计算，以帮助确定优先重点

利用新信息更新流程图

3. 数据
- 收集整个生命周期所有阶段的材料用量、活动和排放因子的数据

4. 计算
- 计算产品的碳足迹

5. 不确定性
- 评估碳足迹分析的精确性

图2-3　计算碳足迹的5个步骤

1. 建立商品全生命周期流程图

商品的生命周期通常涵盖一件商品从原材料开采（包括原材料的运输）、产品制造、商品流通零售、使用到最终废弃处置的整个供应链。其中，原材料开采环节不仅指生产商品本身所需投入的各种原材料，还包括各种包装材料如单个商品的瓶子、盖子，甚至连搬运商品时使用的各种纸箱、纸盒、大型货箱等辅助材料也包含其中。制造环节则是指从原材料进入生产流程开始

到最终以产成品出厂的各个环节，其中包括生产过程中的固体废弃物处理环节等。就流通零售环节而言，主要是指商品运输到各个零售点储藏以及销售，比较特别的是其还包括零售点回收可循环再利用物资时的运输环节。对于那些服务性质的商品来说，使用环节则是最重要的一个环节。废弃处置环节仅指商品使用后的废弃物处理和运输，并不包括商品生产过程中废弃物的处理和运输。

在 PAS 2050 中，碳足迹的流程图包括两个类型：

（1）从商业到消费者（B2C）

如图 2-4 所示，在计算 B2C 商品的碳足迹时，典型的流程图步骤包括从原材料，通过制造、分销和零售，到消费者使用，以及最终处置/回收。

原材料 → 制造 → 分销/零售 → 消费者使用 → 处置/回收

图 2-4　B2C 的商品步骤过程图

（2）从商业到商业（B2B）

如图 2-5 所示，B2B 的碳足迹停留在该产品被提供给另一个制造商的节点上，这符合 BS EN ISO 14040[4] 中描述的"从摇篮到大门"的方法。因此，B2B 商品的生命周期只包括原材料通过生产、制造到分销和运输到客户所在地。它不包括额外的生产步骤、最终的产品分销、零售、消费者使用以及处置/回收。

原材料 → 制造 → 分销给商业客户

图 2-5　B2B 的商品步骤过程图

2. 测定边界和优先重点

PAS 2050 标准为产品生命周期中的不同阶段提供了边界厘定的相关要求，测定边界是全生命周期评价碳足迹工作的一项重要内容，不同的边界设置将对应不同的活动内容和排放量。系统边界的关键原则是列入所有"实质"排放，即由生产、运输、使用及回收一定产品而直接或间接产生的。PAS 2050

规范中，可使非实质排放排除在外，即设定一个阈值（1%），如果在商品的全生命周期中某种排放源的排放量占该产品整个碳排放量不足1%，则可认为该排放源重要性不足，其排放量贡献可以排除在碳足迹之外，但所有可以排除的各类排放源对应碳排放总量不能超过整个商品碳足迹的5%。取舍原则的引入在一定程度上能够降低收集数据的成本。

3. 收集数据信息

在划好边界、界定好取舍原则以后，对产品生命周期中的每一个环节进行测量。PAS 2050原则上规定每个阶段所收集到的数据都应该是原始测量数据，但某些特定情况下，如果二手数据是可靠的也可以使用，不过，对二手数据的使用需要严格遵照PAS 2050的某些详细规定。另外，针对在商品生产过程中存在着回收材料的再利用以及新能源的利用等情况，PAS 2050标准也都做出了具体的规定。

4. 计算碳足迹

该步骤主要是基于之前测量得出的数据，最后汇总计算单个产品的碳足迹。PAS 2050在这里提出了两个特殊的概念。第一个是共生产品（co-product，而不是by-product）的碳排放量分配。共生产品是指在一个生产过程中往往会同时产生两种或两种以上的产品，这时这些产品就可以互称为共生产品。对于这种情况，PAS 2050规范对分配方法作了以下规定：首先，将该过程细分为若干个子过程，每个子过程只有一项输出。如果做不到，则应扩展系统，以便包括排放转移产品的影响。当这些避免措施既不可能，也非切实可行时，则应把GHG排放按比例分配到共生产品的经济价值中（经济分配），除非PAS 2050另有规定。其次是碳储存和滞后排放，即储存在商品内部而未来弃置阶段可能排出的温室气体。对于这类生命周期较长的产品，PAS 2050规定其储存和滞后的碳排放可以按照加权平均的方法来计算。

5. 不确定性分析（任选项）

对产品碳足迹的不确定性分析是一种对精度的衡量。正如PAS 2050规范所鼓励的那样，确定产品碳足迹最佳做法的目的是使碳足迹计算中存在的不确定性最小化，以有助于提供最确凿、可靠和可重复的结果。虽然为了达到有关数据质量的规范有必要开展不确定性分析，但是PAS 2050规范并未明确要求开展这一分析，按实际做法，把这一分析任务委托给具有不确定性分析经验并熟悉产品碳足迹模型的某个单位完成，是一种实用的做法。

2.3 温室气体核算体系（GHG Protocol）

2.3.1 概述

温室气体核算体系（Greenhouse Gas Protocol，GHG Protocol）是一个由世界资源研究所（WRI）和世界可持续发展工商理事会（WBCSD）共同发起，以企业、非政府组织、政府和其他团体多个利益相关方为基础的合作计划[5]。温室气体核算体系发起于1998年，主要任务是为企业开发一套国际公认的温室气体（GHG）核算和报告标准。为便于描述直接与间接排放源，提高透明度，以及为不同类型的机构和不同类型的气候政策与商业目标服务，GHG Protocol针对温室气体核算与报告设定了三个"范围"（图2-6）：范围一、范围二和范围三[6]。

（1）范围一：直接温室气体排放

范围一排放是来自公司拥有和控制的资源的直接排放，换句话说，是企业一系列活动的直接结果，包括以下四个领域：

1）固定燃烧：来源包括用于加热建筑物的锅炉、燃气炉和燃气热电联产工厂。

2）移动燃烧：燃烧产生温室气体的燃料的组织拥有或租赁的所有车辆。

3）无组织排放：有意或无意的泄漏，如设备的接缝、密封件、包装和垫圈的泄漏，煤矿矿井和通风装置排放的甲烷泄漏。

4）过程排放：在工业过程和现场制造过程中释放的温室气体。

（2）范围二：电力产生的间接温室气体排放

范围二排放是企业由购买的能源（包括电力、蒸汽、加热和冷却）产生的间接排放。对许多公司而言，外购电力是其最大的温室气体排放源之一，也是减少其排放的最主要机会。各公司通过核算范围二的排放，可以评估改变用电方式和温室气体排放成本的相关风险与机会。

（3）范围三：其他间接温室气体排放

范围三排放是报告公司价值链中发生的所有间接排放（不包括在范围二中），即范围一和范围二以外公司产生的所有排放，包括以下内容：外购原料与燃料的开采和生产以及相关的运输活动、职员差旅和上下班通勤、运输出售的产品、运输废弃物。

图 2-6 范围一、二和三的排放范围

GHG Protocol 是一套国际通用的温室气体排放计算工具，体系组成中最主要的是三大标准，即《温室气体核算体系企业核算与报告标准》（一般称《企业标准》）、《企业价值链（范围三）核算和报告标准》（一般称《范围三标准》）、《产品生命周期核算和报告标准》（一般称《产品标准》），三者的关系如图 2-7 所示。其中，《产品标准》正式发表于 2011 年 10 月，是一项面向公众开放的产品碳足迹标准。该标准提供了一种详细的产品碳足迹评价和报告准则，旨在协助企业开展产品生命周期温室气体核算，针对产品设计、制造、销售、购买以及消费使用等环节制定相应的碳减排策略，为其提供一个价值链温室气体测量和管理的综合性方法，因此本书重点针对《产品标准》开展介绍。

图 2-7　对企业生产的产品 A 来说三大标准之间的关系

2.3.2　主要内容

GHG Protocol《产品标准》对产品核算与报告规定了以下关键步骤。

1. 范围界定

界定清楚的范围有助于确保最终清单满足企业与利益相关方的需要，除了识别需要核算的温室气体之外，还涉及选择产品、确定功能单位与识别参考流。

（1）确定温室气体清单

企业应该核算二氧化碳（CO_2）、甲烷（CH_4）、一氧化二氮（N_2O）、六氟化硫（SF_6）、全氟碳化物（PFC）和氢氟碳化物（HFCs）向大气中的排放和从大气的清除。清单中包括的其他温室气体也应在清单报告中列出。

（2）选择研究的产品

纵览或筛选企业生产、分销、购买或销售的所有产品是确定所研究的单个产品的第一步。企业选择一个产品，不仅要考虑是否具有战略意义和符合其商业目标，而且要考虑是否为温室气体强度高的产品。

（3）确定功能单位与识别参考流

确定功能单位是完成温室气体清单的一个决定性步骤，因为它直接影响着后续步骤和清单结果。一个定义明确的功能单位一般包含三个参数：功能或服务的量、功能或服务的持续时间或服务寿命，以及预期的质量等级。有两种方法可以定义功能单位和参考流：①先定义参考流，然后根据产品的数量来确定功能单位；②先定义功能单位，然后确定满足该功能单位需要的产品数量。

中间产品是最终产品的输入，编制中间产品温室气体清单的企业，可能知道也可能不知道最终产品的功能。例如，钢筋有多种用途，因此，生产钢材的企业可能不了解其产品的具体用途。对于最终产品功能不详的中间产品来说，分析单元就是参考流。在缺乏功能单位的情况下定义参考流时，一般的经验法则是使用能提供有意义的温室气体清单结果的数值。

2. 设定边界

在清单编制步骤中，下一步是设定边界。边界确定了哪些排放和清除被包含在温室气体清单中。在设定边界过程中，企业宜完成下列步骤：

（1）确定生命周期内与所研究产品及其功能实现直接相关的归因过程

清单由生命周期中转变为产品的、生产产品的和搬运产品的服务、材料和能量流组成，这些被定义为归因过程。产品温室气体清单的边界应包括所有归因过程。

（2）将归因过程划归到各生命周期阶段

相互关联的阶段构成了产品的生命周期，生命周期阶段是组织各个过程、数据收集和清单结果的有用途径。《产品标准》确定了五个通用的生命周期阶段，如图 2-8 所示。企业可采用不同的方式对各个阶段进行阐述或分类，以便更好地反映具体产品的生命周期。

企业需要对用于生命周期各个阶段的具体归因过程做出假设。第一步是考虑该产品功能单位的定义。所定义的功能，以及产品所提供服务的时间和质量，宜有助于确定使用状况描述的过程。企业宜假设一个状况描述，能最准确反映产品的使用，同时符合产品标准的归因方法和数据收集的要求。

（3）识别每个归因过程所需的服务、材料和能量流

在整个生命周期内对系统的每个阶段进行描述，包括材料获取、生产制

造、分销储存、使用和寿命终止等，识别每个归因过程所需的所有物质和能量流。

图 2-8　产品生命周期的五个阶段

（4）通过流程图说明产品的生命周期过程

绘制流程图是完成清单的一项重要要求。流程图说明了使产品经过整个生命周期所需的服务、材料和能量。企业可以使用下列步骤制定流程图（图 2-9）：

1）在流程图顶部确定所定义的生命周期阶段，从原材料提取直到寿命终止（对于从摇篮到大门的清单来说，到生产阶段）。

2）在流程图中确定所研究产品制造完成并出报告企业大门的位置。

3）确定制造与运输成品必需的组件输入和上游加工步骤，并使这些过程与适当的生命周期阶段相对应。

4）确定每个上游过程相关的能量流和材料流，包括直接影响产品发挥其功能的输入（如化肥、润滑油）和输出（如废弃物和共生产品）。

5）对于从摇篮到坟墓的清单，确定在分销、存储和使用研究产品时所需的下游流程步骤和能量及材料流。

6）对于从摇篮到坟墓的清单，确定在寿命终止阶段研究产品所需的能量和材料输入。

图 2-9　举例说明生产最终产品的企业绘制流程图的步骤

3. 数据收集及评估

数据收集可能是编制产品温室气体清单中所需资源最多的一步。数据也对总体清单质量具有显著影响。企业在收集数据并评估数据质量时宜遵循以下步骤：

1）制订数据管理计划，并在完成数据收集与评估过程后存档。

2）使用产品流程图确定所有数据需求。

3）进行筛选，有利于数据的集中收集。

4）识别数据类型。

5）对报告企业拥有或控制下的所有过程收集一手数据。

6）对于其他的所有过程，收集一手或二手数据。一旦数据被收集，就要评估直接排放数据、活动水平数据和排放因子的数据质量并存档。

7）提高数据质量，主要关注对清单结果有显著影响的过程。

数据质量不宜基于直觉或者假设，企业应使用数据质量指标来评估数据质量。数据质量指标可用于定性或定量地说明数据能够多好地表示产品生命周期清单中的特定过程。一般来说，数据质量可以表明数据的代表性（时间上、技术上和地理上）如何，以及数据度量的质量（数据收集的完整性以及数据的可靠性）如何。

4. 分配

在大多数的产品生命周期中，至少都有一个共同的过程将多种有价值的产品一起作为输入或输出，并因此不可能在单独的输入或输出层面上收集数据。在这些情形下，对所研究的产品的排放或清除进行准确分配对维护温室气体清单的质量是十分必要的，图2-10展示了在各种条件下，为给定的共同过程选择用于避免分配或执行分配的最佳方法的决策程序。企业应尽可能通过使用过程细分、重定义功能单位或使用系统扩展来避免分配。如果无法避免分配，企业应根据所研究产品和共生产品间的本质物理关系分配排放和清除。当单独的物理关系不能建立或用作分配基础时，企业应选择经济性分配法，或能够反映所研究产品和共生产品间其他关系的分配方法。

图2-10 选择分配方法的步骤

5. 评估不确定性

不确定性评估是指对产品清单中的不确定性进行定量或定性的一个系统性程序。理解不确定性对合理解释清单结果是至关重要的。温室气体清单的结果可能被各种类型的不确定性所影响，这些不确定性可由清单过程中的不同来源产生，图 2-11 展示了不确定性的类型及相应来源。不确定性被分为三个类型：参数不确定性、情景不确定性与模型不确定性。这些类别并不是相互排斥的，但是它们却以不同的方式被评价和报告。例如，相同的不确定性来源可能作为参数不确定性的一部分来描述或作为情景不确定性的一部分来描述。

图 2-11　不确定性的类型及相应来源

6. 计算清单结果

企业在计算所研究产品的温室气体影响时宜遵循以下步骤：

（1）选择 GWP 值

因为辐射强迫是大气中温室气体浓度的一个函数，以及计算 GWP 的方法学不断发展，所以 GWP 因子每隔几年就要被 IPCC 重新评估。

（2）使用收集的数据计算二氧化碳当量（CO_2e）

下面的公式说明了如何根据活动水平数据排放因子和 GWP 值来计算输

入、输出或过程的二氧化碳当量（CO_2e）。当收集过程的活动水平数据时，计算输入、输出或过程的二氧化碳当量（CO_2e）的基本公式如下：

$$kgCO_2e = 活动水平数据 \times 排放因子（kgCHG）\times GWP（kgCO_2e/kgGHG）$$

当产品在使用阶段从大气中清除二氧化碳（如，被水泥吸收）时，清除数据可以以单位质量或体积产品的清除率的形式出现。在这种情况下，企业通常只知道在原材料或产品中含有的生物源碳总量。要将碳转换为二氧化碳，碳总量要乘以二氧化碳（44）与碳（12）分子质量的比值。

$$kgCO_2e = kg\,生物源碳 \times（44/12）\times GWP（kgCO_2e/kgGHG）$$

（3）计算总清单结果 [二氧化碳当量（CO_2e）/ 分析单元]

一旦计算了以二氧化碳当量（CO_2e）为单位的清单结果，企业就需要确保所有的结果基于相同的参考流。

$$\frac{总二氧化碳总量}{分析单元} = \frac{（生物源）二氧化碳当量排放}{参考流} - \frac{（生物源）二氧化碳当量清除}{参考流} + \frac{（非生物源）二氧化碳当量排放}{参考流} - \frac{（非生物源）二氧化碳当量清除}{参考流} + \frac{土地利用变化影响的二氧化碳当量清除}{参考流}$$

（4）计算各生命周期阶段占总清单结果的百分比

使用与上面第（3）步中相同的公式可计算各个生命周期阶段的清单结果。土地利用变化的影响和清除通常包含在原材料获取和预处理阶段或者生产阶段，取决于报告企业的位置。如果清除量足够大以至于可以对本阶段产生负百分比影响，那么宜在清单报告中清楚注明。

7. 保证

保证是对清单完整性、准确性、一致性、透明性、相关性和没有实质错报的信心水平。产品温室气体清单应由第一方或第三方保证。第一方和第三方保证都宜遵循类似的程序和过程。对于外部利益相关方，第三方保证更可能增加温室气体清单的可信度。企业应在清单报告中报告保证声明。声明应包括：

1）保证是由第一方或是第三方执行的。

2）保证所达到的等级（有限的或合理的），包括保证意见或者是严格审查的结论。

3）保证过程的概述。

4）保证方的相关能力。

5）对于第一方保证，如何避免潜在的利益冲突。

8. 报告

报告对于与利益相关方的有效沟通并确保问责性是必不可少的。GHG Protocol《产品标准》提供了一个有公信力的报告框架，让报告数据的使用者可以在充分信息的基础上做出决定。企业应公开报告如下信息以符合《产品标准》：总体信息和范围、边界设定、分配、数据收集及质量、不确定性、清单结果、保证、建立减排目标和追踪清单变更。

2.4 碳足迹标准 ISO 14067

2.4.1 概述

2008年1月，国际标准化组织（ISO）成立工作组并着手编制产品碳足迹的国际标准 ISO 14067，新标准主要是基于现存的 ISO 标准进行编制：ISO 14040/14044（生命周期评估）及 ISO 14025（环境标签）。2013年5月，ISO 发布了国际技术规范（Technical Specification）——ISO/TS 14067：2013《温室气体—产品碳足迹—量化与沟通的规则与指南》，提供了产品碳足迹量化和通信的要求、原则和指导方针[7]。

2018年8月，ISO 发布了 ISO 14067：2018《温室气体—产品碳足迹—量化要求及指南》（图2-12），该标准取代了技术规范 ISO/TS 14067：2013，同时，ISO 14067：2018 也升级到国际标准状态。ISO 14067：2018 是一项国际公认的用于量化产品碳足迹的 ISO 标准。标准规定了量化和报告产品碳足迹（CFP）的原则、要求和指南，为产品碳核算提供了基本的要求和指导，其方式与国际生命周期评估（LCA）标准（ISO 14040 和 ISO 14044）一致。该标准适用于评估所有商品及服务活动生命周期内的碳排放，开展此类活动的组织，皆可依据该标准进行碳足迹评估[8]。

图 2-12　ISO 14067：2018 产品碳足迹标准

2.4.2　主要内容

ISO 14067：2018 针对 CFP 量化方法包括了四个阶段，即目标和范围定义、生命周期清单分析、生命周期影响评估和生命周期解释。构成产品系统的单元过程应按生命周期阶段进行分组，如原材料的获取、设计、生产、运输/交付、使用和寿命终止。产品生命周期中的温室气体排放和清除应分配到温室气体排放和清除发生的生命周期阶段。对于各部分产品碳足迹，只要按相同方法评估，则可对其进行累计，以形成完整的产品碳足迹。此外，完整的产品碳足迹评价还包括报告和关键性审查部分。

1. 目标和范围定义

（1）功能单元或声明单元

CFP 研究应明确说明所研究系统的功能单元或声明单元。功能单元或声明单元应与 CFP 研究的目标和范围一致。功能单元或声明单元的主要目的是提供与输入和输出相关的一个基准。因此，功能单元或声明单元应明确定义并可量化。在选择了功能单元或声明单元后，应定义相关的基准流。在产品系统之间进行比较时，应以相同的功能单元为基础。

（2）系统边界

系统边界是确定哪个单元流程须纳入产品碳足迹研究，其选择应符合 CFP 研究的目标。系统边界应决定 CFP 研究中应包括哪些单元过程，以及应研究这些单元过程的详细程度。

（3）裁剪规则

一般而言，应包括分析系统的所有过程和流程。如果发现个别材料或能量流对特定装置工艺的碳足迹不重要，则出于实际原因，这些材料或能量流可排除在外。在目标和范围定义阶段定义一致的裁剪规则，允许排除某些次要过程。所选截止标准对研究结果的影响也应在 CFP 研究报告中进行评估和描述。

（4）数据和数据质量

对于进行 CFP 研究的组织具有财务或运营控制的单个过程，应收集现场特定数据。现场特定数据也应用于那些最重要且不受财务或运营控制的单元流程。当收集现场特定数据不可行时，应使用非现场特定数据且已接受第三方审查的主要数据。CFP 研究应使用尽可能减少偏差和不确定性的数据，使用可用的最佳质量数据。数据质量应具有定量和定性两方面的特点。

（5）报废阶段

当研究中使用的产品准备好进行处理、回收、不同用途的再利用或能量回收时，报废阶段开始。如果该阶段包括在范围内，则产品报废阶段产生的所有温室气体排放和清除应包括在 CFP 研究中。

2. 产品碳足迹生命周期清单分析

在目标和范围定义阶段之后，应进行产品碳足迹研究的生命周期清单分析。这包括以下步骤：

（1）数据收集

对于包括在系统边界之内的所有单元流程，须收集纳入清单的所有定性和定量数据。收集的数据，无论是测量的、计算的还是估计的，都被用来量化一个单元过程的输入和输出。重要的单元过程应记录在CFP研究报告中。

（2）数据的验证

在数据收集过程中，应进行数据有效性检查，以确认并提供证据证明已满足数据质量要求。验证应包括建立质量平衡、能量平衡和/或排放因子或其他适当方法的比较分析。

（3）将数据关联到单元过程和功能单元或声明单元

对于每个单元流程，须确定一个适当的流量。单元流程的量化投入和产出数据均须针对这一流量进行相关计算。根据流程图和单元流程之间的流量，所有单元流程的流量都与基准流相关。计算应将系统输入和输出数据与功能单元或声明单元联系起来。

（4）细化系统边界

为了反映产品碳足迹量化的迭代性质，针对将被纳入产品系统的数据所做出的各项决定须基于敏感性分析，以确定数据的显著性。初始系统边界须根据范围定义中所确定的截止标准酌情修改。这种细化过程和敏感性分析的结果须以文件形式记录于产品碳足迹研究报告中。

（5）分配

输入和输出应按照明确规定和合理的分配程序分配给不同的产品。某一单元流程中分配的投入和产出之和须等于分配前该单元流程投入和产出之和。如果有几个备选分配程序适用，应进行敏感性分析，以说明偏离所选方法的后果。

3. 产品碳足迹的影响评估

在碳足迹的影响评估阶段，产品系统排放和移除的每一个温室气体的潜在气候变化影响应通过将释放或移除的温室气体质量乘以IPCC给出的100年GWP（单位：$kgCO_2e/kg$ 排放量）来计算。

4. 产品碳足迹解释

CFP 研究的生命周期解释阶段应包括以下步骤：

1）根据 LCI 和 LCIA 阶段量化 CFP 和部分 CFP 的结果识别重大问题。

2）考虑完整性、一致性和敏感性分析的评估。

3）结论、限制和建议的制定。

5. 报告

CFP 研究报告的目的是描述 CFP 研究，并证明已满足 ISO 14067 的规定。CFP 研究报告中应包含以下有关 CFP 量化的信息：

1）功能或声明的单元和基准流。

2）系统边界，包括：①作为基本流的系统输入和输出类型；②关于单元过程处理的决策标准，考虑到它们对 CFP 研究结论的重要性。

3）重要单元过程清单。

4）数据收集信息，包括数据源。

5）考虑的温室气体清单。

6）选定的特征化因素。

7）选定的裁剪规则。

8）选定的分配程序。

9）温室气体排放和清除时间（如适用）。

10）数据说明，包括：①关于数据的决定；②数据质量评估。

11）敏感性分析和不确定性评估结果。

12）电力处理，应包括电网排放系数计算和相关电网具体约束的信息。

13）生命周期解释结果，包括结论和限制。

14）在 CFP 研究的决策背景下，披露和证明价值选择的合理性。

15）适用范围和修改范围，以及理由和排除。

16）生命周期各阶段的描述，包括所选使用概况和寿命终止场景的描述（如适用）。

17）评估替代使用概况和寿命终止情景对最终结果的影响。

18）CFP 代表的时间段。

19）研究中使用的 PCR 参考或其他补充要求。

20）绩效跟踪说明，如适用。

6. 鉴定性评审

在编制 CFP 研究报告时，关键性的审查有助于理解和提高 CFP 的可信度。应根据 ISO/TS 14071 对 CFP 研究进行关键审查（如有）。

2.5 产品环境足迹类别规则指南（PEFCR）

2.5.1 概述

2013 年，欧盟委员会发布了《欧盟理事会关于产品和组织生命周期环境绩效评价与交流方法的使用建议》和《建立绿色产品统一市场》，提出建立并使用产品环境足迹（Product Environmental Footprint，PEF）的统一方法学，旨在提供可靠且可比较的产品信息，从而在欧盟建立绿色产品的统一市场。PEF 指南由欧盟研究总署和欧盟环境总署联合制定，是基于 LCA 的、用于量化产品（商品或服务）环境足迹的一套方法体系。但是，从一般 PEF 方法中得到产品的环境足迹结果不能直接进行比较。产品环境足迹类别规则（Product Environmental Footprint Category Rules，PEFCR）进一步确立了 PEF 研究的类别和部门要求，使其具有可比性。随后，欧盟委员会开启了产品环境足迹的试点期（Pilot phase），在 2013—2018 年的 5 年试点期间，针对不同行业和组织，欧盟开发出十几种产品的环境足迹分类规则。

如图 2-13 所示，《产品环境足迹类别规则指南》的主要目标是确定一套一致的规则来计算同一类别产品的相关环境信息，为如何制定 PEFCR 提供说明。PEFCR 指南的内容将由欧盟委员会服务部门定期修订，在环境足迹试点阶段开发的 PEFCR 应完全符合该指南[9]。

2.5.2 主要内容

1. 目标和范围定义

目标定义是 PEFCR 研究的第一步，并设定了研究的总体背景。PEFCR 研究的目标定义要求包括：目标应用、开展研究的原因、决策问题、目标观众、是否用于对比评价、研究委托方和审核程序（如果适用）等。范围定义要求与目标定义相一致，要求包括：

（1）功能单位

要求根据以下方面定义功能单位：功能/服务提供什么，功能/服务提供程度，预期的质量水平，持续时间/寿命是多久等。

图 2-13　PEFCR 指南

（2）系统边界

要求包括所有与产品供应链相关的过程，同时建议包括系统边界图。在各类产品的 PEFCR 中，会比较详细地规定各个生命周期阶段的研究内容。PEFCR 指南研究默认是从摇篮到坟墓的方法，任何偏离默认的"从摇篮到坟墓"方法的行为都应明确规定并说明理由，例如，不包括中间产品的使用阶段或寿命终结阶段。

（3）环境足迹影响类型

环境足迹影响类型要求包括所有 14 种默认的影响类型和相应的特征化模型，任何例外都要求记录、给出理由、报告并经评审。

2. 清单分析

指南要求清单包括在系统边界内的与生命周期阶段相关的所有的资源使用和排放。在清单编制中需要考虑以下阶段：原材料获取和预处理、生产资料、生产、产品运输和储存、物流、回收处置。同时指南给出了详细的建模要求，如电力、运输、农业生产、使用阶段、生命末期阶段等。

开展 PEFCR 评估的公司所开展的所有活动都需要收集相关过程的所有已知投入和产出的公司具体数据，包括能源消耗、水消耗、土地使用、材料、排放（空气、土壤、水）、废物、产品和副产品。PEF 方法提供了一个数据需求矩阵（Data Need Matrix），根据公司对过程的影响程度（即过程由公司运行，过程不由公司运行但有公司特定数据，或过程不由公司运行且没有公司特定数据），评估系统中所有过程的数据要求。

3. 影响评估

PEF 影响评估包含两个强制性步骤（分类和特征化）和两个选择性步骤（归一化和权重）。分类要求资源投入和环境排放清单中，输入与输出的物料/能源按照 PEF 影响列表进行分类。有时，投入/输出对应的不仅仅只有一项影响指标。PEFCR 指南要求按照组成物质将数据分类转化为现有的特征因素。特征化是指根据影响列表，每个类别的输入/输出按照各自的环境影响的贡献大小进行计算，通过乘以列表中的相关特征因子所得。如果采用了归一化，归一化的环境足迹结果要求记录在"额外环境信息"中，需要记录所有方法和假设。如果采用了权重，方法和结果都要求记录在"额外环境信息"中。权重之前的影响评价结果要求与权重的结果同时报告。

4. 解释和报告

结果解释具有两个目的：保证 PEFCR 模型的结果符合研究目标和质量要求；分析获得可靠的结论和建议，以支持改进。对此，结果解释阶段包括以下 4 个关键步骤：

1）评价结果的可靠性：包括方法学的选择如何影响评价结果以及包括完整性检查、敏感性检查、一致性检查。

2）确定热点：要求在清单级、过程级和供应链阶段级找出供应链的热点，并评价潜在的改进。

3）不确定度估计：要求对清单不确定度和选择相关不确定度至少进行定性的不确定度描述，以便评价整体 PEFCR 研究的不确定度。

4）结论、建议和局限：对结论、建议和局限的描述要求与 PEFCR 研究的目标和范围相一致。

2.6 其他

2023 年，日本碳足迹指南由日本经济产业部和环境部联合制定，在符合 ISO 14067：2018 和《温室气体议定书》产品标准的前提下，对参与产品碳足迹的企业进行 CFP 量化等工作的要求、方式和实施方法进行了说明。具体来说，它对 ISO 14067 等国际标准中的条款进行了解释和说明，同时对现有标准中没有明确的部分提出了政策。该指南是为了向从事产品碳足迹工作的企业经营者提供如何遵守和实施上述措施的具体方法。

Pathfinder 碳足迹指南由世界可持续发展工商理事会提出，该方法学制定了更详细的碳足迹指导方针，以一致地计算和解释产品层面和基础设施层面的碳排放，为供应链提供更高数据透明度，以便在价值链上交换经过验证的可靠数据。

2023 年 7 月 3 日，国际 EPD 体系乘用车 PCR，即《乘用车产品类别规范（Passenger Cars Product Category Rules）》（征求意见稿）正式发布，将进行为期两个月的公开意见征求，也标志着该 PCR 开发的阶段性进展。乘用车 PCR 是一项针对乘用车产品生命周期评估的标准化工具，将用于评估乘用车的环境性能，并通过 EPD 认证向社会发布公开声明。乘用车 PCR 的发布将为乘用车产品的生命周期评估提供统一的指导和标准，使得消费者和政策制定者能够更加全面地了解乘用车产品的环境性能和可持续性，从而做出更加明智的消费和政策决策。

《Catena-X 碳足迹指南》在 2023 年由 Catena-X 汽车网络组织提出，该方法重点是在各层之间交换生产碳足迹，提高产品碳足迹核算的一致性。这种增加的一致性将确保零件和组件的碳足迹可比性，并允许零件和材料的选择。因此，其侧重于车辆的生产阶段。

参考文献

[1] Environmental management— Life cycle assessment—Principles and framework：ISO 14040：2006[S].

[2] Environmental management—Life cycle assessment—Requirements and guidelines：ISO 14044：2006[S].

[3] 冯相昭，赖晓涛，田春秀. 关注低碳标准发展新动向——英国 PAS2050 碳足迹标准 [J]. 环境保护，2010（3）：74-76.

[4] Environmental management—Life cycle assessment—Principles and framework：ISO 14040：2020[S].

[5] 蒋婷. 碳足迹评价标准概述 [J]. 信息技术与标准化，2010（11）：15-18.

[6] World Resources Institute（WRI），World Business Council for Sustainable Development（WBCSD）. GHG Protocol：Product Life Cycle Accounting and Reporting Standard [Z]. 2011.

[7] 邱岳进，李东明，曹孝文，等. 产品碳足迹评价标准比较分析 [J]. 合作经济与科技，2016（20）：114-119.

[8] Greenhouse gases—Carbon footprint of products—Requirements and guidelines for quantification：ISO 14067：2018[S].

[9] European Commission. Product Environmental Footprint Category Rules Guidance [Z]. 2018.

第 3 章 汽车产品碳足迹核算方法与工具

3.1 汽车产品碳足迹核算范围

3.1.1 目的和范围

1. 功能单位

本研究的目的是核算中国境内生产的乘用车和商用车的生命周期碳排放。研究对象为乘用车和商用车,商用车包括公交车、轻型货车和重型货车。按燃料类型分为单一燃用汽油或柴油的车辆、不可外接充电式混合动力车、插电式混合动力电动车、纯电动车、天然气车、氢燃料电池车。具体的核算车型及对应的简称见表 3-1。

本研究中,乘用车的功能单位为一辆乘用车生命周期内行驶 1km 提供的运输服务,生命周期行驶里程按 1.5×10^5 km 计算。货车以一辆货车生命周期内行驶 1km 载荷 1t 货物提供的运输服务为功能单位。轻型货车生命周期行驶里程按 6×10^5 km 计算,重型货车生命周期行驶里程按 7×10^5 km 计算。公交车以一辆车生命周期内行驶 1km 载荷 1 人提供的运输服务为功能单位,生命周期行驶里程按 4×10^5 km 计算。

表 3-1 核算车型范围及对应简称

| 类型 | 乘用车 | 商用车 |||||
| | | 公交车 | 客车 | 轻型货车 | 单体车 | 重型货车 ||
						自卸车	牵引车
单一燃用汽油的车辆（汽油车）	汽油乘用车		汽油客车	汽油轻货			
单一燃用柴油的车辆（柴油车）	柴油乘用车	柴油公交车	柴油客车	柴油轻货	柴油中型单体车	柴油重型自卸车	柴油重型牵引车
不可外接充电式混合动力车（常规混）	常规混乘用车		常规混客车	常规混轻货	常规混中型单体车	常规混重型自卸车	常规混重型牵引车
插电式混合动力电动车（插电混）	插电混乘用车	插电混公交车		纯电动轻货			
纯电动车	纯电动乘用车	纯电动公交车	纯电动客车		纯电动中型单体车	纯电动重型自卸车	纯电动重型牵引车
天然气车		天然气公交车	天然气客车		天然气中型单体车	天然气重型自卸车	天然气重型牵引车
氢燃料电池车	氢燃料乘用车	氢燃料公交车	氢燃料客车	氢燃料轻货	氢燃料中型单体车	氢燃料重型自卸车	氢燃料重型牵引车

注：灰色单元格表示对应的车型不纳入本研究碳排放核算范围。

本研究根据 IPCC 国家温室气体清单指南，碳排放的核算对象包括二氧化碳、甲烷、氧化亚氮、氢氟碳化物、全氟碳化物、六氟化硫和三氟化氮在内的温室气体排放。

2. 系统边界

本研究所评价的汽车生命周期系统边界包括车辆周期和燃料周期在内的全生命周期阶段。其中，车辆周期包括材料生产、整车生产、维修保养（轮胎、铅酸蓄电池、液体的更换以及制冷剂的逸散）等阶段；材料生产阶段包括两个部分，一是原生材料获取及加工过程，二是循环材料生产加工过程。燃料周期，即"油井到车轮（Well to Wheels，WTW）"，包括燃料的生产和运输（Well to Pump，WTP）和燃料的使用（Pump to Wheels，PTW）两个阶段。对于燃油汽车和天然气汽车，WTP 包括原油开采、提炼加工和运输等过程；对于电动汽车和燃料电池汽车，WTP 包括电力（火电、水电、风电、光伏发电和核电等）和氢燃料的生产和传输等过程。

原材料和零部件等的运输过程，零部件的加工制造，生产用设备制造、厂房建设等基础设施不包括在边界范围内。汽车生命周期碳排放核算的系统边界图如图 3-1 所示。

图 3-1 汽车生命周期碳排放核算系统边界图

3.1.2 数据来源

1. 车辆周期清单数据

本研究以车用材料为核算对象，将整车分为部件、轮胎、铅酸蓄电池、锂离子动力蓄电池、氢燃料系统和液体六个部分，考虑到材料碳排放和重量占各部分比重及数据的可核查性，共核算27种材料，见表3-2。

表 3-2 核算范围内的材料汇总

编号	材料类别	编号	材料类别
1	钢铁	15	镍钴锰酸锂
2	铸铁	16	锰酸锂
3	铝及铝合金	17	石墨
4	镁及镁合金	18	电解液：六氟磷酸锂
5	铜及铜合金	19	润滑剂
6	热塑性塑料	20	制动液
7	热固性塑料	21	冷却液
8	橡胶	22	制冷剂
9	织物	23	洗涤液
10	陶瓷/玻璃	24	硅胶
11	铅	25	碳纤维
12	硫酸	26	树脂
13	玻璃纤维	27	铂
14	磷酸铁锂		

车辆周期部件、轮胎、铅酸蓄电池、锂离子动力蓄电池、氢燃料系统和液体的重量占比及各自的材料组成占比、材料碳排放因子、整车生产碳排放因子等数据来自CALCM-2021。部件、轮胎、铅酸蓄电池、锂离子动力蓄电池、氢燃料系统和液体的重量占比及各自的材料组成占比数据来源于中汽数据有限公司拆解的90余款主流车型的产量加权的平均值。

此外，本研究中车辆周期核算汽车行驶过程中轮胎更换、铅酸蓄电池更换、液体更换和制冷剂逸散的碳排放以及整车冲压、焊接、涂装、总装和动力站房等生产制造过程的碳排放。轮胎、铅酸蓄电池、液体更换，制冷剂逸散次数见附表一。

如附表二所列，本研究中车用材料、能源、燃料及整车生产等的碳排放数据来源于中国汽车生命周期数据库（China Automotive Life Cycle Database，CALCD），代表中国平均水平数据。CALCD 是中国第一个本土化的汽车生命周期数据库，涵盖 2 万多条汽车全产业链产品相关的生命周期清单过程数据，包括基础材料、能源、运输和加工等基础过程数据，以及汽车关键零部件、动力蓄电池生产和回收、整车制造过程、运输、汽车使用和报废回收等过程数据及核心模型，清单数据类别包括资源消耗、能源消耗、环境污染物排放、温室气体排放、经济成本等方面。

2. 燃料周期清单数据

本研究中乘用车的燃料消耗量（除电耗外）和电耗数据分别是基于 WLTC 工况、CLTC 工况的测试数据。燃料生产的碳排放因子数据来源于中国汽车生命周期数据库（CALCD），代表中国平均水平，见附表三。其中，电力碳排放因子基于 2023 年中国发电结构（火电 66.3%、水电 13.6%、风电 9.4%、核电 4.6%、光伏发电 6.2%），按照全国平均电力碳足迹水平进行测算。

燃料使用的碳排放采用 GB 27999—2019 中的 CO_2 转换系数，汽油按 2.37$kgCO_2e$/L 计算，柴油按 2.60$kgCO_2e$/L 计算；电力使用过程中碳排放按 0 计算。

3.2　汽车产品碳足迹核算方法

3.2.1　车辆周期碳排放核算方法

车辆周期碳排放量按式（3-1）进行计算，目前暂不考虑零部件加工阶段碳排放和运输阶段碳排放。

$$C_{Vehicle} = C_{Material} + C_{Production} + C_{Replacement} \tag{3-1}$$

式中　$C_{Vehicle}$——车辆周期碳排放量（$kgCO_2e$）；

　　　$C_{Material}$——材料生产阶段的碳排放量（$kgCO_2e$）；

　　　$C_{Production}$——整车生产的碳排放量（$kgCO_2e$）；

$C_{\text{Replacement}}$——维修保养（轮胎、铅酸蓄电池、液体更换及制冷剂逸散）的碳排放（$kgCO_2e$）。

1. 材料生产阶段

材料生产阶段碳排放量应按式（3-2）进行计算，计算结果圆整（四舍五入）至小数点后两位。

$$C_{\text{Materials}} = C_{\text{Parts}} + C_{\text{Lead acid battery}} + C_{\text{Li-Ion battery}} + C_{\text{Fuel Cell System}} + C_{\text{Tyres}} + C_{\text{Fluids}} \quad (3\text{-}2)$$

式中　$C_{\text{Materials}}$——材料生产阶段的碳排放量（$kgCO_2e$）；

　　　C_{Parts}——部件碳排放量（$kgCO_2e$）；

　　　$C_{\text{Lead acid battery}}$——铅酸蓄电池碳排放量（$kgCO_2e$）；

　　　$C_{\text{Li-Ion battery}}$——锂离子动力蓄电池碳排放量（$kgCO_2e$）；

　　　$C_{\text{Fuel Cell System}}$——氢燃料系统碳排放量（$kgCO_2e$）；

　　　C_{Tyres}——轮胎碳排放量（$kgCO_2e$）；

　　　C_{Fluids}——液体碳排放量（$kgCO_2e$）。

汽车部件（整车除去轮胎、电池、氢燃料系统和液体的部分）碳排放量可按式（3-3）或式（3-4）进行计算，计算结果圆整（四舍五入）至小数点后两位。

$$C_{\text{Parts}} = \sum (M_{\text{Part material } i} U_{\text{Material } i} \times CEF_{\text{Part material } i}) \quad (3\text{-}3)$$

$$C_{\text{Parts}} = \sum (M_{\text{Part pr-material } i} U_{\text{Part material } i} \times CEF_{\text{Part pr-material } i} + M_{\text{Part re-material } i} U_{\text{Part material } i} \times CEF_{\text{Part re-material } i}) \quad (3\text{-}4)$$

式中　C_{Parts}——部件碳排放量（$kgCO_2e/kg$）；

　　　$M_{\text{Part material } i}$——部件材料 i 的质量（kg）；

　　　$U_{\text{Material } i}$——材料 i 的使用系数，制造过程中使用的材料占车辆中含量的百分比，目前暂不考虑损耗，即使用系数为 100%；

　　　$CEF_{\text{Part material } i}$——部件材料 i 的碳排放因子（$kgCO_2e/kg$）；

　　　$M_{\text{Part pr-material } i}$——部件原生材料 i 的质量（kg）；

　　　$M_{\text{Part re-material } i}$——循环材料 i 的质量（kg）

　　　$CEF_{\text{Part pr-material } i}$——部件原生材料 i 的碳排放因子（$kgCO_2e/kg$）；

　　　$CEF_{\text{Part re-material } i}$——循环材料 i 的碳排放因子（$kgCO_2e/kg$）。

铅酸蓄电池碳排放量计算公式见式（3-5）或式（3-6），计算结果圆整（四舍五入）至小数点后两位。

$$C_{\text{Lead acid battery}} = \sum (M_{\text{Lead acid material }i} U_{\text{Material }i} \times \text{CEF}_{\text{Lead acid material }i}) \quad (3\text{-}5)$$

$$C_{\text{Lead acid battery}} = \sum (M_{\text{Lead acid pr-material }i} U_{\text{Material }i} \times \text{CEF}_{\text{Lead acid pr-material }i} + M_{\text{Lead acid re-material }i} U_{\text{Material }i} \times \text{CEF}_{\text{Lead acid re-material }i}) \quad (3\text{-}6)$$

式中 $C_{\text{Lead acid battery}}$ ——铅酸蓄电池碳排放量（$kgCO_2e$）；

$M_{\text{Lead acid material }i}$ ——铅酸蓄电池材料 i 的质量（kg）；

$U_{\text{Material }i}$ ——材料 i 的使用系数，制造过程中使用的材料占车辆中含量的百分比，目前暂不考虑损耗，即使用系数为100%；

$\text{CEF}_{\text{Lead acid material }i}$ ——铅酸蓄电池材料 i 的碳排放因子（$kgCO_2e/kg$）；

$M_{\text{Lead acid pr-material }i}$ ——铅酸蓄电池原生材料 i 的质量（kg）；

$M_{\text{Lead acid re-material }i}$ ——铅酸蓄电池循环材料 i 的质量（kg）；

$\text{CEF}_{\text{Lead acid pr-material }i}$ ——铅酸蓄电池原生材料 i 的碳排放因子（$kgCO_2e/kg$）；

$\text{CEF}_{\text{Lead acid re-material }i}$ ——铅酸蓄电池循环材料 i 的碳排放因子（$kgCO_2e/kg$）。

纯电动车、插电混车和常规混车、燃料电池车的锂离子动力蓄电池碳排放量可单独计算，汽油车或柴油车的动力蓄电池重量按0计算。计算公式见式（3-7）~式（3-9），计算结果圆整（四舍五入）至小数点后两位。

$$C_{\text{Li-Ion battery}} = \sum (M_{\text{Li-Ion material }i} U_{\text{Material }i} \times \text{CEF}_{\text{Li-Ion material }i}) \quad (3\text{-}7)$$

$$C_{\text{Li-Ion battery}} = \sum (M_{\text{Li-Ion pr-material }i} U_{\text{Material }i} \times \text{CEF}_{\text{Li-Ion pr-material }i} + M_{\text{Li-Ion re-material }i} U_{\text{Material }i} \times \text{CEF}_{\text{Li-Ion re-material }i}) \quad (3\text{-}8)$$

$$C_{\text{Li-Ion battery}} = R_{\text{Li-Ion battery}} \times \text{CEF}_{\text{Li-Ion battery}} \quad (3\text{-}9)$$

式中 $C_{\text{Li-Ion battery}}$ ——锂离子动力蓄电池碳排放量（$kgCO_2e$）；

$M_{\text{Li-Ion material }i}$ ——锂离子动力蓄电池材料 i 的质量（kg）；

$U_{\text{Material }i}$ ——材料 i 的使用系数，制造过程中使用的材料占车辆中含量的百分比，目前暂不考虑损耗，即使用系数为100%；

$\text{CEF}_{\text{Li-Ion material }i}$ ——锂离子动力蓄电池材料 i 的碳排放因子（$kgCO_2e/kg$）；

$M_{\text{Li-Ion pr-material }i}$ ——锂离子动力蓄电池原生材料 i 的质量（kg）；

$CEF_{\text{Li-Ion pr-material } i}$——锂离子动力蓄电池原生材料 i 的碳排放因子（$kgCO_2e/kg$）；

$M_{\text{Li-Ion re-material } i}$——锂离子动力蓄电池循环材料 i 的重量（kg）；

$CEF_{\text{Li-Ion re-material } i}$——锂离子动力蓄电池循环材料 i 的碳排放因子（$kgCO_2e/kg$）；

$C_{\text{Li-Ion battery}}$——锂离子动力蓄电池能量（kW·h）；

$CEF_{\text{Li-Ion battery}}$——锂离子动力蓄电池包的碳排放因子（$kgCO_2e/kW·h$）。

燃料电池电动车的氢燃料系统碳排放量可单独计算，计算公式见式（3-10）和式（3-11），计算结果圆整（四舍五入）至小数点后两位。

$$C_{\text{Fuel Cell System}} = \sum (M_{\text{Fuel Cell System } i} U_{\text{Material } i} \times CEF_{\text{Fuel Cell System } i}) \quad (3-10)$$

$$C_{\text{Fuel Cell System}} = \sum (M_{\text{Fuel Cell pr-material } i} U_{\text{Material } i} \times CEF_{\text{Fuel Cell pr-material } i} + M_{\text{Fuel Cell re-material } i} U_{\text{Material } i} \times CEF_{\text{Fuel Cell re-material } i}) \quad (3-11)$$

式中　$C_{\text{Fuel Cell System}}$——氢燃料系统碳排放量（$kgCO_2e$）；

$M_{\text{Fuel Cell System } i}$——氢燃料系统材料 i 的重量（kg）；

$U_{\text{Material } i}$——材料 i 的使用系数，制造过程中使用的材料占车辆中含量的百分比，目前暂不考虑损耗，即使用系数为100%；

$CEF_{\text{Fuel Cell System } i}$——氢燃料系统材料 i 的碳排放因子（$kgCO_2e/kg$）；

$M_{\text{Fuel Cell pr-material } i}$——氢燃料系统原生材料 i 的重量（kg）；

$CEF_{\text{Fuel Cell pr-material } i}$——氢燃料系统原生材料 i 的碳排放因子（$kgCO_2e/kg$）；

$M_{\text{Fuel Cell re-material } i}$——氢燃料系统循环材料 i 的重量（kg）；

$CEF_{\text{Fuel Cell re-material } i}$——氢燃料系统循环材料 i 的碳排放因子（$kgCO_2e/kg$）。

轮胎碳排放量可单独计算，计算公式见式（3-12）或式（3-13），计算结果圆整（四舍五入）至小数点后两位。

$$C_{\text{Tyres}} = \sum (M_{\text{Tyre material } i} U_{\text{Material } i} \times CEF_{\text{Tyre material } i}) \quad (3-12)$$

$$C_{\text{Tyres}} = \sum (M_{\text{Tyre pr-material } i} U_{\text{Material } i} \times CEF_{\text{Tyre pr-material } i} + M_{\text{Tyre re-material } i} U_{\text{Material } i} \times CEF_{\text{Tyre re-material } i}) \quad (3-13)$$

式中　C_{Tyres}——轮胎碳排放量（$kgCO_2e$）；

$M_{\text{Tyre material } i}$——轮胎材料 i 的重量（kg）；

$U_{\text{Material }i}$——材料 i 的使用系数，制造过程中使用的材料占车辆中含量的百分比，目前暂不考虑损耗，即使用系数为 100%；

$\text{CEF}_{\text{Tyre material }i}$——轮胎材料 i 的碳排放因子（$kgCO_2e/kg$）；

$M_{\text{Tyre pr-material }i}$——轮胎（5条，含1条备胎）原生材料 i 的重量（kg）；

$M_{\text{Tyre re-material }i}$——轮胎（5条，含1条备胎）循环材料 i 的重量（kg）；

$\text{CEF}_{\text{Tyre pr-material }i}$——轮胎原生材料 i 的碳排放因子（$kgCO_2e/kg$）；

$\text{CEF}_{\text{Tyre re-material }i}$——轮胎循环材料 i 的碳排放因子（$kgCO_2e/kg$）。

液体碳排放量计算公式见式（3-14），计算结果圆整（四舍五入）至小数点后两位。

$$C_{\text{Fluids}} = \sum (M_{\text{Fluid material }i} \times \text{CEF}_{\text{Fluid material }i}) \qquad (3\text{-}14)$$

式中　C_{Fluids}——液体碳排放量（$kgCO_2e$）；

$M_{\text{Fluid material }i}$——液体材料 i 的重量（kg）；

$\text{CEF}_{\text{Fluid material }i}$——液体材料 i 的碳排放因子（$kgCO_2e/kg$）。

2. 零部件加工阶段

零部件加工阶段碳排放量应按式（3-15）进行计算，计算结果圆整（四舍五入）至小数点后两位。

$$C_{\text{Part production}} = \sum (E_r \times \text{CEF}_r + E_r \times \text{NCV}_r \times \text{CEF}'_r) + M_{CO_2} \qquad (3\text{-}15)$$

式中　$C_{\text{Part production}}$——零部件加工阶段碳排放量（$kgCO_2e$）；

E_r——能源或燃料 r 的外购量（$kW \cdot h$、m^3 或 kg 等）；

CEF_r——能源或燃料 r 生产的碳排放因子（$kgCO_2e/kW \cdot h$、$kgCO_2e/m^3$ 或 $kgCO_2e/kg$）；

CEF'_r——能源或燃料 r 使用的碳排放因子（tCO_2e/GJ），电力生产的 CEF' 为 0；

NCV_r——能源或燃料 r 的平均低位发热量（GJ/t、$GJ/10^4m^3$）；

M_{CO_2}——焊接过程中产生的 CO_2 逸散的量（$kgCO_2e$）。

3. 整车生产阶段

整车生产阶段碳排放量应按式（3-16）进行计算，计算结果圆整（四舍五入）至小数点后两位。

$$C_{\text{Production}}= \sum (E_r \times \text{CEF}_r + E_r \times \text{NCV}_r \times \text{CEF}'_r) + M_{\text{CO}_2} \quad (3\text{-}16)$$

式中 $C_{\text{Production}}$——整车生产阶段碳排放量（$kgCO_2e$）；

E_r——能源或燃料 r 的外购量（$kW \cdot h$、m^3 或 kg 等）；

CEF_r——能源或燃料 r 生产的碳排放因子（$kgCO_2e/kW \cdot h$、$kgCO_2e/m^3$ 或 $kgCO_2e/kg$）；

CEF'_r——能源或燃料 r 使用的碳排放因子（tCO_2e/GJ）；

NCV_r——能源或燃料 r 的平均低位发热量（GJ/t、$GJ/10^4 Nm^3$），已根据《中国能源统计年鉴2019》进行调整；

M_{CO_2}——焊接过程中产生的 CO_2 逸散的量（$kgCO_2e$）。

4. 维修保养阶段

维修保养（轮胎、铅酸蓄电池、液体更换及制冷剂逸散）的碳排放按式（3-17）进行计算。

$$C_{\text{Re placement}}= C_{\text{Tyres }r} + C_{\text{Lead acid battery }r} + C_{\text{Fluids }r} \quad (3\text{-}17)$$

由于轮胎更换（2次）产生的碳排放量应按式（3-18）进行计算，计算结果圆整（四舍五入）至小数点后两位。

$$C_{\text{Tyres }r} = C_{\text{Tyres}} \times \frac{4}{5} \times 2 \quad (3\text{-}18)$$

式中 $C_{\text{Tyres }r}$——使用阶段由于轮胎（4条）更换产生的碳排放量（$kgCO_2e$）；

C_{Tyres}——轮胎生产的碳排放量（$kgCO_2e$）。

由于铅酸蓄电池更换产生的碳排放量应按式（3-19）进行计算，计算结果圆整（四舍五入）至小数点后两位。

$$C_{\text{Lead acid battery}r}=C_{\text{Lead acid battery}} N_{\text{Lead acid battery}} \quad (3\text{-}19)$$

式中 $C_{\text{Lead acid battery}r}$——使用阶段由于铅酸蓄电池更换产生的碳排放量（$kgCO_2e$）；

$C_{\text{Lead acid battery}}$——铅酸蓄电池生产产生的碳排放量（$kgCO_2e$）；

$N_{\text{Lead acid battery}}$——生命周期内铅酸蓄电池更换次数。

由于液体更换及制冷剂逸散（1次）产生的碳排放量应按式（3-20）进行计算，计算结果圆整（四舍五入）至小数点后两位。

$$C_{\text{Fluids}r}= \sum (M_{\text{Fluid material }i} \times \text{CEF}_{\text{Fluid material }i} \times R_{\text{Fluid material }i}) + M_{\text{Refrigerant}} \times \text{GWP}_{\text{Refrigerant}} \quad (3\text{-}20)$$

式中　C_{Fluidsr}——使用阶段由于液体更换及制冷剂逸散（1次）产生的碳排放量（$kgCO_2e$）；

$M_{\text{Fluid material }i}$——液体材料 i 的重量（kg）；

$M_{\text{Refrigerant}}$——制冷剂的重量（kg）；

$CEF_{\text{Fluid material }i}$——液体材料 i 的碳排放因子（$kgCO_2e/kg$）；

$R_{\text{Fluid material }i}$——生命周期内液体材料 i 的更换次数；

$GWP_{\text{Refrigerant}}$——制冷剂的全球增温潜值。

5. 运输阶段

运输阶段碳排放量应按式（3-21）进行计算，计算结果圆整（四舍五入）至小数点后两位。

$$C_{\text{transport}} = \sum C_{\text{transport},p} = \sum_p \sum_k (M_p d_p \times CEF_{\text{transport},k}) \quad (3\text{-}21)$$

式中　$C_{\text{transport}}$——运输阶段的碳排放（$kgCO_2e$）；

M_p——运输过程 p 的运输的材料/半成品/零部件等的重量（kg）；

d_p——运输过程 p 的运输距离（km）；

$CEF_{\text{transport},k}$——第 k 种运输方式的碳排放因子，即运输工具行驶 1km 载荷 1t 货物所产生的碳排放，包括燃料上游的生产以及运输过程中燃料的使用的碳排放（$kgCO_2e/tkm$）。

3.2.2　燃料周期碳排放核算方法

燃料周期碳排放量按式（3-22）进行计算。

$$C_{\text{Fuel}} = C_{\text{Fuel production}} + C_{\text{Fuel use}} \quad (3\text{-}22)$$

式中　C_{Fuel}——燃料周期碳排放量（$kgCO_2e$）；

$C_{\text{Fuel production}}$——燃料生产阶段的碳排放量（$kgCO_2e$）；

$C_{\text{Fuel use}}$——燃料使用阶段的碳排放量（$kgCO_2e$）。

1. 燃料生产阶段

汽油车、柴油车、常规混车、纯电动车、氢燃料电池电动车燃料生产的碳排放量应按式（3-23）进行计算，计算结果圆整（四舍五入）至小数点后两位。

$$C_{\text{Fuel production}} = \text{FC} \times \text{CEF}_{\text{Fuel}} \times L/100 \quad (3\text{-}23)$$

式中 $C_{\text{Fuel production}}$——燃料生产的碳排放量（$kgCO_2e$）；

FC——燃料消耗量（L/100km 或 kW·h/100km），汽油乘用车、柴油乘用车、汽油轻货、柴油轻货的燃料消耗量采用按 GB/T 19233 进行测定的测定值，柴油公交、柴油重货的燃料消耗量采用按 GB/T 27840 进行测定的测定值，天然气公交车、天然气重货的燃料消耗量采用按 GB/T 29125 进行测定的测定值，常规混乘用车、常规混轻货的燃料消耗量采用按 GB/T 19753 进行测定的测定值，常规混公交车、常规混重货的燃料消耗量采用按 GB/T 19754 进行测定的测定值，纯电动车的耗电量采用按 GB/T 18386 进行测定的测定值，燃料电池公交车、燃料电池轻货、燃料电池重货燃料消耗量采用按 GB/T 35178 进行测定的测定值；

CEF_{Fuel}——燃料生产的碳排放因子（$kgCO_2e/L$ 或者 $kgCO_2e/kW\cdot h$）；

L——生命周期行驶里程。

插电混乘用车的燃料生产的碳排放量应按式（3-24）进行计算，计算结果圆整（四舍五入）至小数点后两位。

$$C_{\text{Fuel production}} = \text{FC}_{\text{weighted}} \times \text{CEF}_{\text{Gasoline}} \times L/100 + \text{EC}_{\text{weighted}} \times \text{CEF}_{\text{Electricity}} \times L/1000 \quad (3\text{-}24)$$

式中 $C_{\text{Fuel production}}$——燃料生产的碳排放量（$kgCO_2e$）；

$\text{FC}_{\text{weighted}}$——插电式混合动力电动乘用车燃料消耗量的型式认证值（L/100km），采用按 GB/T 19753 进行测定的测定值；

L——乘用车生命周期行驶里程，按 1.5×10^5 km 计算；

$\text{CEF}_{\text{Gasoline}}$——汽油生产的碳排放因子（$kgCO_2e/L$），按照附录 H 执行；

$\text{EC}_{\text{weighted}}$——插电式混合动力电动乘用车电量消耗量的型式认证值（W·h/km），采用按 GB/T 19753 进行测定的测定值；

$\text{CEF}_{\text{Electricity}}$——电力生产的碳排放因子（$kgCO_2e/kW\cdot h$）。

2. 燃料使用阶段

汽油车、柴油车、常规混车、纯电动车、氢燃料电池电动车燃料使用过程的碳排放量应按式（3-25）进行计算，计算结果圆整（四舍五入）至小数点后两位。

$$C_{\text{Fuel use}}=FC \times K_{\text{CO}_2} \times L/100 \qquad (3\text{-}25)$$

式中　$C_{\text{Fuel use}}$——燃料使用过程的碳排放量（$kgCO_2e$）；

　　　FC——燃料消耗量（L/100km 或 kW·h/100km），汽油乘用车、柴油乘用车、汽油轻货、柴油轻货的燃料消耗量采用按 GB/T 19233 进行测定的测定值，柴油公交、柴油重货的燃料消耗量采用按 GB/T 27840 进行测定的测定值，天然气公交车、天然气重货的燃料消耗量采用按 GB/T 29125 进行测定的测定值，常规混乘用车、常规混轻货的燃料消耗量采用按 GB/T 19753 进行测定的测定值，常规混公交车、常规混重货的燃料消耗量采用按 GB/T 19754 进行测定的测定值，纯电动车的耗电量采用按 GB/T 18386 进行测定的测定值，燃料电池公交车、燃料电池轻货、燃料电池重货燃料消耗量采用按 GB/T 35178 进行测定的测定值；

　　　K_{CO_2}——转换系数（参考 GB 27999—2019），对于燃用汽油的车型为 2.37kg/L，燃用柴油的车型为 2.60kg/L，纯电动和氢燃料车按 0 计算；

　　　L——乘用车生命周期行驶里程，按 1.5×10^5 km 计算。

插电混乘用车燃料使用过程的碳排放量应按式（3-26）进行计算，计算结果圆整（四舍五入）至小数点后两位。

$$C_{\text{Fuel use}}=FC_{\text{State B}} \times L/100 \times \left(1-\sum_{i=1}^{c} UF_c\right) \times K_{\text{CO}_2} \qquad (3\text{-}26)$$

式中　$C_{\text{Fuel use}}$——燃料使用过程的碳排放量（$kgCO_2e$）；

　　　$FC_{\text{State B}}$——插电混乘用车 B 状态油耗（L/100km），采用按 GB/T 19753 进行测定的测定值；

L——乘用车生命周期行驶里程，按 1.5×10^5 km 计算；

$\sum_{i=1}^{c} \text{UF}_c$——截止到 c 个试验循环的纯电利用系数累计值，按 GB/T 19753 计算；

K_{CO_2}——转换系数，对于燃用汽油的车型为 2.37kg/L。

3.2.3 生命周期单位行驶里程碳排放

汽车生命周期单位行驶里程碳排放量应按式（3-27）进行计算，计算结果圆整（四舍五入）至小数点后两位。

$$C = (C_{Vehicle} + C_{Fuel}) / L \times 1000 \qquad (3\text{-}27)$$

式中 C——汽车生命周期单位行驶里程的碳排放量（gCO_2e/km）；

$C_{Vehicle}$——车辆周期碳排放量（$kgCO_2e$）；

C_{Fuel}——燃料阶段碳排放量（$kgCO_2e$）；

L——汽车生命周期行驶里程（km）。

3.3 汽车车队碳足迹核算方法

汽车行业的碳减排对于我国实现双碳目标至关重要。汽车行业是道路交通碳排放的主要贡献者，根据统计，2020 年我国交通领域碳排放总量占全国碳排放的 9% 左右，其中道路交通碳排放占比达到 87%[1]。与欧美等发达国家相比，我国交通领域碳排放在国内碳排放总量中占比较低[2]，为我国第三大碳排放源。但是，当前我国千人汽车保有量水平较低[3]，汽车保有量未来仍有较大增长空间，若不采取有效措施，碳排放将随着保有量而不断增长。汽车行业新能源化是应对气候问题的大势所趋，新能源汽车，特别是纯电动汽车，在使用阶段不直接产生二氧化碳排放[4]，能够有效降低交通领域碳排放。但是有研究表明，新能源汽车虽然能够降低汽车行驶所造成的直接碳排放，但有部分碳排放由燃料的燃烧过程转移到上游燃料的生产以及汽车上游供应链[5]。

为了更好地分析新能源汽车的减排效应以及促进汽车产品的低碳化设计，生命周期评价方法提供了一种系统而全面的碳排放核算方式[6]，目前已有很多研究应用该方法分析不同燃料类型汽车产品的碳足迹[7]。生命周期评价方法虽然能够较好地分析不同燃料类型汽车产品的碳足迹，但是难以解决宏观层面汽车行业的碳排放评估。为了解决此类问题，通常采用搭建车队模型的方法进行评估。所谓车队即将所有的车辆视为一个整体，同时车队具有动态特性，基于每年加入车队的新售出的车辆，以及每年离开车队的退役车辆，车队的结构每年会发生变化[8]。通常车队模型的搭建思路分为自上而下与自下而上两种，其中，自上而下的方法侧重于汽车行业与其他领域的关系，自下而上的方法则更能体现汽车行业自身技术的进步[9]。早期，由于我国汽车燃料类型主要以传统燃料为主，有关利用自下而上的车队模型评价汽车行业碳排放的研究主要关注车辆的使用阶段，即由于化石燃料燃烧直接产生的碳排放[10]。国外有关车队模型的研究已将车辆制造阶段的碳排放纳入评价范围，即将生命周期评价的方法应用于车队整体[11]。本研究采用生命周期的视角，采用自下而上的方法，搭建了中国汽车生命周期评价车队模型（CALCM-Fleet）。CALCM-Fleet模型包含乘用车车队和商用车车队两个部分，其中乘用车车队模型涵盖轿车、SUV、MPV、交叉型乘用车四种车辆类型，汽油、柴油、常规混合动力、插电式混合动力、纯电动、氢燃料电池六种燃料类型；商用车车队包含单体货车、自卸货车、牵引货车、公交、客车五种车辆类型，柴油、汽油、天然气、混合动力、纯电动、氢燃料电池六种燃料类型。

3.3.1 乘用车车队生命周期碳排放核算方法

乘用车车队年度碳排放总量采用如下方法计算：

$$C_{pf, y} = C_{pf, f, y} + C_{pf, v, y}$$

式中 C_{pf}——年度乘用车车队生命周期碳排放总量（tCO_2e/年）；

$C_{pf, f}$——乘用车车队燃料周期碳排放总量（tCO_2e/年）；

$C_{pf, v}$——乘用车车队车辆周期碳排放总量（tCO_2e/年），下标y表示年份。

对于燃料周期的碳排放总量 $C_{pf, f}$，有

$$C_{pf,f} = \sum_s \sum_{pw} \sum_a \text{Stock}_{p,y,s,a} \times C_{ps,f,y,s,pw,a}$$

式中　Stock$_p$——年度乘用车保有量（辆）；

$C_{ps,f}$——单个乘用车一年内行驶阶段产生的碳排放总量（tCO$_2$e/年），下标 s 为车辆类型，下标 pw 为燃料类型，下标 a 为车龄。

对于单个乘用车一年内行驶阶段产生的碳排放总量 $C_{ps,f}$，有

$$C_{ps,f,y,s,pw,a} = \text{VKT}_{ps,y,s,pw,a} \times \text{FC}_{ps,y,s,pw,a} \times \text{EF}_{y,pw}/100$$

式中　VKT$_{ps}$——单个乘用车的年行驶里程（km）；

FC$_{ps}$——燃料消耗量（L/100km、kW·h/100km、kg/100km）；

EF——对应燃料的全生命周期碳排放因子（kgCO$_2$e/L、kgCO$_2$e/kW·h、kgCO$_2$e/kg）；

$$C_{ps,f,y,s,phev,a} = \text{VKT}_{ps,y,s,phev,a} \times \text{FC}_{ps,y,s,phev,a} \times \text{EF}_{y,gasoline}/100 + \text{VKT}_{phev,y,s,pw,a} \times \text{EC}_{phev,y,s,pw,a} \times \text{EF}_{y,electricity}/1000$$

式中　EC——插电式混合动力电动乘用车电量消耗量（W·h/km）。

乘用车车队年度车辆周期碳排放主要由当年车辆制造环节产生，为简化计算，假设当年新售出的车辆均在当年生产，则乘用车车队车辆周期年度碳排放总量可以用如下方式表示：

$$C_{pf,v,y} = \sum_s \sum_{pw} \text{Sale}_{p,y,s,pw} \times C_{ps,v,y,s,pw}$$

式中　Sale$_p$——年度乘用车销量（辆）；

$C_{ps,v}$——单个乘用车当年生产阶段产生的碳排放总量（tCO$_2$e/年）。

单个乘用车车辆生产制造所产生碳排放的计算方法与CALCM模型中车辆周期的计算方法一致。对于 $C_{ps,v}$ 可采用以下方法计算：

$$C_{ps,v,y,s,pw} = C_{ps,mat,y,s,pw} + C_{ps,prod,y,s,pw} + C_{ps,maint,y,s,pw} + C_{ps,esa,y,s,pw}$$

式中　$C_{ps,mat}$、$C_{ps,prod}$、$C_{ps,maint}$ 和 $C_{ps,esa}$——当年单个乘用车原材料获取产生的碳排放（tCO$_2$e）、整车生产产生的碳排放（tCO$_2$e）、车辆维护产生的碳排放（tCO$_2$e）以及制冷剂逸散产生的碳排放（tCO$_2$e），计算方法参考乘用车单车模型中 $C_{Material}$、$C_{Production}$、$C_{maintain}$ 和 C_{escape} 的计算方法。

与单车碳足迹计算不同的是，车队层面碳排放计算涉及保有量和销量的变化，对于保有量和销量，存下如下关系：

$$\text{Stock}_{p,y} = \sum_s \sum_{pw} \sum_a \text{Stock}_{p,y-1,s,pw,a} + \text{Sale}_{p,y,s,pw} - \text{Scrappage}_{p,y,s,pw,a}$$

式中　Scrappage_p——当年从乘用车车队中退役的车辆（辆）。

以上表达式的含义为 y 年的乘用车保有量等于前一年保有量减去当年退役的车辆，再加上当年新售的车辆。当年的退役车辆由车辆的生存规律决定，对于相同车辆类型、不同燃料类型的车辆，假设其生存规律一致（例如，假设轿车、汽油车和纯电动汽车的生存规律一致）。

$$\text{Scrappage}_{p,y} = \sum_s \sum_a \text{Stock}_{p,y-1,s,a} \times (1 - \text{SR}_{p,s,a})$$

其中 SR_p 为乘用车的生存率，即处于特定车龄的车辆，在下一年继续服役的概率。

对于乘用车车队未来的保有量情况，本文采用千人保有量模型计算[12]。在该模型中，认为乘用车的千人保有量主要与我国的经济发展情况有关，随着我国人均国民生产总值（GDP）的提升，每千人的汽车保有量将随着提升。

$$\text{Stock}_{p,y} = \text{VO}_{p,y} \times \text{Pop}_y / 1000$$

$$\text{VO}_{p,y} = \text{VO}_{p,\max} \times e^{(-be^{-cE_y})}$$

式中　VO_p——当年乘用车的千人保有量水平（辆/千人），即每 1000 人拥有的乘用车数量；

　　　Pop_y——当年的人口总数（人）；

　　　$\text{VO}_{p,\max}$——饱和千人保有量水平（辆/千人），本文假设为 350 辆/千人；

　　　b、c——拟合参数，根据历史数据拟合得到；

　　　E_y——当年人均 GDP（元/人）。

在得到每年的报废乘用车数量以及未来保有量的预测值后，便可倒推计算得到每年乘用车的销量，不同燃料类型乘用车的数量由该燃料类型车辆的市场份额决定。

$$\text{Sale}_{p,y,s} = \text{Stock}_{p,y,s} - \text{Stock}_{p,y-1,s} + \text{Scrappage}_{p,y,s}$$

$$\text{Sale}_{p,y,s,pw} = \text{Sale}_{p,y,s} \times \text{MS}_{p,y,s,pw}$$

式中　MS_p——该燃料类型的乘用车占当年销量的比例。

3.3.2 商用车车队生命周期碳排放核算方法

商用车车队年度碳排放总量的计算方式与乘用车车队的计算逻辑基本一致，同样采用了全生命周期的计算方法，但由于商用车种类众多，且不同级别车型燃料消耗率差异较大，为了便于计算，本文的讨论范畴仅限于保有量占比较大的货运车辆与客运车辆，对于特殊用途的专用车辆，例如清洁车、消防车等，由于基础数据缺乏且在保有量中占比较小，因此不在本文的讨论范围之内。

对于商用车车队年度的碳排放总量，采用如下方法计算：

$$C_{cf, y} = C_{cf, f, y} + C_{cf, v, y}$$

式中　C_{cf}——年度商用车车队生命周期碳排放总量（tCO_2e/年）；

$C_{cf, f}$——商用车车队燃料周期碳排放总量（tCO_2e/年）；

$C_{cf, v}$——商用车车队车辆周期碳排放总量（tCO_2e/年），下标 y 表示年份。

对于燃料周期的碳排放总量 $C_{cf, f}$，有

$$C_{cf, f} = \sum_s \sum_{pw} \sum_a Stock_{c, y, s, pw, a} \times C_{cs, f, y, s, pw, a}$$

式中　$Stock_c$——年度商用车保有量（辆）；

$C_{cs, f}$——单个商用车一年内行驶阶段产生的碳排放总量（tCO_2e/年），下标 s 为车辆类型，下标 pw 为燃料类型，下标 a 为车龄。

对于单个乘用车一年内行驶阶段产生的碳排放总量 C_{ps}，有

$$C_{cs, f, y, s, pw, a} = VKT_{cs, y, s, pw, a} \times FC_{cs, y, s, pw, a} \times EF_{y, pw}$$

式中　VKT_{cs}——单个商用车的年行驶里程；

FC_{cs}——燃料消耗量（L/100km、kW·h/100km、kg/100km）；

EF——对应燃料的全生命周期碳排放因子（kg CO_2e/L、kg CO_2e/kW·h、kg CO_2e/kg）。

同样假设当年新售出的商用车车辆均在当年生产，则商用车车队车辆周期年度碳排放总量可以用如下方式表示：

$$C_{cf, v, y} = \sum_s \sum_{pw} Sale_{c, y, s, pw} \times C_{cs, v, y, s, pw}$$

式中　$Sale_c$——年度商用车销量（辆）；

$C_{cs, v}$——单个商用车生产阶段产生的碳排放总量（tCO_2e/年）。

单个商用车车辆生产制造所产生的碳排放的计算方法与前文商用车生命周期碳排放计算模型中车辆周期的计算方法一致。对于 $C_{cs, v}$ 可采用以下方法计算：

$$C_{cs, v, y, s, pw} = C_{cs, mat, y, s, pw} + C_{cs, prod, y, s, pw} + C_{cs, maint, y, s, pw} + C_{cs, esa, y, s, pw}$$

式中 $C_{cs, mat}$、$C_{cs, prod}$、$C_{cs, maint}$ 和 $C_{cs, esa}$——当年单个商用车原材料获取产生的碳排放量以及整车生产产生的碳排放量，计算方法参考商用车单车模型中 $C_{Material}$、$C_{Production}$、$C_{Maintain}$ 和 C_{Escape} 的计算方法。

对于商用车的保有量和销量，同样存下如下关系：

$$Stock_{c, y} = \sum_s \sum_{pw} \sum_a Stock_{c, y-1, s, pw, a} + Sale_{c, y, s, pw} - Scrappage_{c, y, s, pw, a}$$

其中 $Scrappage_c$ 为当年从商用车车队中退役的车辆。当年的退役车辆由车辆的生产规律决定，对于相同车辆类型、不同燃料类型的商用车车辆，假设其生存规律一致。

$$Scrappage_{c, y} = \sum_s \sum_a Stock_{c, y-1, s, a} \times (1 - SR_{c, s, a})$$

其中 SR_c 为商用车的生存率。

商用车保有量的增长逻辑与乘用车有着较大区别，其中货运车辆与客运车辆的计算方式也有所不同[13]。对于货运车辆，一般认为其保有量主要受国家经济驱动，保有量的增长是为了支持由于经济增长而增加的货运需求，一般不存在饱和概念，通常采用弹性系数的方法计算。在得到每年的报废商用车数量以及未来保有量的预测值后，便可倒退计算得到每年商用车的销量，不同燃料类型商用车的数量由该燃料类型车辆的市场份额决定。

$$Stock_{c, y, truck} = Stock_{c, y-1, truck} \times (1 + \Delta AGGR \times E_{truck})$$

式中 $\Delta AGGR$——GDP 的年增长率；

E_{truck}——货车保有量的弹性系数，定义如下：

$$E_{truck} = \frac{(Stock_{c, y, truck} - Stock_{c, y-1, truck})}{Stock_{c, y-1, truck}} \bigg/ \frac{(GDP_y - GDP_{y-1})}{GDP_{y-1}}$$

对于客运车辆，其保有量主要用于满足居民的公共出行需求，为简化计算，假设客运车辆的保有量与人口呈线性关系。

$$\text{Stock}_{c, y, \text{bus\&coach}} = a \times \text{Pop}_y + b$$

其中 a、b 分别为拟合参数。

同样，商用车销量通过保有量的预测值以及报废车辆数求得

$$\text{Sale}_{c, y, s} = \text{Stock}_{c, y, s} - \text{Stock}_{c, y-1, s} + \text{Scrappage}_{c, y, s}$$

$$\text{Sale}_{c, y, s, pw} = \text{Sale}_{c, y, s} \times \text{MS}_{c, s, pw}$$

式中　MS_c——该燃料类型的商用车占当年销量的比例。

3.4　汽车低碳供应商评价方法

当前，汽车产品碳排放管控重点逐渐由使用阶段向上游供应链端转移，而汽车供应链脱碳难度较大：一方面，汽车企业在开展供应链碳管理过程中，普遍存在难以着手的问题，无法通过高效、科学、全面的方式筛选出更为低碳的供应商；另一方面，供应链企业对于低碳发展普遍存在内容不了解、方向不明确、开展思路不清晰等问题，从而很难满足下游客户对于低碳指标的要求。

为了有效指导汽车企业评估各类供应商低碳水平，优化自身采购策略，建立和完善低碳供应链管理体系，同时带动上游产业链企业实施低碳管理和技术创新，提升低碳发展水平，从而有效促进汽车全产业链协同降碳，本研究从"'双碳'意识提升""核算能力建设""'双碳'规划制定""降碳减排实施""降碳成果公开"5 个纬度展开，建立低碳供应商评价方法。

3.4.1　基本参评条件

为初步甄别低碳供应商低碳能力，本研究设立基本参评条件。基本参评条件为低碳供应商应达到的基础性要求，任何一项不符合均不能参与低碳供应商评价，包括基本合规要求和基本管理要求两类。

3.4.2　基本合规要求

汽车产业链企业在申请低碳供应商评价过程中，应遵守有关法律、法规、政策和标准要求，且企业在近三年运行过程中无重大安全、环保、质量等事故。

3.4.3 基本管理要求

（1）专门管理人员与要求

企业应授权具有相应技术和能力的人担任"双碳"专门管理人员，对专门管理人员的要求包括：

1）具有明确的"双碳"事务分管领导。

2）具有明确可用的联系方式，能够完整填写"双碳"专门管理人员相关信息，并确保可通畅联系。

3）在碳管理方面具有专业知识和技能。首次参评企业的碳管理专员须已持有或最晚在完成评价后 6 个月内获得政府主管部门颁发的相关碳管理人才证书；非首次参评企业的碳管理专员则应已持有上述证书。

（2）组织机构与要求

企业应具备碳排放管理组织机构，其是碳排放管理的执行主体，组成可以是以下形式：

1）成立专门的碳排放管理部门，统一负责本单位碳排放管理工作。

2）与本单位能源部门、环保部门等组织机构融合，将碳排放管理融入其日常工作中。

3）必要时，可借助外部机构和力量参与本单位碳排放管理。

碳排放管理组织机构职责包括但不限于以下方面：

1）收集并了解碳资讯，形成碳管理资料库。

2）制定碳排放管理发展规划及相关制度。

3）开展本单位碳盘查工作，形成碳盘查报告文件。

4）建立本单位数字化碳管理系统并维护运行。

企业应具有明确规定碳排放管理组织机构的有关要求文件，文件应包含以下信息：

1）企业碳排放管理组织结构图。

2）有关"双碳"部门的职责分工。

3）有关"双碳"部门具体人员划分。

4）企业相关签署文件。

3.4.4 评价指标

低碳供应商评价指标体系由一级指标（5项）和二级指标（15项）构成。

1. "双碳"意识提升

低碳供应商评价申请方应具备一定的"双碳"基础能力和意识，具体包括知识培训、法规识别和人才储备等。

（1）知识培训

1）企业内部应以正式通知和专场培训的形式对碳排放管理相关的人员进行专项培训，培训内容包括但不限于：

① 碳管理相关法律、法规、政策、标准和其他要求。
② 碳排放管理体系标准及体系文件。
③ 碳排放核算和报告指南。
④ 国内外碳资讯。
⑤ 碳减排技术。

2）企业应制定明确"双碳"培训计划，设立完备碳管理培训体系，并具备相应体系文件。

（2）法规识别

建立获取和识别法律法规、标准、政策和其他相关要求的程序，包括但不限于：

1）定期收集"双碳"相关的法律法规、标准及其他要求，形成政策法规库。
2）识别出适用于本单位的法律法规、政策、标准及其他要求的具体条款，形成政策法规分析报告。

（3）人才储备

企业应当具备一定的"双碳"人才储备，在碳管理方面具有专业知识和技能，并具备工业和信息化碳管理人才岗位能力评价证书或其他人社部和工信部主管机构颁发的相关碳管理人才证书。

2. 核算能力建设

企业应具备一定的碳排放核算能力，可通过高效方式摸排自身工厂及上游供应链碳排放情况。

（1）自主核算

企业应熟悉碳排放核算方法，包括产品和组织层面的碳排放核算。可利用相应的计算模型，自主核算出产品或工厂层面在生产、运输以及其他活动中的碳排放量，形成详尽的碳排放核算报告。

（2）工具使用

企业应具备高效可用的碳排放核算工具，并借其准确核算与管理产品和组织层面的碳排放量。

（3）数据收集

企业应熟练使用中国工业碳排放信息系统（CICES）进行工厂或产品具体场地数据报送及供应链碳管理工作。

3. "双碳"规划制定

企业应基于自身业务发展战略和方针，深入分析内外部影响碳排放的因素，包括分析合规要求和利益相关方诉求，管理相关风险，识别潜在机遇，制订碳管理目标和碳管理实施方案，并定期对其进行跟踪和分析。

（1）碳管理目标

企业应根据自身发展状况和行业特性设定具体且可衡量的碳管理目标，应包括明确的时间节点和量化目标，并盖有企业公章或高层领导签章。

（2）碳管理实施方案

企业应针对识别出的碳排放影响因素，制定碳管理实施方案，内容包括降低碳排放的措施和计划、碳管理目标实现情况跟踪机制、人员职责分工、持续改善机制等。编制碳管理实施方案文档，最终形成完整的碳管理体系文件，并盖有企业公章或高层领导签章，用以支撑碳排放管理目标的实现。

（3）目标完成度

企业应定期对碳管理目标的完成度进行跟踪和分析，并采取必要的措施来实现或调整目标，形成碳管理目标完成情况分析报告，涵盖上一周期目标完成情况、原因分析和改进举措等。

4. 降碳减排实施

企业应基于自身实际情况实施降碳减排，包括低碳信息管理、供应商管理和降碳实施等。

（1）低碳信息管理

1）企业应定期收集低碳材料及低碳技术信息，包括低碳材料和技术名称、降碳效果、所需成本、供应商联系方式等，并形成低碳技术库。

2）企业应具备低碳信息分析与决策能力，通过部署碳仿真系统或其他决策模型进行分析。

（2）供应商管理

企业应在采购端开展上游低碳供应商管理，将低碳供应商评级结果纳入自身采购部门的采购参考指标。

（3）降碳实施

1）企业应定期开展脱碳诊断，识别自身脱碳关键问题并采取有效降碳措施以降低温室气体排放或维持碳中和状态。

2）企业应定期针对实施成效进行分析，通过比较实际降碳效果与设定值的差距，反映企业在降碳方面的执行效果，形成相应降碳绩效分析报告。

5. 降碳成果公开

企业应采取一定举措公开自身碳排放情况，包括碳排放信息披露、核算报告公开和碳足迹标识应用等。

（1）碳排放信息披露

企业应向自身客户披露自身碳排放信息，包括：

1）典型产品或典型工厂层面碳排放信息。

2）客户指定的产品或工厂碳排放信息。

（2）核算结果公开

企业应将自身典型产品或工厂层面碳排放核算结果通过公开渠道发布，包括但不限于：

1）新闻媒体。

2）企业宣传册。

3）企业官方网站。

4）企业年度 ESG 报告。

（3）碳足迹标识应用

企业应积极应用碳足迹标识对自身产品进行评价和宣传，包括但不限于：

1）碳足迹量化标识。

2）碳足迹等级标识。

3）碳中和标识。

3.4.5 得分计算

汽车行业低碳供应商评价综合得分根据申请单位对各类评价指标要求细则的符合情况确定，取决于必要项指标和可选项指标中的项目数量占必要项指标总数量的比例，评价指标要求细则详见《汽车低碳供应商评价指南（2024年第一版）》（http://www.auto-cpp.com/Download/Index），综合得分计算应按照式（3-28）进行计算：

$$S = \frac{N+O}{T_N} \times 100 \tag{3-28}$$

式中　S——低碳供应商评价综合得分；

　　　N——参评企业符合必要项指标中的项目数量；

　　　O——参评企业符合可选项指标中的项目数量；

　　　T_N——评价指标中必要项指标的总数量。

必要项符合比例根据申请单位对各类必要项评价指标要求细则的符合情况确定，其代表参评企业符合必要项指标的项目数量占必要项指标总数量的比例，具体应按照式（3-29）进行计算：

$$P = \frac{N}{T_N} \times 100\% \tag{3-29}$$

式中　P——必要项符合比例；

　　　N——参评企业符合必要项指标中的项目数量；

　　　T_N——评价指标中必要项指标的总数量。

（1）结果评定

汽车行业低碳供应商评价结果根据综合得分和必要项符合比例进行评定，具体分为5个等级，评定依据见表3-3。

表 3-3 结果评定

等级	评定要求
一星	$\sum < 60$ 分
二星	60 分 $\leq \sum < 70$ 分
三星	70 分 $\leq \sum < 80$ 分
四星	80 分 $\leq \sum < 90$ 分，且 60% 以上必要项符合要求
五星	$\sum \geq 90$ 分，且 80% 以上必要项符合要求

（2）评价流程

低碳供应商评价由汽车工业节能与绿色发展评价中心和低碳供应商评价委员会联合开展，评价流程如图 3-2 所示。

图 3-2 汽车行业低碳供应商评价流程

3.4.6 持续改善阶段

低碳供应商评价完成后,在证书有效期内,企业应接受低碳供应商评价委员会长期监督,具体要求包括:

1)应遵守有关法律、法规、政策和标准要求,运行过程中无重大安全、环保、质量等事故。

2)应确保可通过邮件、电话等其中一种形式与企业碳管理事务负责人取得联系,如果连续 10 个工作日内无法取得联系,将删除评级,撤回评级结果。

3)应按照公示结果持续履行低碳供应商职责,开展碳管理相关工作。

3.5 汽车产品碳足迹核算工具体系

3.5.1 国内外碳足迹核算工具分析

1. 工具简介

(1) OBS

OBS 是由中国汽车技术研究中心有限公司开发的一款专用于汽车行业碳足迹核算的 LCA 工具。OBS 内嵌中国汽车生命周期模型(CALCM),操作灵活,自由度高,可将各类模型搭建在工具中,封装方法学和数据库,将汽车产品碳足迹核算过程标准化、流程化。同时 OBS 内嵌中国汽车生命周期数据库(CALCD),数据涵盖从材料生产阶段到整车生产阶段和使用阶段的行业平均碳排放因子,支撑行业开展产品碳足迹核算及研究工作。此外,OBS 实现了将整车 BOM 表格导入工具直接建模成型,极大地简化了核算步骤,将整车等复杂产品的核算高度自动化。

(2) GaBi

GaBi 软件是由德国 PEInternational 公司开发的一款 LCA 评价软件,可以从生命周期角度建立详细的产品模型,同时可支持用户自定义环境影响评价方法。使用者可以建立产品生产模型、进行输入输出流平衡、计算评价结果以及生成相关图形等。GaBi 软件集成了自身开发的数据库系统 GaBi DataBases，同时可兼容企业数据库，包含 Eco-invent 数据库等。GaBi 作为世界领先的生命周期评价计算软件，其设计满足了较广领域的需求，广泛应用于 LCA 研究和工业决策支持，被很多 LCA 研究机构采用。

（3）SimaPro

SimaPro 软件由荷兰莱顿大学和 PreConsultantsB.V. 于 1990 年开发，是目前世界上应用广泛的生命周期评价软件。SimaPro 具有强大的功能、极高的柔性、多样的评价方法和直观的结果表达方式，并且包含丰富的类数量和完善的数据管理能力。该软件主要用于计算碳足迹、产品生态设计、产品或服务的环境影响、关键性能指标的决策等。

2. 对比分析

国内外核算工具对比分析见表 3-4。

表 3-4 国内外核算工具对比分析

特征对比	产品名称		
	OBS	GaBi	SimaPro
应用领域	专用于汽车行业碳足迹核算的 LCA 工具	广泛应用于多领域的 LCA 工具	广泛应用于多领域的 LCA 工具
用户界面	界面直观，便于操作，提供详细的操作视频，便于学习上手	界面直观，但需要一定的专业背景知识来操作和理解其结果	用户界面友好，提供详细的指导和支持，便于初学者上手
数据库及模型库	内嵌中国汽车生命周期数据库（CALCD），数据涵盖从材料生产阶段到整车生产阶段和使用阶段的行业平均碳排放因子。同时，OBS 内嵌中国汽车生命周期评价模型（CALCM），操作灵活，自由度高，可将各类模型搭建在工具中	提供全球全行业数据库之一，包括 GaBi 数据库、Eco-invent 等。支持用户创建和共享自定义数据库	主要支持数据库为 Eco-invent。支持用户自定义模型和数据库扩展
支持与培训	提供详细的文档、培训课程和技术支持，提供定期培训和专业咨询	提供详细的文档、培训课程和技术支持	提供定期培训和专业咨询服务

3.5.2 中国工业碳排放信息系统（CICES）

1. 工具简介

在产品碳足迹计算过程中，"碳足迹具体场地数据"因能真实准确地反映产品实际碳排放水平，被相关标准列为数据质量最高优先级。但汽车产品具有产链条长、工艺复杂、涉及行业较多等特点,导致"具体场地数据收集工作"一直以来备受汽车行业重视却又难以着手。中国工业碳排放信息系统(CICES)的开发应用,成为汽车行业碳足迹场地数据收集工作的"破局"关键,具体意义如下:

(1) CICES 能够提升汽车供应链企业碳管理能力

汽车供应链企业的碳管理能力普遍较弱,由于缺乏碳管理专员,绝大多数企业均需通过基础培训后才能初步开展数据收集工作,所提交的表单平均需经过 8 次人工审核校错才能符合要求,整体耗时长达 2 个月才能建立企业碳足迹场地数据收集与报送能力,而频繁的人员变动又常常导致企业需要从头开始,极大地增加了汽车企业开展具体场地数据收集的难度。通过 CICES 管理委员会广泛开展的行业及企业培训,持续为供应链行业输送"双碳"知识,提升企业碳管理水平,确保供应链企业"懂基础、能收集、会报送",切实提升了汽车供应链企业碳足迹具体场地数据收集与报送能力。

(2) CICES 能够实现行业碳排放数据报送形式统一

由于缺乏行业统一标准,汽车产业链碳排放数据报送形式和内容存在着不稳定性,其往往随着上下游企业间话语权强弱不同而发生改变,使得下游企业收集的数据存在形式不一、内容复杂及难以处理的问题,很难有效地分析和应用这些数据。CICES 通过建立行业统一的碳排放数据报送规范,确保了碳排放数据形式和内容在全产业链的一致性,提升了数据的流通性和可靠性,使其能够在整个价值链中得到充分利用。

(3) CICES 能够解决供应链企业重复工作浪费问题

在场地数据收集过程中,供应链企业面临着重复性工作量大的困境。不同汽车企业采用的数据收集方式各不相同,导致供应链企业为了满足下游多样需求,同一款产品不得不填写多张表单,这种重复性工作导致了大量时间成本的浪费。CICES 通过建立科学高效的数据收集与报送流程,使得供应链企业只需完成填写一次表单,即可向下游不同企业高效地发送相关信息,显著提升工作效率,加速推动汽车全产业链碳足迹具体场地数据体系建设。

2. 亮点功能

(1) 数据填报

应用标准报送规范流程,实现数据可追溯可信任(图 3-3)。系统规范企业报送数据字段，规定填写要求，赋予互联网标识，提高数据可信度和溯源能力。

图 3-3　数据填报

（2）数据收发

实现交互双方实时收发，确保企业数据安全流通（图 3-4）。系统帮助企业之间进行实时的数据互传、审批和修正，查阅权限限制于交互双方，保证流通安全。

图 3-4　数据收发

（3）数据管理

按照对象功能分类管理，实现数据快速定位筛选（图 3-5）。系统实现数据条目的筛选分类，便于操作。中国工业碳排放信息系统可与 OBS、CICES+

等其他系统进行联动,实现企业内部数据采集、审批、管理流程与本系统的有效结合。

图 3-5 数据管理

3. 应用案例

以汽车轮毂产品为例,当生产企业需在 CICES 中填报轮毂产品碳排放信息时,可实名注册完成后直接登录 CICES,选择"创建新的 CES 表单"即可开始填写相关信息,包括产品名称、产品型号、功能单位、收集周期、系统边界等基本信息,如图 3-6 所示。

图 3-6 通用表单

此外,还可填写生产所需的原料种类及用量、能源种类及用量、二氧化碳逸散种类及用量和交通运输种类及用量等相关信息,如图 3-7 所示。

图 3-7　清单数据

完成填报并通过审核之后，即可选择下游客户进行发送，如图 3-8 所示。

图 3-8　表单交互

发送时需填写甲方编码，甲方编码为下游客户指定的编码，一般为产品牌号，如图 3-9 所示。

填写甲方编码并单击确定后，即可发送给指定下游客户，完成 CICES 数据填报工作。

图 3-9　表单发送

3.5.3　产品碳足迹标准管理工具（PCFst）

产品碳足迹标准管理工具（PCFst）是我国第一款具备自主知识产权的适用于汽车行业专用于处理产品 BOM 信息和协助中国汽车产品生命周期评价工具（OBS）进行碳足迹核算与管理的软件。该软件结合我国汽车行业及汽车产品的主要特点，能够识别汽车行业常见的 BOM 表格形式（如父子格式和列格式的 BOM 表格），进而开展 BOM 信息整理和支撑碳足迹管理。

PCFst 不仅能自动化处理 BOM 信息和匹配碳排放数据，还支持自定义合并重复项，帮助用户掌握整车核算分析的颗粒度。PCFst 软件是我国目前唯一完全适用乘用车碳足迹核算思路的软件，且与 OBS 完全契合，符合汽车行业使用需求。

由于众多厂商的产品 BOM 清单格式众多，且与 OBS 能够识别的标准 BOM 可能存在较大差异，为了使用户能够方便地使用 OBS 的 BOM 导入功能，PCFst 帮助用户将复杂 BOM 清单快速转换为标准 BOM，且能够实现各材料因子和 BOM 信息中的材料数据自动匹配及众多重复项灵活整理的功能，从而方便地使用 OBS 标准 BOM 导入工具一键生成模型，极大地提高了建模效率和用户体验（图 3-10）。

图 3-10　PCFst 界面（样例）

3.5.4　汽车产品生命周期评价工具（OBS）

中国汽车产品生命周期评价工具（OBS）是基于 ISO 14040 和 ISO 14044 等生命周期评价标准开发的产品生命周期评价工具，工具嵌入了我们自主研发的中国汽车生命周期数据库（CALCD）和汽车生命周期评价模型（CAL-CM）。OBS 工具和中国工业碳排放信息系统（CICES）深度对接，帮助企业完成供应链碳足迹数据规范报送、汽车产品碳足迹核算等工作，提高汽车产品的市场竞争力和政策合规性，推动汽车行业绿色低碳发展。

OBS 可帮助企业建立自身的生命周期研发数据库，辅助研发可持续性产品，节约组织、供应商的运作成本。企业可通过使用 OBS 进行 LCA 的项目和制定可持续发展决策，量化每一种可持续性指标，帮助企业辨识最优权衡方案，帮助企业开发设计出更加可持续性的产品，增加产品的价值，提高产品的市场竞争力。其具体功能如下：

1）支持图形化所见即所得的 LCA/LCI 模型构建核算。

2）计算过程可跨项目进行数据引用。

3）输出数据支持 Sankey、Sunburst 图表显示。

4）数据分析结果支持图表定制化显示。

5）支持树形方式 LCI 建模及 Recursive Tree 算法不限层级分析，上千级节点完全展开，图形建模界面响应时间小于 1s。

6）支持按项目、跨项目数据分包导入导出。

7）支持 IPCC 评价方法学、CML 评价方法学分包导入导出。

OBS 契合汽车行业使用需求，内置标准 BOM 导入模块，方便用户利用 BOM 表格进行整体建模操作，具体功能如下：

1）支持利用标准 BOM 表格在 OBS 中快速建模。

2）识别过程可自动进行万条单位的自动建模操作。

3）可利用标准 BOM 表格进行数据修改。

4）所有模型均可实现 OBS 模型和 BOM 表格间的转换。

同时 OBS 工具既可进行碳足迹核算，也能通过新增方法学进行其他环境指标的评价；既可专门针对汽车行业复杂产品或工艺等情景进行碳足迹核算，也能进行跨行业工作；既符合现有的国内国际标准，又能通过灵活建模调整符合新的政策的核算要求，如应对电池法和各国电动汽车补贴等。OBS 界面如图 3-11 所示。

图 3-11　OBS 界面

3.5.5 碳仿真数据系统（CSS）

源头减量是控制汽车产品碳足迹的关键，当前汽车行业产品碳减排正处于起步探索阶段，如何从研发阶段做好规划，评价不同措施的减排效果，制定有效的碳减排方案，是每个生产企业所面临的共同难题。

为系统性建立考虑成本、周期等因素影响的多目标优化减排模型，科学合理制定整车、系统、零部件的材料碳排放目标，做好减排方案决策，支撑低碳车型的开发，中汽碳（北京）数字技术中心有限公司（简称"中汽碳数字"）建设了碳仿真数据系统（CSS），如图 3-12 所示。CSS 将聚焦产品研发环节，通过多样的功能模型、灵活的模块组合来解决汽车产品研发过程中遇到的核算模型搭建、减排潜力分析、减排目标设定、减排方案优化等问题。

CSS 详细系统架构包括产品 BOM 模块、CAMDS 数据模块、碳仿真模块、政策资讯模块和系统管理模块，系统将 BOM 对接、数据收集、数据导入、结果计算、分析对比、预测分析和方案仿真优化各大板块功能集成一体，功能全面、自动化程度高、运算能力强，各板块协作复杂，服务产品低碳设计研发的大部分场景。

图 3-12　CSS 界面

3.6 汽车产品低碳评价与公示平台

3.6.1 中国汽车产业链碳公示平台（CPP）

当前，全生命周期视角下的产品碳排放管控已成为我国"双碳"目标下的重要工作。相关政策文件，包括"1+N"政策体系中的《关于完整准确全面贯彻新发展理念做好碳达峰碳中和工作的意见》《2030年前碳达峰行动方案》，以及国家发展改革委等部门联合发布的《关于加快建立产品碳足迹管理体系的意见》，多次提出建立碳排放信息平台、建立标识制度引导降碳减排和引导绿色低碳消费。

事实上，中国汽车产业链碳公示平台（CPP）的建立不仅是国内汽车产业的需要，也是国际形势所"迫"。从国际上看，碳足迹公示是国际管理趋势，欧盟正加快推进产品碳足迹公示和申报的政策制定和立法工作。欧盟的《电池与废电池法》提出电池碳足迹声明和等级申报的要求等。如果我国汽车产业不能及时建立自己的产业链碳公示平台，形成自己的标准和体系，就有可能遭遇国际贸易壁垒，在未来的汽车贸易中处于劣势地位。

因此，中国汽车产业链碳公示平台可以说是应运而生。作为全球首个针对汽车全产业链的碳足迹信息公示平台，中国汽车产业链碳公示平台采用"企业申报+第三方核算"的模式支撑汽车产品碳足迹信息公示，并面向汽车及供应链企业、政府部门、国内外研究机构及高校、金融机构、媒体等主体开放，分为中英文版本，覆盖所有在售整车、零部件、车用材料三类产品碳足迹信息，包含产品碳足迹、碳减排量、碳减排措施、碳标识等十余项信息，支持碳足迹信息检索、下载、统计分析、减排历史信息获取等功能，以提升数据的透明度和可追溯性，推动汽车行业碳信息的传播，提高社会公众对低碳产品的认知。CPP平台网页截图如图3-13所示。

以整车产品为例，用户可通过CPP查看到每一款整车的碳足迹信息，信息内容包括整车生产企业、车型名称、销售型号、车型级别、燃料类型等基础数据，以及单位里程产品碳足迹、产品碳排放总量、该车型对应的行业碳足迹平均水平、碳标签以及历史减排记录的碳数据，其中碳足迹信息还可查看到整车生命周期各阶段的碳排放情况，以及使用了相关减排措施带来的减排量。比如，随着企业低碳化转型，如使用绿色能源、生物材料、循环材料等，产品碳足迹在逐步降低，通过 CPP 平台可查看产品碳足迹历史记录，了解该产品不同时期的减排量和对应的减排措施。

图 3-13　CPP 平台网页截图

自 2023 年 2 月正式上线以来，CPP 公示的数据已被多个政府部门、行业机构、高校、媒体等采信，已与河北省绿色低碳循环发展协会、美国汽车工业行动集团等 15 家国内外机构签署了共建倡议，获得了央视、人民日报、欧洲邮政公报等 300 余家国内外媒体的传播与行业广泛关注，并成功入选天津市"双碳"领域典型案例。截至 2024 年 4 月 30 日，平台已公示 61 家汽车企业，6200 余款乘用车碳足迹数据，涵盖了市售主流车型，为支撑汽车行业碳管理体系及标准搭建，开展碳足迹标识示范应用奠定了良好基础。

3.6.2　低碳技术征集平台

1. 工具简介

低碳技术是精准降碳、科学降碳的关键支撑。但目前汽车产业链企业降碳仍存在两大问题：一是汽车全产业链低碳技术信息流通存在较大困难，供应商难以推广自身低碳技术，汽车企业难以高效准确获取适合自身的低碳技术；二是汽车产业链条长，减排措施众多，汽车产业链企业在降碳减排过程中面临方案难抉择、决策风险大等问题。

为有效促进低碳技术信息流通、降低汽车产业链企业决策风险，帮助汽车全产业链低碳改造，本研究开发了中国汽车行业低碳技术库，面向汽车产业相关单位征集低碳减排技术，为供应商与汽车产业链企业搭建桥梁，为汽车产业链企业提供减排项目参考，推动低碳技术的推广与部署。

2. 亮点功能

中国汽车行业低碳技术库支持经过实名认证后的企业用户自主申报低碳技术信息（图3-14、图3-15），包括技术名称、技术描述、项目类型、适用范围、应用对象、减排效果和投资成本等内容，申报的技术信息经管理员审核通过后即可面向下游企业进行公开与宣传。

图 3-14　低碳技术申报

图 3-15　某企业低碳计划申报情况

3. 平台示意图

中国汽车行业低碳技术库登录界面如图 3-16 所示。

图 3-16 低碳技术库登录界面

3.6.3 低碳供应商平台（LCS）

1. 工具简介

以欧盟为首的发达国家经济体正在加速制定碳足迹政策法规，构筑以碳足迹为核心的贸易壁垒。供应链作为新能源汽车的降碳重点，原因如下：一是当前供应链碳排放占比高，电动汽车供应链碳排放占产品碳足迹的 40% 左右；二是未来供应链碳排放占比将会更高，随着电网清洁能源比例的提高，产品碳足迹使用阶段碳排放将逐步降低，预计 2040 年以后，供应链碳排放占汽车碳足迹比例将超过 85%。但当前主机厂与供应商之间开展"双碳"工作的信息流通环节多、流程长，并且过程中存在大量无"双碳"知识基础的非专业人员，导致汽车行业上下游协同存在困难。究其深层次原因，一是没有强制法规要求，二是没有强制甲方要求，三是供应商能力不足。因此，联合主机厂开展低碳供应商评级，评估供应商低碳能力建设情况，从而帮助主机厂筛选低碳供应商是当前阶段最优选择。

在此背景下，中汽碳数字搭建低碳供应商评级平台，通过低碳能力建设、低碳评级、低碳公示等流程，帮助车企快速识别优质供应商，提升供应商低碳能力，助力提升汽车产业链协同能力。

2. 亮点功能

（1）低碳供应商评级

低碳供应商评级平台依托《低碳供应商评价指南》，从"双碳"意识提升、核算能力建设、"双碳"规划制定、降碳减排实施、降碳成果公开等多个维度入手，对供应商表单进行审核打分。低碳评级分为三个环节，分别是资格审核、文件审核、真实性审查。首先针对被评价企业所提交的资料进行资格审核，符合基本参评条件的企业可通过申请并开展低碳供应商评价；其次评价方采用评价指标考察表与证明文件相结合的方式进行评审；最后，针对本次争议项及上个周期评价履行情况进行审查，确保证据的完整性和准确性与被评价企业的履职情况。

（2）低碳供应商结果评定

评价方依据得分计算规则与低碳供应商等级评定规则，结合被评价方所提供的指标考察表和证明文件进行分数评定，并给出低碳供应商星级。通过评价的企业，可由评价方颁发低碳供应商评价证书，并在低碳供应商评级平台进行结果公示。

3. 应用案例

（1）表单填写

低碳供应商平台信息填报页面示意如图 3-17 所示。

图 3-17 表单填写

（2）审核评级

低碳供应商平台审核功能页面示意如图3-18所示。

图 3-18　审核评级

（3）结果公示

低碳供应商平台评级结果示意如图3-19所示。

图 3-19　结果公示

3.6.4　企业数字化碳管理系统（CMS）

当前，广汽、上汽、长城、吉利、沃尔沃、宝马、奥迪、奔驰、大众、雷诺、福特等头部车企均提出了"双碳"目标。为完成减碳目标，企业需要摸清产品碳和组织碳家底，根据摸排情况分解减碳目标并进行监管，但当前车企多为大集团公司，下属子公司、工厂、车型众多，传统数据收集方法难以满足碳管理需求，需要集团开发数字化管理工具。中汽碳数字综合碳数字化管理趋势和车企个性化需求，打造了企业数字化碳管理系统（CMS），实现数据收集、分析、管理和可视化展示。

CMS 具有组织碳核算、产品碳核算、碳管理、UI 界面设计、平台互通五大方面的亮点。组织碳核算支持碳排放总量和强度，计算结果可区分范围 1、2、3，此外可自定义更改能源碳排放因子库，实现不同地区、不同国家、不同时间段的碳排放总量和强度灵活计算。产品碳核算根据是否有场地数据采集、是否有核算软件可进行定制化开发，若已有 OBS 等核算软件，则可以通过文件打包上传的方式录入；若没有核算软件，系统可内嵌核算模型，支撑在线核算，得到符合国内外要求的产品碳数据；若没有场地数据采集，系统可加入具体场地数据收集模块，该模块具备数据自动审核功能。碳管理支持自动化进度追踪、可视化目标完成情况、定时提醒目标完成进度，可与企业管理制度有机结合，帮助集团做好各级单位、各车型碳目标管理，提升管理效率。系统 UI 设计采用简洁、易懂的设计理念，充分考虑企业对内、对外展示需求。系统支持与 CICES、CPP 平台互通，CICES 中已经填报的具体场地数据可以同步至 CMS 中用于支撑产品碳核算，CPP 中的能源、资源、碳技术等知识信息，也可同步至 CMS 中，供企业学习和参考。

目前，企业应用 CMS 实现了由算碳到管碳的数字化建设，对其实现精准高效碳管理和打造行业碳管理示范具有重要意义（图 3-20）。

图 3-20　企业数字化管理大屏示例

3.6.5 碳标识

1. 研究背景

汽车产品低碳评价的最终目的是通过系统性评价分析过程，指导企业采取有效措施以减少产品的碳排放水平。以发达国家为例，如美国、加拿大、韩国、日本等普遍允许且鼓励碳公示的多样化的发展，已形成了多元推进主体。欧盟电池法提到，自2025年起动力电池以及工业电池必须申报产品碳足迹。以电动汽车电池为例，自2025年起逐渐对电动汽车电池碳足迹、循环材料目标、尽职调查、碳标识等提出要求，不满足要求的电池产品或装载了该类电池的新能源汽车产品则被禁止进入欧盟市场或受到经济惩罚。

全生命周期视角下的产品碳排放管控已成为目前我国"双碳"目标下的重要工作，相关政策文件如《关于完整准确全面贯彻新发展理念做好碳达峰碳中和工作的意见》《2030年前碳达峰行动方案》《"十四五"工业绿色发展规划》《关于加强产融合作推动工业绿色发展的指导意见》等多次提出建立碳排放信息平台、建立标识制度引导降碳减排和引导绿色低碳消费。

2. 研究必要性与意义

（1）国内政策法规的指引

碳标识实施应用是应对发达国家为我国产品出海设置贸易壁垒的有效方案，也是中国实现绿色高质量发展的前瞻探索。

（2）标识环保属性促进绿色消费

环境类标识的成熟应用，如家电中能效标识的广泛应用，使得消费者已逐步接受环境类标识的指向，且通过标识的显性化呈现，凸显了消费者对产品低碳属性的识别和接受度。碳标识的应用能够帮助消费者提升品牌好感，促进绿色消费。

（3）依托碳标识助力品牌宣传

开展汽车产品碳标识应用，直观地呈现产品的碳排放水平，并通过CPP平台进行全面的公示与推广。此外，依据碳标识的低碳属性，通过大型经济峰会、主流媒体报道、自媒体营销、地推营销等方式来定制品牌宣传方案，扩大品牌影响力。

3. 研究内容

受生态环境部应对气候变化司委托，中汽数据开展碳标识制度研究课题，组织开展汽车产业链碳标识试点示范，课题将依托中国汽车产业链碳公示平台（CPP）实现覆盖汽车产业链"百家企业、千种产品"试点示范。由中汽数据牵头编制《道路车辆 温室气体管理通用要求 第2部分:产品碳足迹标识》国家标准现已下达立项，进入起草阶段。标准内容包括申请碳标识的流程和条件，明确了标识的设计要求和使用要求。

标识分为碳足迹量化标识、碳足迹等级标识、碳中和标识三类。碳足迹量化标识通过碳足迹标志、文字、数字、符号等组合信息，把产品生命周期（从原料、制造、储运、使用、废弃到回收的全过程）的温室气体排放量和去除量用量化的指数在产品上标示出来。碳足迹等级标识是通过碳足迹标志、文字、数字、符号等组合信息，表示道路车辆产品碳足迹高低差别的分级标识，共1、2、3、4和5五个等级，分别是1级"低碳+"、2级"低碳-"、3级"中等"、4级"高碳-"和5级"高碳+"，1级表示产品最低碳，其中仅20%的车型能够达到1级标识。道路车辆产品碳足迹标识示例（乘用车）如图3-21所示。

图 3-21 道路车辆产品碳足迹标识示例（乘用车）

目前中汽数据已完成乘用车车型碳足迹等级标识研究，在CPP公示了每款车型碳足迹等级标识（图3-22）。其中，所有人员均可进入车型公示界面，查看已公示车型碳足迹等级。CPP会员单位登录后，单击相应标签，还可查看车型碳足迹标识（电子版），获取更多车型信息。

图3-22　车型公示界面示例

未来，我们将不断扩充CPP平台公示车型数量，同时更新商用车车型及车用零部件碳足迹等级标识信息，为推动汽车行业绿色低碳发展贡献力量。

参考文献

[1] HE X，OU S，GAN Y，et al. Greenhouse gas consequences of the China dual credit policy[J]. Nature Communications，2020，11（1）：5214.

[2] IEA. Greenhouse Gas Emissions from Energy Data Explorer [R]. IEA：Paris，2021. https：//www.iea.org/articles/greenhouse-gas-emissions-from-energy-data-explorer.

[3] HUO H，WANG M，JOHNSON L，et al. Projection of Chinese Motor Vehicle Growth，Oil Demand，and CO_2 Emissions Through 2050[J]. Transportation Research Record：Journal of the Transportation Research Board，2007，2038：69-77.

[4] ZHOU G，OU X，ZHANG X．Development of electric vehicles use in China：A study from the perspective of life-cycle energy consumption and greenhouse gas emissions[Z]. 2013.

[5] KIM H C，WALLINGTON T J，ARSENAULT R，et al. Cradle-to-Gate Emissions from a Commercial Electric Vehicle Li-Ion Battery：A Comparative Analysis[J]. Envi-

ronmental Science and Technology, 2016, 50（14）: 7715-7722.

[6] International Organization for Standardization. Environmental Management: Life Cycle Assessment: Principles and Framework: ISO 14040 : 2006 [S].

[7] WU Z, WANG M, ZHENG J, et al. Life cycle greenhouse gas emission reduction potential of battery electric vehicle[J]. Journal of Cleaner Production, 2018, 190（20）: 462-470.

[8] HELD M. Lifespans of passenger cars in Europe : empirical modelling of fleet turnover dynamics[Z]. 2021.

[9] GARCIA R REIRE, F F. A review of fleet-based life-cycle approaches focusing on energy and environmental impacts of vehicles[J]. Renewable & Sustainable Energy Reviews, 2017, 79（11）: 935-945.

[10] HAN H, WANG H, OUYANG M. Fuel conservation and GHG (Greenhouse gas) emissions mitigation scenarios for China's passenger vehicle fleet[J]. Energy, 2011, 36（11）: 6520-6528.

[11] MILOVANOFF A, KIM H C, KLEINE R D, et al. A Dynamic Fleet Model of U.S Light-Duty Vehicle Lightweighting and Associated Greenhouse Gas Emissions from 2016 to 2050[J]. Environmental Science & Technology, 2019, 53（4）: 2199-2208.

[12] WU T, ZHANG M, OU X. Analysis of Future Vehicle Energy Demand in China Based on a Gompertz Function Method and Computable General Equilibrium Model[J]. Energies, 2014, 7（11）: 7454-7482.

[13] PENG T, OU X, YUAN Z, et al. Development and application of China provincial road transport energy demand and GHG emissions analysis model[J]. Applied Energy, 2018, 222 : 313-328.

第 4 章 2022—2023 年中国汽车产品碳足迹研究结果

4.1 乘用车产品碳足迹研究结果

本章根据前述的汽车产品碳足迹核算方法，综合考虑车型销量对行业碳足迹均值的影响，分别测算了 2022 年、2023 年销售乘用车（未含进口车型）的碳足迹，对比分析不同燃料类型乘用车产品碳足迹水平。同时根据中国汽车产业链碳足迹公示平台（CPP）公示的车型碳足迹数据，从单车碳足迹的角度，分析了不同级别车辆碳足迹水平分布情况。下面将对不同燃料类型、不同级别的车辆以及车辆不同生命周期阶段的碳排放量进行分析。

4.1.1 不同燃料类型乘用车产品碳足迹

根据单车碳足迹的核算方法，将单一燃用汽油或柴油的乘用车、不可外接充电式混合动力乘用车、插电式混合动力电动乘用车和纯电动乘用车（以下分别简称汽油乘用车、柴油乘用车、常规混乘用车、插电混乘用车和纯电动乘用车）这 5 种不同燃料类型乘用车销量加权取平均值，分别计算 2022 年、2023 年不同燃料类型乘用车碳足迹。由于乘用车油耗、电耗测试标准的更新，为保持数据统一性，部分汽油乘用车、柴油乘用车、常规混乘用车的新标欧洲循环测试（New European Driving Cycle，NEDC）工况油耗数据、纯电动乘用车的 NEDC 工况电耗数据分别折算为现行的全球统一轻型车辆测试循环（Worldwide Harmonized Light Vehicles Test Cycle，WLTC）工况油耗、现行的中国乘用车行驶工况（China Light-Duty Vehicle Test Cycle-Passenger Car，CLTC-P）工况电耗，具体系数为：WLTC 工况油耗 =1.147×NEDC 工况油耗，CLTC-P 工况电耗 =1.03×NEDC 工况电耗。插电混乘用车的油耗数据及电耗数据采用按照 GB/T 19753—2021《轻型混合动力电动汽车能量消耗量试验方法》进行测定的综合油耗和综合电耗。

如图 4-1 所示，无论是 2022 年还是 2023 年，五种不同燃料类型乘用车中，柴油乘用车碳足迹均值最高，明显高于其他燃料类型，汽油乘用车和插电混乘用车碳足迹均值次之，其次为常规混乘用车，纯电动乘用车碳排放最低。

车型	2022年	2023年
汽油乘用车	272.2	273.5
柴油乘用车	356.5	375.2
常规混乘用车	235.4	236.0
插电混乘用车	275.9	271.4
纯电动乘用车	165.5	169.6

图 4-1 2022 年、2023 年不同燃料类型乘用车碳足迹均值（单位：gCO_2e/km）

2023 年，汽油乘用车碳足迹均值为 273.5gCO_2e/km，同比增加 0.5%；柴油乘用车碳足迹均值为 375.2gCO_2e/km，同比增加 5.2%；常规混乘用车碳排放为 236.0gCO_2e/km，同比增加 0.3%；插电混乘用车碳足迹均值为 271.4gCO_2e/km，同比减少 1.6%；纯电动乘用车碳足迹均值为 169.6gCO_2e/km，同比增加 2.5%。柴油乘用车、插电混乘用车和纯电动乘用车碳足迹均值变化幅度较大，应与当年新车型上市情况和车型销量结构有关。

以 2023 年数据为例，相比于传统的汽油乘用车（柴油乘用车车型数量较少，不做比较），常规混乘用车、插电混乘用车和纯电动乘用车具有碳减排潜力。其中，纯电动乘用车碳减排潜力最大，相较于汽油乘用车减排 38.0%。

1. 不同燃料类型乘用车生命周期各阶段碳排放占比分析

图 4-2 展示了基于不同燃料类型乘用车单车碳排放数据计算出的生命周期各阶段（车辆周期和燃料周期）的占比情况。可以看出，不同燃料类型乘用车的碳足迹占比差异明显，汽油乘用车和柴油乘用车碳排放主要来自燃料周期，随着车型电动化程度的增加，车辆周期占比逐渐增大，而燃料周期逐渐减小，除纯电动乘用车外，其余四种燃料类型的乘用车在燃料周期阶段的碳排放贡献均大于车辆周期阶段。对比 2022 年和 2023 年的数据，除柴油乘用车外，其余四种燃料类型乘用车的燃料周期均略有减小。

车型	2022年燃料周期	2022年车辆周期	2023年车辆周期	2023年燃料周期
汽油乘用车	72.6%	27.4%	27.8%	72.2%
柴油乘用车	70.8%	29.2%	27.9%	72.1%
常规混乘用车	64.5%	35.5%	35.7%	64.3%
插电混乘用车	64.8%	35.2%	38.4%	61.6%
纯电动乘用车	49.1%	50.9%	52.2%	47.8%

图 4-2　不同燃料类型乘用车生命周期各阶段碳排放占比

传统燃油车和纯电动乘用车的车辆周期和燃料周期阶段占比存在较大差距主要源于两个方面。一方面，因为电动汽车需要动力蓄电池驱动，动力蓄电池的材料获取和电池的制造阶段会排放大量的温室气体，因此，纯电动乘用车的车辆周期阶段碳排放相比燃油车会增加。另一方面，因为纯电动乘用车由电驱动，能源转化效率比燃油车高，且纯电动乘用车使用过程中的直接排放为零，因此，纯电动乘用车燃料周期的碳排放相比燃油车会降低。

2. 不同燃料类型乘用车燃料周期碳排放分析

不同燃料类型乘用车的燃料周期碳排放如图 4-3 所示，各部分占比如

图 4-4 所示。不同燃料类型车型的燃料周期碳排放差距较大，分布在 81.0 ~ 270.3gCO$_2$e/km 之间，其中柴油乘用车碳排放最大，汽油乘用车次之，纯电动乘用车最少。其次，不同燃料类型乘用车的燃料周期的各部分碳排放也有明显差异（图 4-4），汽油乘用车、柴油乘用车和常规混乘用车的燃料使用碳排放约为燃料生产的 4.8 倍；插电混乘用车燃料使用碳排放约为燃料生产的 1/4，应与其燃料特性有关；纯电动乘用车燃料使用碳排放为 0。对比 2022 年和 2023 年的数据，除柴油乘用车外，其余四种燃料类型乘用车燃料周期碳排放数值均有所降低。

图 4-3 不同燃料类型乘用车的燃料周期碳排放（单位：gCO$_2$e/km）

图 4-4 不同燃料类型乘用车的燃料周期碳排放占比

3. 不同燃料类型乘用车车辆周期碳排放分析

不同燃料类型乘用车的车辆周期碳排放如图 4-5 所示，各部分占比如图 4-6 所示。不同燃料类型车型的车辆周期碳排放在 74.6～104.8gCO$_2$e/km 之间，其中柴油乘用车碳排放最大，插电混乘用车次之，汽油乘用车最少。其次，不同燃料类型乘用车的车辆周期的各部分碳排放也有明显差异（图 4-6），材料生产阶段的碳排放占比均最大（占比为 70.4%～80.1%），相比于传统燃油汽车，电动汽车材料生产阶段的碳排放占比会增加 5%～12%；其次，制冷剂逸散的碳排放也不容忽视，其贡献的碳排放占到传统燃油汽车材料生产阶段的 15% 左右，电动汽车的 11% 左右；铅酸蓄电池更换所产生的碳排放最少。

图 4-5 不同燃料类型乘用车的车辆周期碳排放（单位：gCO$_2$e/km）

图 4-6 不同燃料类型乘用车的车辆周期碳排放占比

不同燃料类型乘用车的材料生产阶段碳排放如图 4-7 所示，各部分占比如图 4-8 所示。材料生产阶段碳排放在 52.5～78.0gCO$_2$e/km 之间，其中插电混乘用车碳排放最大，柴油乘用车次之，汽油乘用车最少。其次，不同燃料类型乘用车的材料生产阶段的各部分碳排放也有明显差异（图 4-8），随着电动化程度增加，部件材料碳排放占比逐渐减少，动力蓄电池碳排放占比逐渐增加，汽油乘用车、柴油乘用车、常规混乘用车部件材料碳排放占比均超过 90%，插电混乘用车部件材料占比为 80% 左右，纯电动乘用车部件材料碳排放为 56% 左右；常规混乘用车动力蓄电池碳排放占比为 1.1% 左右，插电混乘用车动力蓄电池碳排放占比 17% 左右，纯电动乘用车动力蓄电池碳排放占比 40% 左右，占材料生产阶段的近一半。

图 4-7 不同燃料类型乘用车的材料生产阶段碳排放（单位：gCO$_2$e/km）

图 4-8 不同燃料类型乘用车的材料生产阶段碳排放占比

4.1.2 不同级别乘用车整车车型产品碳足迹

截至 2024 年 4 月 30 日，根据中国汽车产业链碳公示平台（CPP）公示的车型碳足迹数据，从车型级别上看，显而易见，小车型的碳足迹低于大车型。如图 4-9 所示，按照 A00、A0、A、B、C 的顺序，随着车型级别的增加，单位行驶里程碳排放逐渐增加，A0 级乘用车碳排放均值为 214.4gCO_2e/km，C 级乘用车碳排放均值为 315.7gCO_2e/km，相较于 C 级别车型，A0、A、B 级别车型碳足迹分别降低 32.1%、20.9%、10.5%，车型小型化对汽车行业的低碳化有重要作用。

图 4-9 不同级别乘用车单位行驶里程碳排放

注：A00 级车型均为纯电动汽车，D 级车型数量较少，因此未进行比较。

鉴于行业中汽油乘用车仍有较大比例，同时插电混乘用车和纯电动乘用车等新能源车型发展迅猛，下面将详细展示不同级别汽油乘用车、插电混乘用车和纯电动乘用车碳足迹数据情况。同时，在同一燃料类型下，销售名称相同的车型，筛选其碳足迹最小值的车型进行分析。各级别不同燃料类型乘用车碳足迹排名如下所示，细分为轿车、SUV 和 MPV，部分筛选条件下车型数量较少，因此未作展示。所有车型碳足迹数据详见中国汽车产业链碳公示平台。

1. A00 级乘用车

本部分展示了 A00 级乘用车的碳足迹数据，均为纯电动轿车。

图 4-10 展示了 A00 级纯电动轿车碳足迹最低的 Top 10 领跑车型（TOP 10 Runners）。碳足迹由低到高分别是元宝（82.5gCO_2e/km）、风光 MINI（87.3gCO_2e/km）、QQ 冰淇淋（88.3gCO_2e/km）、宏光 MINI EV（88.7gCO_2e/km）、熊猫 mini（91.5gCO_2e/km）、凌宝 uni（92.6gCO_2e/km）、家宝（93.3gCO_2e/km）、长安 Lumin（96.8gCO_2e/km）、熊猫骑士（102.1gCO_2e/km）、凌宝 BOX（103.9gCO_2e/km）。

车型	碳足迹
元宝	82.5
风光MINI	87.3
QQ冰淇淋	88.3
宏光MINI EV	88.7
熊猫mini	91.5
凌宝uni	92.6
家宝	93.3
长安Lumin	96.8
熊猫骑士	102.1
凌宝BOX	103.9

图 4-10　A00 级纯电动轿车 Top 10 Runners（单位：gCO_2e/km）

2. A0 级乘用车

本部分展示了 A0 级乘用车的碳足迹数据，部分分类下车型数量过少，因此未进行展示。

第 4 章
2022—2023 年中国汽车产品碳足迹研究结果

（1）A0 级汽油乘用车

1）轿车 Top 5。图 4-11 展示了 A0 级汽油轿车碳足迹最低的 Top 5 领跑车型（TOP 5 Runners）。碳足迹由低到高分别是威驰（199.0gCO$_2$e/km）、威驰 FS（201.2gCO$_2$e/km）、POLO（210.3gCO$_2$e/km）、飞度两厢（212.8gCO$_2$e/km）、本田 LIFE（217.9gCO$_2$e/km）。

车型	碳足迹
威驰	199.0
威驰FS	201.2
POLO	210.3
飞度两厢	212.8
本田LIFE	217.9

图 4-11　A0 级汽油轿车 Top 5 Runners（单位：gCO$_2$e/km）

2）SUV Top 10。图 4-12 展示了 A0 级汽油 SUV 碳足迹最低的 Top 10 领跑车型（TOP 10 Runners）。碳足迹由低到高分别是奕跑（224.0gCO$_2$e/km）、标致 2008（226.2gCO$_2$e/km）、雪铁龙 C3-XR（231.5gCO$_2$e/km）、长安 CS15（233.0gCO$_2$e/km）、缤智（235.6gCO$_2$e/km）、五菱星驰（242.9gCO$_2$e/km）、缤越（243.9gCO$_2$e/km）、缤越 COOL（243.9gCO$_2$e/km）、丰田 C-HR（244.0gCO$_2$e/km）、本田 XR-V（244.2gCO$_2$e/km）。A0 级汽油 SUV 的碳足迹普遍高于轿车，与 SUV 油耗和整备质量较高有关。

（2）A0 级纯电动乘用车

1）轿车 Top 7。图 4-13 展示了 A0 级纯电动轿车的碳足迹最低的 Top 7 领跑车型（Top 7 Runners）。碳足迹由低到高分别是小麒麟（105.1gCO$_2$e/km）、五菱缤果（129.2gCO$_2$e/km）、海豚（140.8gCO$_2$e/km）、钇为 3（149.9gCO$_2$e/km）、欧拉好猫（150.0gCO$_2$e/km）、欧拉好猫 GT（153.7gCO$_2$e/km）、江淮 iEV7L（160.6gCO$_2$e/km）。

车型	gCO₂e/km
奕跑	224.0
标致2008	226.2
雪铁龙C3-XR	231.5
长安CS15	233.0
缤智	235.6
五菱星驰	242.9
缤越	243.9
缤越COOL	243.9
丰田C-HR	244.0
本田XR-V	244.2

图 4-12　A0 级汽油 SUV Top 10 Runners（单位：gCO$_2$e/km）

车型	gCO₂e/km
小麒麟	105.1
五菱缤果	129.2
海豚	140.8
钇为3	149.9
欧拉好猫	150.0
欧拉好猫 GT	153.7
江淮 iEV7L	160.6

图 4-13　A0 级纯电动轿车 Top 7 Runners（单位：gCO$_2$e/km）

2）SUV Top 10。图4-14展示了A0级纯电动SUV碳足迹最低的Top 10领跑车型（TOP 10 Runners）。碳足迹由低到高分别是东风新能源EX1（100.7gCO$_2$e/km）、纳米BOX（110.4gCO$_2$e/km）、宝骏悦也（122.0gCO$_2$e/km）、哪吒V（130.5gCO$_2$e/km）、几何E萤火虫（133.4gCO$_2$e/km）、奥迪Q2L e-tron（170.8gCO$_2$e/km）、极湃1（174.0gCO$_2$e/km）、东风本田M-NV（175.9gCO$_2$e/km）、本田eNS1（178.2gCO$_2$e/km）、思皓E40X（186.4gCO$_2$e/km）。

车型	碳足迹
东风新能源EX1	100.7
纳米BOX	110.4
宝骏悦也	122.0
哪吒V	130.5
几何E萤火虫	133.4
奥迪Q2L e-tron	170.8
极湃1	174.0
东风本田M-NV	175.9
本田eNS1	178.2
思皓E40X	186.4

图4-14　A0级纯电动SUV Top 10 Runners（单位：gCO$_2$e/km）

3. A级乘用车

本部分展示了A级乘用车的碳足迹数据，部分分类下车型数量过少，因此未进行展示。

（1）A级汽油乘用车

1）轿车Top 10。图4-15展示了A级汽油轿车碳足迹最低的Top 10领跑车型（TOP 10 Runners）。碳足迹由低到高分别是伊兰特（213.2gCO_2e/km）、型格（214.8gCO_2e/km）、卡罗拉（219.4gCO_2e/km）、新帝豪三厢（220.0gCO_2e/km）、雷凌（220.7gCO_2e/km）、新朗逸（220.8gCO_2e/km）、凌派（222.7gCO_2e/km）、桑塔纳（222.8gCO_2e/km）、朗逸新锐（224.0gCO_2e/km）、宝来（224.1gCO_2e/km）。

车型	碳足迹
伊兰特	213.2
型格	214.8
卡罗拉	219.4
新帝豪三厢	220.0
雷凌	220.7
新朗逸	220.8
凌派	222.7
桑塔纳	222.8
朗逸新锐	224.0
宝来	224.1

图 4-15　A 级汽油轿车 Top 10 Runners（单位：gCO_2e/km）

2）SUV Top 10。图 4-16 展示了 A 级汽油 SUV（含 MPV）碳足迹最低的 Top 10 领跑车型（TOP 10 Runners）。碳足迹由低到高分别是 T-Cross 途铠（227.7gCO_2e/km）、赛图斯（233.9gCO_2e/km）、途岳（238.8gCO_2e/km）、T-ROC 探歌（244.1gCO_2e/km）、锋兰达（244.5gCO_2e/km）、启辰 T60（245.1gCO_2e/km）、卡罗拉 锐放（245.3gCO_2e/km）、奕炫 GS（245.9gCO_2e/km）、马自达 CX-30（246.0gCO_2e/km）、吉利 ICON（249.8gCO_2e/km）。

第4章 2022—2023年中国汽车产品碳足迹研究结果

车型	碳足迹
T-Cross途铠	227.7
赛图斯	233.9
途岳	238.8
T-ROC探歌	244.1
锋兰达	244.5
启辰T60	245.1
卡罗拉 锐放	245.3
奕炫 GS	245.9
马自达CX-30	246.0
吉利 ICON	249.8

图 4-16 A 级汽油 SUV Top 10 Runners（单位：gCO_2e/km）

3）MPV Top 5。图 4-17 展示了 A 级汽油 MPV 碳足迹最低的 Top 5 领跑车型（TOP 5 Runners）。碳足迹由低到高分别是途安（259.0gCO_2e/km）、风光 380（259.7gCO_2e/km）、五菱佳辰（277.2gCO_2e/km）、上汽大通 MAXUS G50（301.8gCO_2e/km）、上汽大通 MAXUS G50 PLUS（308.4gCO_2e/km）。

（2）A 级插电混乘用车

图 4-18 展示了 A 级插电式混合动力 SUV 碳足迹最低的 Top 10 领跑车型（TOP 10 Runners）。碳足迹由低到高分别是银河 L7（198.7gCO_2e/km）、启辰大 V PHEV（208.6gCO_2e/km）、威兰达 双擎 E+（219.7gCO_2e/km）、RAV4 荣放 双擎 E+（223.5gCO_2e/km）、哈弗枭龙（224.4gCO_2e/km）、锐际 PHEV（238.0gCO_2e/km）、哈弗 H6 PHEV（239.4gCO_2e/km）、拿铁 PHEV（241.2gCO_2e/km）、宋 Pro DM-i（243.4gCO_2e/km）、瑞虎 7 PLUS PHEV（244.1gCO_2e/km）。

车型	gCO₂e/km
途安	259.0
风光 380	259.7
五菱佳辰	277.2
上汽大通MAXUS G50	301.8
上汽大通MAXUS G50 PLUS	308.4

图 4-17　A 级汽油 MPV Top 5 Runners（单位：gCO₂e/km）

车型	gCO₂e/km
银河L7	198.7
启辰大V PHEV	208.6
威兰达 双擎E+	219.7
RAV4荣放 双擎E+	223.5
哈弗枭龙	224.4
锐际 PHEV	238.0
哈弗H6 PHEV	239.4
拿铁 PHEV	241.2
宋Pro DM-i	243.4
瑞虎 7 PLUS PHEV	244.1

图 4-18　A 级插电式混合动力 SUV Top 10 Runners（单位：gCO₂e/km）

（3）A级纯电动乘用车

1）轿车 Top 10。图 4-19 展示了 A 级纯电动轿车碳足迹最低的 Top 10 领跑车型（TOP 10 Runners）。碳足迹由低到高分别是比亚迪 E2（136.5gCO_2e/km）、e 爱丽舍（139.3gCO_2e/km）、比亚迪 E3（146.3gCO_2e/km）、启辰 D60 EV（153.1gCO_2e/km）、秦 PLUS EV（155.6gCO_2e/km）、秦（157.0gCO_2e/km）、风行 S50 EV（157.3gCO_2e/km）、风行 S60EV（157.3gCO_2e/km）、艾瑞泽 e（157.4gCO_2e/km）、启辰 D60 PLUS EV（158.8gCO_2e/km）。

车型	数值
比亚迪E2	136.5
e爱丽舍	139.3
比亚迪E3	146.3
启辰D60 EV	153.1
秦PLUS EV	155.6
秦	157.0
风行S50 EV	157.3
风行S60 EV	157.3
艾瑞泽e	157.4
启辰D60 PLUS EV	158.8

图 4-19　A 级纯电动轿车 Top 10 Runners（单位：gCO_2e/km）

2）SUV Top 10。图 4-20 展示了 A 级纯电动 SUV 碳足迹最低的 Top 10 领跑车型（TOP 10 Runners）。碳足迹由低到高分别是元 PLUS EV（161.7gCO_2e/km）、启辰 VX6（165.2gCO_2e/km）、风神 SKY EV01（165.7gCO_2e/km）、哪吒 X（166.0gCO_2e/km）、睿蓝 7（166.6gCO_2e/km）、AION Y（167.4gCO_2e/km）、几何 M6（170.5gCO_2e/km）、炫界 Pro EV（172.2gCO_2e/km）、合创 Z03（173.9gCO_2e/km）、AION Y Plus（176.5gCO_2e/km）。

车型	gCO₂e/km
元PLUS EV	161.7
启辰VX6	165.2
风神SKY EV01	165.7
哪吒X	166.0
睿蓝7	166.6
AION Y	167.4
几何M6	170.5
炫界Pro EV	172.2
合创Z03	173.9
AION Y Plus	176.5

图 4-20　A 级纯电动 SUV Top 10 Runners（单位：gCO₂e/km）

3）MPV Top 6。图 4-21 展示了 A 级纯电动 MPV 碳足迹最低的 Top 6 领跑车型（TOP 6 Runners）。碳足迹由低到高分别是比亚迪 D1（164.6gCO₂e/km）、奔腾 NAT（170.1gCO₂e/km）、风光 E380（171.7gCO₂e/km）、枫叶 80V（185.0gCO₂e/km）、枫叶 80V PRO（186.9gCO₂e/km）、大家 5（196.2gCO₂e/km）。

车型	gCO₂e/km
比亚迪D1	164.6
奔腾NAT	170.1
风光E380	171.7
枫叶80V	185.0
枫叶80V PRO	186.9
大家5	196.2

图 4-21　A 级纯电动 MPV Top 6 Runners（单位：gCO₂e/km）

4. B 级乘用车

本部分展示了 B 级乘用车的碳足迹数据，部分分类下车型数量过少，因此未进行展示。

（1）B 级汽油乘用车

1）轿车 Top 10。图 4-22 展示了 B 级汽油轿车碳足迹最低的 Top 10 领跑车型（TOP 10 Runners）。碳足迹由低到高分别是凯酷（242.4gCO_2e/km）、凯美瑞（242.8gCO_2e/km）、索纳塔（244.0gCO_2e/km）、帕萨特（245.0gCO_2e/km）、速派（248.1gCO_2e/km）、奕炫 MAX（249.3gCO_2e/km）、迈腾（249.5gCO_2e/km）、亚洲龙（251.8gCO_2e/km）、沃尔沃 S60（252.0gCO_2e/km）、红旗 H5（253.9gCO_2e/km）。

车型	碳足迹
凯酷	242.4
凯美瑞	242.8
索纳塔	244.0
帕萨特	245.0
速派	248.1
奕炫MAX	249.3
迈腾	249.5
亚洲龙	251.8
沃尔沃S60	252.0
红旗H5	253.9

图 4-22　B 级汽油轿车 Top 10 Runners（单位：gCO_2e/km）

2）SUV Top 10。图 4-23 展示了 B 级汽油 SUV 碳足迹最低的 Top 10 领跑车型（TOP 10 Runners）。碳足迹由低到高分别是捷达 VS7（257.1gCO$_2$e/km）、威飒（261.8gCO$_2$e/km）、凌放（264.5gCO$_2$e/km）、途观 L（267.9gCO$_2$e/km）、风光 580（270.1gCO$_2$e/km）、途观 X（270.8gCO$_2$e/km）、探岳（271.3gCO$_2$e/km）、凯迪拉克 GT4（271.4gCO$_2$e/km）、奔腾 T90（274.9gCO$_2$e/km）、柯迪亚克 GT（275.0gCO$_2$e/km）。

车型	碳足迹
捷达VS7	257.1
威飒	261.8
凌放	264.5
途观L	267.9
风光580	270.1
途观X	270.8
探岳	271.3
凯迪拉克GT4	271.4
奔腾T90	274.9
柯迪亚克GT	275.0

图 4-23　B 级汽油 SUV Top 10 Runners（单位：gCO$_2$e/km）

（2）B 级插电混乘用车

1）轿车 Top 7。图 4-24 展示了 B 级插电式混合动力轿车碳足迹最低的 Top 7 领跑车型（TOP 7 Runners）。碳足迹由低到高分别是五菱星光 PHEV（157.6 gCO$_2$e/km）、雅阁 PHEV（213.5gCO$_2$e/km）、帕萨特 PHEV（234.3gCO$_2$e/km）、迈腾 GTE（247.7gCO$_2$e/km）、沃尔沃 S60 E 驱混动（257.9gCO$_2$e/km）、博瑞 PHEV（281.0gCO$_2$e/km）、奔驰 C 级 PHEV（293.0gCO$_2$e/km）。

第 4 章
2022—2023 年中国汽车产品碳足迹研究结果

车型	数值
五菱星光PHEV	157.6
雅阁PHEV	213.5
帕萨特PHEV	234.3
迈腾GTE	247.7
沃尔沃S60 E驱混动	257.9
博瑞PHEV	281.0
奔驰C级PHEV	293.0

图 4-24　B 级插电式混合动力轿车 Top 7 Runners（单位：gCO_2e/km）

2）SUV Top 10。图 4-25 展示了 B 级插电式混合动力 SUV 碳足迹最低的 Top 10 领跑车型（TOP 10 Runners）。碳足迹由低到高分别是摩卡 DHT-PHEV（226.6gCO_2e/km）、蓝电 E5（232.2gCO_2e/km）、江淮 QX PHEV（233.7gCO_2e/km）、哈弗枭龙 MAX（236.9gCO_2e/km）、哈弗猛龙（241.1gCO_2e/km）、瑞虎 8 PRO PHEV（242.2gCO_2e/km）、创维 HT-i（248.8gCO_2e/km）、唐（258.5gCO_2e/km）、途观 L PHEV（265.3gCO_2e/km）、哈弗二代大狗 PHEV（266.8gCO_2e/km）。

（3）B 级纯电动乘用车

1）轿车 Top 10。图 4-26 展示了 B 级纯电动轿车碳足迹最低的 Top 10 领跑车型（TOP 10 Runners）。碳足迹由低到高分别是丰田 bZ3（157.0gCO_2e/km）、小鹏 P5（172.3gCO_2e/km）、合创 A06（178.2gCO_2e/km）、红旗 E-QM5（178.3gCO_2e/km）、ID.3（178.5gCO_2e/km）、海豹 EV（178.8gCO_2e/km）、汉（183.4gCO_2e/km）、欧拉闪电猫（185.4gCO_2e/km）、小鹏 P7（189.7gCO_2e/km）、BEIJING-EU7（193.5gCO_2e/km）。

车型	gCO₂e/km
摩卡DHT-PHEV	226.6
蓝电E5	232.2
江淮QX PHEV	233.7
哈弗枭龙MAX	236.9
哈弗猛龙	241.1
瑞虎8 PRO PHEV	242.2
创维HT-i	248.8
唐	258.5
途观L PHEV	265.3
哈弗二代大狗PHEV	266.8

图 4-25　B 级插电式混合动力 SUV Top 10 Runners（单位：gCO₂e/km）

车型	gCO₂e/km
丰田bZ3	157.0
小鹏P5	172.3
合创A06	178.2
红旗E-QM5	178.3
ID.3	178.5
海豹 EV	178.8
汉	183.4
欧拉闪电猫	185.4
小鹏P7	189.7
BEIJING-EU7	193.5

图 4-26　B 级纯电动轿车 Top 10 Runners（单位：gCO₂e/km）

2）SUV Top 10。图 4-27 展示了 B 级纯电动 SUV（含 MPV）碳足迹最低的 Top 10 领跑车型（TOP 10 Runners）。碳足迹由低到高分别是一汽丰田 bZ4X（175.7gCO$_2$e/km）、Model Y（179.6gCO$_2$e/km）、铂智 4X（180.7gCO$_2$e/km）、创维 EV6（183.2gCO$_2$e/km）、奇瑞舒享家（183.3gCO$_2$e/km）、小鹏 G6（188.6gCO$_2$e/km）、大家 6（193.0gCO$_2$e/km）、ID.4 X（193.7gCO$_2$e/km）、睿蓝 9（197.3gCO$_2$e/km）、奔驰 EQB（203.2gCO$_2$e/km）。

车型	碳足迹
一汽丰田bZ4X	175.7
Model Y	179.6
铂智4X	180.7
创维EV6	183.2
奇瑞舒享家	183.3
小鹏G6	188.6
大家6	193.0
ID.4 X	193.7
睿蓝9	197.3
奔驰EQB	203.2

图 4-27　B 级纯电动 SUV Top 10 Runners（单位：gCO$_2$e/km）

5. C 级乘用车

本部分展示了 C 级乘用车的碳足迹数据，部分分类下车型数量过少，因此未进行展示。

（1）C 级汽油乘用车

1）轿车 Top 8。图 4-28 展示了 C 级汽油轿车碳足迹最低的 Top 8 领跑车型（TOP 8 Runners）。碳足迹由低到高分别是沃尔沃 S90（282.2gCO_2e/km）、奥迪 A6L（288.1gCO_2e/km）、宝马 5 系（294.7gCO_2e/km）、红旗 H9（298.7gCO_2e/km）、奥迪 A7L（298.9gCO_2e/km）、凯迪拉克 CT6（302.0gCO_2e/km）、奔驰 E 级（302.5gCO_2e/km）、捷豹 XFL（318.0gCO_2e/km）。

车型	碳足迹
沃尔沃S90	282.2
奥迪A6L	288.1
宝马5系	294.7
红旗H9	298.7
奥迪A7L	298.9
凯迪拉克CT6	302.0
奔驰E级	302.5
捷豹XFL	318.0

图 4-28　C 级汽油轿车 Top 8 Runners（单位：gCO_2e/km）

2）SUV Top 10。图 4-29 展示了 C 级汽油 SUV 碳足迹最低的 Top 10 领跑车型（TOP 10 Runners）。碳足迹由低到高分别是福特 EVOS（297.3gCO_2e/km）、途昂 X（302.3gCO_2e/km）、开拓者（305.6gCO_2e/km）、红旗 HS7（310.7gCO_2e/km）、昂科旗（311.1gCO_2e/km）、奔腾 T99（315.1gCO_2e/km）、揽巡（316.5gCO_2e/km）、星途揽月（317.6gCO_2e/km）、凯迪拉克 XT6（318.8gCO_2e/km）、途昂（322.7gCO_2e/km）。

车型	碳足迹
福特EVOS	297.3
途昂X	302.3
开拓者	305.6
红旗HS7	310.7
昂科旗	311.1
奔腾T99	315.1
揽巡	316.5
星途揽月	317.6
凯迪拉克XT6	318.8
途昂	322.7

图 4-29　C 级汽油 SUV Top 10 Runners（单位：gCO_2e/km）

3）MPV Top 10。图 4-30 展示了 C 级汽油 MPV 碳足迹最低的 Top 10 领跑车型（TOP 10 Runners）。碳足迹由低到高分别是风行游艇（269.3gCO_2e/km）、嘉际（275.5gCO_2e/km）、传祺 M6 PRO（285.8gCO_2e/km）、王牌 M7（288.9gCO_2e/km）、库斯途（291.5gCO_2e/km）、凯捷（293.0gCO_2e/km）、菱智（299.9gCO_2e/km）、五菱征程（311.6gCO_2e/km）、别克 GL8（315.8gCO_2e/km）、威然（325.8gCO_2e/km）。

（2）C 级插电混乘用车

1）轿车 Top 5。图 4-31 展示了 C 级插电式混合动力轿车碳足迹最低的 Top 5 领跑车型（TOP 5 Runners）。碳足迹由低到高分别是零跑 C01 EREV（241.9gCO_2e/km）、宝马 5 系 PHEV（257.1gCO_2e/km）、沃尔沃 S90 E 驱混动（270.5gCO_2e/km）、奔驰 E 级 PHEV（284.5gCO_2e/km）、奥迪 A6L E-Tron（294.8gCO_2e/km）。

C级汽油MPV Top 10 Runners（单位：gCO₂e/km）

车型	数值
风行游艇	269.3
嘉际	275.5
传祺M6 PRO	285.8
王牌M7	288.9
库斯途	291.5
凯捷	293.0
菱智	299.9
五菱征程	311.6
别克GL8	315.8
威然	325.8

图 4-30　C 级汽油 MPV Top 10 Runners（单位：gCO₂e/km）

车型	数值
零跑C01 EREV	241.9
宝马5系 PHEV	257.1
沃尔沃S90 E驱混动	270.5
奔驰E级 PHEV	284.5
奥迪A6L E-Tron	294.8

图 4-31　C 级插电式混合动力轿车 Top 5 Runners（单位：gCO₂e/km）

2）SUV Top 8。图 4-32 展示了 C 级插电式混合动力 SUV 碳足迹最低的 Top 8 领跑车型（TOP 8 Runners）。碳足迹由低到高分别是岚图 FREE EREV（280.6gCO$_2$e/km）、蓝山 DHT-PHEV（286.5gCO$_2$e/km）、传祺 ES9（287.9gCO$_2$e/km）、理想 L7（297.7gCO$_2$e/km）、理想 L8（298.6 gCO$_2$e/km）、问界 M7（299.2gCO$_2$e/km）、腾势 N8 DM-i（310.8gCO$_2$e/km）、领克 09 PHEV（313.0gCO$_2$e/km）。

车型	碳足迹
岚图FREE EREV	280.6
蓝山DHT-PHEV	286.5
传祺ES9	287.9
理想L7	297.7
理想L8	298.6
问界M7	299.2
腾势N8 DM-i	310.8
领克09 PHEV	313.0

图 4-32　C 级插电式混合动力 SUV Top 8 Runners（单位：gCO$_2$e/km）

3）MPV Top 5。图 4-33 展示了 C 级插电式混合动力 MPV 碳足迹最低的 Top 5 领跑车型（TOP 5 Runners）。碳足迹由低到高分别是传祺 E9（251.3gCO$_2$e/km）、传祺 E8（255.9gCO$_2$e/km）、LEVC TX EREV（288.7gCO$_2$e/km）、高山（304.8gCO$_2$e/km）、梦想家 PHEV（329.4gCO$_2$e/km）。

（3）C 级纯电动乘用车

1）轿车 Top 10。图 4-34 展示了 C 级纯电动轿车碳足迹最低的 Top 10 领跑车型（TOP 10 Runners）。碳足迹由低到高分别是昊铂 GT（175.8gCO$_2$e/km）、比亚迪 E9（183.3gCO$_2$e/km）、零跑 C01（200.7gCO$_2$e/km）、极狐 阿

尔法 S（201.6gCO$_2$e/km）、哪吒 S（207.5gCO$_2$e/km）、智己 L7（216.1gCO$_2$e/km）、极氪 001（216.9gCO$_2$e/km）、飞凡 F7（221.1gCO$_2$e/km）、蔚来 ET7（224.3gCO$_2$e/km）、奔驰 EQE（228.8gCO$_2$e/km）。

车型	gCO$_2$e/km
传祺E9	251.3
传祺E8	255.9
LEVC TX EREV	288.7
高山	304.8
梦想家PHEV	329.4

图 4-33　C 级插电式混合动力 MPV Top 5 Runners（单位：gCO$_2$e/km）

车型	gCO$_2$e/km
昊铂GT	175.8
比亚迪E9	183.3
零跑C01	200.7
极狐 阿尔法S	201.6
哪吒S	207.5
智己L7	216.1
极氪001	216.9
飞凡 F7	221.1
蔚来ET7	224.3
奔驰EQE	228.8

图 4-34　C 级纯电动轿车 Top 10 Runners（单位：gCO$_2$e/km）

2）SUV Top 10。图 4-35 展示了 C 级纯电动 SUV 碳足迹最低的 Top 10 领跑车型（TOP 10 Runners）。碳足迹由低到高分别是别克 E4（194.8gCO$_2$e/km）、昊铂 HT（198.0gCO$_2$e/km）、别克 E5（202.5gCO$_2$e/km）、ID.6 CROZZ（206.3gCO$_2$e/km）、ID.6 X（207.5gCO$_2$e/km）、智己 LS6（210.8gCO$_2$e/km）、极越 01（211.4gCO$_2$e/km）、小鹏 G9（214.1gCO$_2$e/km）、蔚来 ES7（214.6gCO$_2$e/km）、IQ 锐歌（215.2gCO$_2$e/km）。

车型	碳足迹
别克E4	194.8
昊铂HT	198.0
别克E5	202.5
ID.6 CROZZ	206.3
ID.6 X	207.5
智己LS6	210.8
极越01	211.4
小鹏G9	214.1
蔚来ES7	214.6
IQ锐歌	215.2

图 4-35 C 级纯电动 SUV Top 10 Runners（单位：gCO$_2$e/km）

3）MPV Top 10。图 4-36 展示了 C 级纯电动 MPV 碳足迹最低的 Top 10 领跑车型（TOP 10 Runners）。碳足迹由低到高分别是王牌 M7 EV（179.3gCO$_2$e/km）、菱智 M5 EV（212.9gCO$_2$e/km）、远志 M1（222.6gCO$_2$e/km）、瑞风 E3（226.2gCO$_2$e/km）、大家 9（238.6gCO$_2$e/km）、荣威 iMAX8 EV（239.3gCO$_2$e/km）、合创 V09（245.4gCO$_2$e/km）、腾势 D9 EV（260.8gCO$_2$e/km）、梦想家 EV（264.0gCO$_2$e/km）、沃尔沃 EM90（286.3gCO$_2$e/km）。

车型	gCO₂e/km
王牌M7 EV	179.3
菱智M5 EV	212.9
远志M1	222.6
瑞风E3	226.2
大家9	238.6
荣威iMAX8 EV	239.3
合创V09	245.4
腾势D9 EV	260.8
梦想家 EV	264.0
沃尔沃EM90	286.3

图 4-36　C 级纯电动 MPV Top 10 Runners（单位：gCO$_2$e/km）

4.2　商用车产品碳足迹研究结果

根据 GB/T 15089—2001《机动车辆及挂车分类》、GB 20997—2015《轻型商用车辆燃料消耗量限值》及 GB 30510—2018《重型商用车辆燃料消耗量限值》分类，本研究所选取的商用车研究对象为 N1、N2、N3 类货车及 M2、M3 类公交与客车，如图 4-37 所示。

其中，N1 类车辆为最大设计总质量小于 3500kg 的轻型货车，包含汽油车、柴油车、常规混合动力车、纯电动车和氢燃料车等燃料类型；N2、N3 类车辆为最大设计总质量大于 3500kg 的重型单体车、重型自卸车及重型牵引车，覆盖柴油车、常规混合动力车、天然气车、纯电动车及氢燃料车。M2 及 M3

类公交车覆盖柴油、天然气、常规混合动力、纯电动及氢燃料等燃料类型，M2 及 M3 类客车覆盖汽油、柴油、常规混合动力、天然气、纯电动及氢燃料等燃料类型。为保证同类型商用车生命周期碳排放结果有可比性，本研究确立货车功能单位为 $gCO_2e/t·km$，公交及客车功能单位为 $gCO_2e/person·km$，见表 4-1。

图 4-37 商用车分类

表 4-1 商用车分级及功能单位

车辆类别		车辆类型	功能单位
货车	N1，GVW < 3.5t	轻型货车	$gCO_2e/t·km$
	N2/N3，GVW > 3.5t	重型单体车	$gCO_2e/t·km$
		重型自卸车	$gCO_2e/t·km$
		重型牵引车	$gCO_2e/t·km$
公交/客车	M2/M3	客车	$gCO_2e/person·km$
		公交	$gCO_2e/person·km$

4.2.1　轻型货车产品碳足迹研究结果

根据 GB 30510—2018《重型商用车辆燃料消耗量限值》分类，本研究选取的轻型货车其最大设计总质量小于 3500kg。其中所选取的轻型货车共包含 5 种燃料类型：汽油轻型货车（汽油轻货）、柴油轻型货车（柴油轻货）、纯电动轻型货车（纯电动轻货）、柴油常规混合动力轻型货车（常规混轻货）[*]㊀、氢燃料轻型货车（氢燃料轻货）[*]，其中汽油轻货、柴油轻货与纯电动轻货均选自用途、载重相近的实际车型，而国内并无在售同级别的常规混轻货与氢燃料轻货，因此为增加研究的可对比性，通过增加柴油轻货混动系统、参考氢燃料乘用车的方式，对常规混轻货与氢燃料轻货进行模拟，用以进行不同燃料类型对比的参考。本研究所选取的轻型货车基本参数及信息见表 4-2。

表 4-2 轻型货车基本参数及信息

燃料类型	汽油	柴油	纯电动	常规混[*]	氢燃料[*]
整备质量 /kg	1358	2003	1571	1400	2094
最大设计总质量 /kg	2599	2822	2872	2440	2919
荷载 /kg	1240	819	1301	1040	825
生命周期行驶里程 /km	600000	600000	600000	600000	600000
百公里能耗	7.2	8.1	15.4	5.9	1.3
能耗单位	L	L	kW·h	L	kg

1. 不同燃料类型轻型货车生命周期碳排放结果

（1）不同燃料类型轻型货车全生命周期碳排放结果

各燃料类型轻型货车的全生命周期碳排放总量如图 4-38 所示，其与车型整备质量、载重、百公里能耗直接相关。5 种燃油类型的轻型货车全生命周期碳排放总量由高到低呈现氢燃料轻货[*] > 柴油轻货 > 汽油轻货 > 常规混轻货[*] > 纯电动轻货的规律。另外对于各个燃料类型的轻型货车，其全生命周期碳排放中，燃料周期提供最大碳排放贡献，占全生命周期碳排放的 83%~95% 不等，而车辆周期碳排放量仅占很小的一部分。氢气虽然为未来理想的清洁

㊀ 带 [*] 为模拟车型，作为参考。

能源，但是相应的氢燃料轻货*并没有较好的碳排放表现，这是因为当前制氢工艺所附带的高水平碳排放，故虽然氢燃料轻货*在使用过程中"零排放"，但是在全生命周期中其碳排放总量仍远超燃油轻货（柴油轻货、汽油轻货、常规混轻货*）与纯电动轻货，比纯电动轻货高140%，比柴油轻货高3%。相比而言，在目前火力发电占主体的供电结构之下，纯电动轻货的全生命周期碳排放依旧是最小的，仍有着独一无二的碳排放优势。另外，在燃油轻货中，常规混轻货*的碳排放低于汽油与柴油轻货，碳排放仅为汽油轻货与柴油轻货的92%与73%，可以适当发展常规混轻货*以替代传统柴油轻货，同时作为纯电动轻货与氢燃料轻货大力发展前的过渡。

图 4-38 轻型货车碳足迹

为进一步提高不同燃料类型轻型货车之间的可对比性，探求单位运输能力的碳排放，对不同燃料类型轻型货车，按照生命周期碳排放总量除以车辆载重及生命周期行驶里程，折算为单位周转量（t·km）碳排放进行研究，研究结果如图 4-39 所示。由于不同燃料类型轻型货车载重的不同，全生命周期单位周转量碳排放相较于全生命周期碳排放总量有所区别。单位周转量碳排放由大到小分别为氢燃料轻货*、柴油轻货、常规混轻货*、汽油轻货、纯电动轻货，纯电动轻货拥有最好的碳排放表现，其单位周转量碳排放值仅为汽油轻货的52%、柴油轻货的27%、常规混轻货*的47%、氢燃料轻货*的26%。

图 4-39 轻型货车全生命周期单位周转量碳排放

目前不同制氢工艺下，氢燃料轻型货车生命周期单位周转量碳排放的结果如图 4-40 所示。如上文所述，目前氢燃料汽车不具备生命周期减排优势，其主要是由于我国制氢工艺以化石燃料制氢为主，而氯碱制氢、焦炉气制氢、生物制氢及可再生能源电解水制氢情境下的氢燃料轻型货车生命周期单位周转量碳排放已低于传统汽柴油车。另外，可再生能源电解水制氢、氯碱制氢情境下的氢燃料轻型货车生命周期单位周转量碳排放更是已经低于纯电动汽车，展现出未来氢燃料汽车巨大的碳减排潜力。

图 4-40 不同制氢工艺下氢燃料轻型货车生命周期单位周转量碳排放

（2）不同燃料类型轻型货车车辆周期碳排放结构

不同燃料类型轻型货车车辆周期碳排放结构如图 4-41 所示，车辆周期主要过程包括原材料获取过程、整车生产过程、制冷剂逸散、液体更换、轮胎更换、铅酸蓄电池更换 6 部分。对于五种燃料类型的轻型货车来说，车辆周期 74%～86% 的碳排放均来自于原材料获取过程，占据了车辆周期碳排放的绝大部分，另外制冷剂逸散也贡献了可观的车辆周期碳排放，其碳排放占据车辆周期碳排放的 9%～12%，其直接反映了进行低碳制冷剂替代的重要性，其他四个部分对车辆周期碳排放影响较小。

图 4-41 轻型货车车辆周期碳排放结构

不同燃料类型轻型货车原材料获取阶段碳排放结构如图 4-42 所示，原材料获取阶段主要包括部件材料、轮胎、铅酸蓄电池、液体、动力蓄电池、氢燃料系统共 6 部分。对于汽油轻货、柴油轻货与常规混轻货*来说，原材料获取阶段绝大部分碳排放来自于部件材料生产，其碳排放占原材料获取阶段碳排放量的 90% 以上。而在纯电动轻型货车中，动力蓄电池生产所产生的碳排放可占原材料获取阶段碳排放总量的 41%。对于氢燃料轻货*来说，除了部件材料生产，氢燃料系统的生产过程也占据较大部分的原材料获取阶段碳排放，可达 24%。

图 4-42　轻型货车原材料获取阶段碳排放结构

（3）不同燃料类型轻型货车燃料周期碳排放结构

不同燃料类型轻型货车燃料周期碳排放结构如图 4-43 所示，燃料周期分为燃料生产过程以及燃料使用过程两部分。对燃油轻货（汽油轻货、柴油轻货、常规混轻货*）来说，有 83% 的燃料周期碳排放来自于燃料的使用过程，17% 来自于燃料生产过程，而对于纯电动轻货与氢燃料轻货*来说，燃料周期全部的碳排放均来自于燃料生产过程。

图 4-43　轻型货车燃料周期碳排放结构

2. 轻型货车生命周期碳排放研究结论

1）短期内，轻型货车的电动化为降低轻型货车货物运输碳排放量的最优途径。 在所有燃料类型轻型货车中，纯电动轻货单位周转量碳排放最小，其次为汽油轻货、常规混轻货*与柴油轻货，氢燃料轻货*由于当前制氢工艺的高碳排放，其单位周转量碳排放最大。

2）针对燃料周期进行低碳转型是降低轻型货车全生命周期碳排放的关键。 轻型货车全生命周期碳排放大部分来自于燃料周期，小部分来自于车辆周期，降低不同燃料类型轻型货车的燃料周期碳排放，是轻型货车降碳的关键。

4.2.2 中重型货车产品碳足迹研究结果

1. 中型单体车产品碳足迹研究结果

（1）不同燃料类型中型单体车碳足迹结果

本研究所选取的中型单体车基本参数信息见表4-3。

表4-3 中型单体车基本参数信息

燃料类型	柴油	常规混	天然气	纯电动	氢燃料
整备质量 /kg	2705	2850	2805	3050	3500
最大设计总质量 /kg	4290	4495	4495	4465	4495
生命周期行驶里程 /km	700000	700000	700000	700000	700000
百公里能耗	11.4	6.9	13.0	22.0	3.0
能耗单位	L	L	m^3	kW·h	kg

为保证不同燃料类型中型单体车之间碳足迹结果具有可比性，本研究所选取的中型单体车最大设计总质量均保持在4.5~4.9t吨位附近，整备质量因不同燃料类型车型结构差异而存在差别，生命周期行驶里程采用商务部、发改委、公安部联合发布的《机动车强制报废标准规定》中规定的中型商用车引导报废标准——70万km。

图4-44展示了不同燃料类型的中型单体车在其生命周期内的碳排放总量。与乘用车不同，中型单体车的燃料周期碳排放占其碳足迹的90%~95%，这是一个显著的比例。由于中型单体车的最大设计总质量通常在4.5t左右，因此

在车辆整备质量和百公里能耗等方面与轻型单体车相似，这也导致了它们在不同燃料类型下的碳足迹总量结果与轻型单体车有一定的相似性。具体来说，氢燃料中型单体车的碳足迹总量最高，其次是柴油中型单体车，然后是天然气中型单体车、常规混合动力中型单体车，最后是纯电动中型单体车。值得注意的是，氢燃料车型在这个质量段还没有大规模商业化推广，因此所选车辆是示范车型，其百公里能耗是根据续驶里程和储氢罐容量折算的。根据目前的结果，基于全国平均电网碳排放因子的计算，纯电动中型单体车在碳足迹方面已经具有相对优势，这与新能源物流配送车（主要是单体车）在商用车新能源发展中占据主导地位的现状是一致的。与柴油车和天然气车相比，纯电动车的碳足迹分别减少了53%和52%，而常规混合动力车也显示出了相对的减排优势，其碳足迹比柴油车低39%。

图 4-44　中型单体车碳足迹

（2）不同燃料类型中型单体车车辆周期碳排放结构

图 4-45 展示了不同燃料类型中型单体车在其车辆周期内的碳排放结构。这一生命周期涵盖了原材料获取、整车生产、制冷剂逸散、液体更换、轮胎更换以及铅酸蓄电池更换等多个关键环节。在分析的所有燃料类型中，原材料获取阶段无疑是碳排放的最大贡献者，其所占比例超过了整个车辆碳足迹

的85%。这一阶段的碳排放之所以占据如此主导的地位，是因为原材料的开采、处理和运输等环节往往伴随着大量的能源消耗和二氧化碳排放。紧随其后的是制冷剂逸散所产生的碳排放，这一环节大约占到了车辆碳足迹的8%。制冷剂逸散不仅涉及直接的碳排放，还可能对大气层造成潜在的破坏，因此其环境影响不容忽视。以上结果凸显了在车辆生产和使用过程中，原材料获取和制冷剂管理的重要性，为未来汽车工业的可持续发展提供了关键性的环保改进方向。通过优化原材料的采购策略、提升生产效率、采用更环保的制冷剂以及改进其管理体系，可以显著降低车辆的碳足迹，推动整个行业向更加绿色、低碳的方向发展。这不仅有助于应对全球气候变化的挑战，也符合公众对于环保和可持续性的日益增长的期望。

图 4-45 中型单体车车辆周期碳排放结构

（3）不同燃料类型中型单体车燃料周期碳排放结构

图4-46详细展示了中型单体车在不同燃料类型下的燃料周期碳排放结构，这一周期主要分为两个部分：燃料生产和燃料使用。在纯电动和氢燃料车型中，由于在使用过程中不产生排放，因此其燃料周期的碳排放完全来源于燃料生产阶段，占据了100%的比例。相比之下，柴油车、常规混合动力车以及天然气车的燃料周期碳排放则主要来自于燃料的使用过程，这一部分的排放占比超过了80%。相应地，这些车型在燃料生产阶段的碳排放占比则不足20%。

图 4-46　中型单体车燃料周期碳排放结构

2. 重型牵引车产品碳足迹研究结果

（1）不同燃料类型重型牵引车碳足迹结果

本研究所选取的重型牵引车基本参数信息见表 4-4。

表 4-4　重型牵引车基本参数信息

燃料类型	柴油	常规混	天然气	纯电动	氢燃料
整备质量 /kg	8870	8300	10000	10300	12000
最大设计总质量 /kg	49000	49000	49000	49000	49000
生命周期行驶里程 /km	700000	700000	700000	700000	700000
百公里能耗	38	31	30	148	13
能耗单位	L	L	m³	kW·h	kg

为了确保本研究中不同燃料类型的重型牵引车在碳足迹方面的结果具有可比性，选取的车辆最大设计总质量均统一设定在 49t。由于不同燃料类型车型的结构差异，整备质量会有所变化。在确定生命周期行驶里程时，采用了商务部、发改委、公安部联合发布的《机动车强制报废标准规定》中针对重型商用车的指导报废标准——70 万 km。这一标准化的行驶里程为评估各类车辆的碳排放提供了一致的基础，并可以更准确地比较各种燃料类型在实际应用中的环境影响，从而为汽车行业的绿色转型提供科学依据。

图 4-47 展示了不同燃料类型的重型牵引车在其生命周期内的碳排放量。从这一分析中可以看出，氢燃料重型牵引车的碳足迹量最高，其次是柴油重型牵引车，然后是常规混合动力重型牵引车、纯电动重型牵引车，最后是天然气重型牵引车。在当前的研究条件下，如果以碳足迹量作为评价标准，天然气表现为最佳的替代燃料类型，其碳足迹量比柴油车低24%。在新能源汽车领域，纯电动车已经显示出明显的减排优势，其碳足迹量比柴油车低15%，并且随着电网清洁化进程的推进，其减排潜力将进一步增强。考虑到重型牵引车主要应用于长途干线运输和港口短途运输等场景，对于长途运输而言，由于对续航能力的要求较高，氢燃料路径比纯电动路径更为合适。氢燃料车具有续驶里程长、燃料补充时间短等优点。对于港口等短途运输场景，由于里程焦虑较小，纯电动和氢燃料路径都是可行的选择。

图 4-47 重型牵引车碳足迹

（2）不同燃料类型重型牵引车车辆周期碳排放结构

图 4-48 展示了不同燃料类型重型牵引车在其车辆周期内的碳排放结构。对于重型牵引车而言，原材料的获取是整个生产过程中碳排放最为集中的阶段，这主要因为原材料的开采、加工和运输等环节往往伴随着大量的能源消耗和二氧化碳排放，平均超过50%，特别是在新能源车型中，由于电池等关

键部件的生产耗能较高，使得原材料获取阶段的碳排放占比尤为显著，该阶段的碳排放甚至超过了70%。而重型牵引车通常承载重量大、行驶里程长，因此轮胎的磨损速度快，更换频率高，轮胎更换则是所有燃料类型车辆的第二大排放源，占车辆周期碳排放的比例达到了20%~30%。这是因为轮胎的生产过程不仅能耗高，而且涉及大量化石燃料的使用，从而导致显著的碳排放。

图 4-48 重型牵引车车辆周期碳排放结构

（3）不同燃料类型重型牵引车燃料周期碳排放结构

图 4-49 展示了不同燃料类型重型牵引车在燃料周期内的碳排放结构。与其他重型车辆相同，化石燃料类型的重型牵引车的碳排放主要来自燃料使用阶段，占整个燃料周期的 80% 以上。而纯电动和氢燃料车在使用过程中则实现了零排放，其燃料周期的碳排放完全来自于燃料上游。

3. 重型自卸车产品碳足迹研究结果

（1）不同燃料类型重型自卸车碳足迹结果

本研究所选取的重型自卸车基本参数信息见表 4-5。

图 4-49 重型牵引车燃料周期碳排放结构

表 4-5 重型自卸车基本参数信息

燃料类型	柴油	常规混	天然气	纯电动	氢燃料
整备质量 /kg	13500	15500	14130	16500	18300
最大设计总质量 /kg	31000	31000	31000	31000	31000
生命周期行驶里程 /km	700000	700000	700000	700000	700000
百公里能耗	40	32	28	128	12
能耗单位	L	L	m³	kW·h	kg

为确保不同燃料类型的重型自卸车在生命周期内的碳排放具有可比性，本研究特别选取了最大设计总质量均为 31t 的重型自卸车作为研究对象。这些车辆的整备质量会因燃料类型和车型结构的不同而有所差异。同时，为了标准化评估，本研究采用了《机动车强制报废标准规定》中针对重型商用车的引导报废标准，即车辆生命周期行驶里程为 70 万 km。

图 4-50 展示了不同燃料类型的重型自卸车在生命周期内的碳排放。分析结果表明，氢燃料重型自卸车的碳足迹最高，其次是柴油重型自卸车，而常规混合动力重型自卸车和纯电动重型自卸车的碳排放量较低，天然气重型自

卸车的碳足迹最低。在目前的能源结构下，天然气作为替代燃料表现出色，其碳足迹比柴油车低 29%，相比氢燃料车则大幅减少 97%。在新能源车辆中，氢燃料车的碳排放量较高，这主要是因为中国目前主要通过化石燃料制氢，导致其碳足迹量高达柴油车的 140%。尽管中国目前的电力结构以煤电为主，纯电动车相较于柴油车已实现了 18% 的碳排放量减少，体现出明显的减排优势。未来随着电网结构的绿色转型和可再生能源比例的提升，以及电解水制氢技术的进步，纯电动车和氢燃料车的环境优势将进一步凸显。

图 4-50 重型自卸车碳足迹

（2）不同燃料类型重型自卸车车辆周期碳排放结构

图 4-51 展示了不同燃料类型重型自卸车车辆周期碳排放结构，车辆周期同样包括了原材料获取、整车生产、制冷剂逸散、液体更换、轮胎更换及铅酸蓄电池更换等几个部分。不同于单体车，重型自卸车原材料获取占车辆周期比例有所下降，主要由于轮胎更换占比较大。原材料获取阶段碳排放仍主导车辆周期碳排放，占重型自卸车车辆周期碳排放比重在 60%~80% 之间。轮胎更换为第二大排放源，占柴油及天然气车车辆周期碳排放超 30%，占纯电动及氢燃料车车辆周期碳排放 20% 左右。

图 4-51　重型自卸车车辆周期碳排放结构

（3）不同燃料类型重型自卸车燃料周期碳排放结构

图 4-52 详细展示了不同燃料类型的重型自卸车在燃料周期内的碳排放结构。燃料周期主要分为两个部分：燃料生产和燃料使用。对于纯电动和氢燃料车型来说，由于在使用过程中不产生排放，因此它们的燃料周期碳排放完全来源于燃料生产阶段，即 100% 的排放来自生产环节。相比之下，柴油、常规混合动力以及天然气车型的燃料周期排放主要发生在燃料使用阶段，其中燃料生产所占的排放比例不到 20%。

图 4-52　重型自卸车燃料周期碳排放结构

4.2.3 公交车产品碳足迹研究结果

对公交车的碳排放研究共选取四种燃料类型——柴油公交车、柴油/电插电式混合动力公交车（插电混公交车）、纯电动公交车、氢燃料公交车，其中插电混公交车按照仅使用柴油，不进行插电充电情况下，使用车辆折算油耗进行核算。本节所研究的各燃料类型公交车车型的基本信息参数取自 2023 年前三季度中国各燃料类型公交车销量加权的平均值。所选各车型的基本信息见表 4-6。

表 4-6 不同燃料类型公交车基本参数及信息

燃料类型	柴油	插电混	纯电动	氢燃料
整备质量 /kg	5085	11817	9233	11015
最大额定载客量 / 人	41	78	78	82
生命周期行驶里程 /km	400000	400000	400000	400000
百公里能耗	16.69	15.89	77.44	6.05
能耗单位	L	L	kW·h	kg

1. 不同燃料类型公交车生命周期碳排放结果

（1）不同燃料类型公交车全生命周期碳排放结果

各燃料类型公交车的全生命周期碳排放总量如图 4-53 所示，其与车型整备质量、百公里能耗直接相关。由于各燃料类型公交车的各项参数是基于销量的行业平均值，其基本参数有所参差，碳排放结果也都有一定的差异性。全生命周期碳排放总量的绝对值由高到低呈现氢燃料公交车＞插电混公交车＞纯电动公交车＞柴油公交车。其中，插电混、纯电动与氢燃料这三种类型的公交车的平均整备质量相近，其碳排放总量的结果具有一定的可比性。而目前市面销售的柴油公交车基本为中小型公交车（平均整备质量为 5085kg），其碳排放总量与其他三类公交不具备可比性。氢燃料电池公交车碳排放总量高的主要原因是，其燃料周期碳排放远高于其他燃料类型公交车。虽然氢能在使用过程中"零排放"，但由于我国主要制氢方式仍为化石燃料制氢，因此制氢过程的碳排放很高，在 40 万 km 行驶里程中，氢气生产产生的碳排放要远远大于其他燃料。纯电动公交车的碳足迹表现整体优于插电混公交车。柴油公交车生命周期碳排放最低。对于每种燃料类型的公交车，其全生命周期碳排放中，燃料周期均贡献主要部分，车辆周期占比较小。在车辆周期中，氢燃料公交车的碳排放最高，这与储氢罐等部件的存在以及使用了重量较大的动力蓄电池有关。

燃料类型	车辆周期	燃料周期
柴油	31.4	210.1
插电混	74.5	200.1
纯电动	65.5	196.7
氢燃料	82.9	491.1

图 4-53　公交车全生命周期碳排放总量（单位：tCO_2e）

将不同燃料类型公交车全生命周期碳排放总量按照最大额定载客量的半载情况以及 40 万 km 的生命周期行驶里程进行了折算。研究结果如图 4-54 所示。单位周转量碳排放由高到低呈现氢燃料公交车＞柴油公交车＞插电混公交车＞纯电动公交车。由于所有燃料类型公交车均采取了相同的生命周期行驶里程，因此，这一结果仅与全生命周期碳排放总量和载客量这两个因素有直接关系。由于插电混、纯电动与氢燃料这三种类型的公交车的载客量相近，其全生命周期单位周转量碳排放表现延续了其碳排放总量表现。同时，由于载客量这一参数的存在，打破了柴油公交车由于平均整备质量较低造成的碳排放总量较低的这一表象，其碳排放性能不佳的缺点得以暴露。

（2）不同燃料类型公交车车辆周期碳排放结构

不同燃料类型公交车车辆周期碳排放结构图如图 4-55 所示，车辆周期包括原材料获取、整车生产、制冷剂逸散、液体更换、轮胎更换、铅酸蓄电池更换六部分。每种燃料类型公交车车辆周期碳排放的 60% 以上都是来自于原材料获取过程。将原材料获取过程细分为部件材料、轮胎、液体、铅酸蓄电池、动力蓄电池、氢燃料系统六部分（图 4-56）。对于纯电动公交车，原材料获取过程碳排放的 35% 以上来自于动力蓄电池的碳排放。对于氢燃料电池公交车而言，原材料获取过程碳排放中有 20% 以上来自于氢燃料电池系统，包括电堆、储氢罐等部件，有 13% 来自于动力蓄电池的碳排放。

图 4-54　公交车全生命周期单位周转量碳排放

图 4-55　公交车车辆周期碳排放结构

图 4-56　公交车原材料获取阶段碳排放结构

（3）不同燃料类型公交车燃料周期碳排放结构

不同燃料类型公交车燃料周期碳排放结构如图 4-57 所示，纯电动公交车及氢燃料电池公交车燃料周期碳排放全部来自燃料的生产过程。柴油公交车及插电混公交车在燃料周期有 83% 的碳排放来自于燃料的使用过程，17% 来自于燃料生产过程。

图 4-57　公交车燃料周期碳排放结构

2. 公交车生命周期碳排放研究结论

1）**电动化是公交车减碳的重要技术路径**。纯电动公交车在燃料周期的使用阶段碳排放为零，且整体碳排放性能优于其他燃料类型公交车。但由于公交车中动力蓄电池带来的高额碳排放，导致其碳排放总量的优势并不突出。

2）**插电混公交车碳足迹表现良好**。在当前镍钴锂资源短缺、充电桩不足等情况下，插电混公交车油耗较低、运载能力较强，兼顾碳排放与资源节约，是较好的过渡技术手段。

3）**氢燃料公交车碳足迹较高，碳减排潜力大**。由于我国氢能结构中化石燃料制氢的比例较高，加之氢燃料系统及动力蓄电池带来高额的碳排放，其目前碳排放总量较高。采取相关政策鼓励绿氢的制取与使用，以及氢燃料系统中高碳排放材料的替代，是使氢燃料公交车具备减碳效益的重要手段。此外，随着氢燃料电池技术的推进，公交车百公里氢耗也将不断优化。未来，氢燃料公交车具备较大的减碳空间。

4.3 汽车车队碳足迹研究结果

4.3.1 乘用车车队碳足迹研究结果

1. 我国历年乘用车保有结构分析

2012—2023 年我国乘用车保有量[一]情况如图 4-58 所示，按照轿车、运动型多用途汽车（Sport Utility Vehicle，SUV）、多用途汽车（Multi-Purpose Vehicles，MPV）、交叉型乘用车四种车型分类，分别展示不同车辆类别下各燃料类型所占比例。

从车辆类型来看，我国乘用车主要以轿车和 SUV 为主。2022 年，轿车、SUV、MPV、交叉型乘用车保有量所占乘用车保有量的比例分别为 56.9%、32.6%、6.8%、3.6%；2023 年，轿车、SUV、MPV、交叉型乘用车保有量所占乘用车保有量的比例分别为 56.0%、34.2%、6.7%、3.2%。

[一] 保有量数据来自中国机动车交通事故责任强制保险数据库，该数据库主要包括乘用车与商用车的保有量、车辆类型、燃料类型、车龄、注册地区、能耗水平、整备质量相关信息，为便于计算，筛选出了燃料类型、车辆类型、车龄等关键信息完成的保有量数据字段。

图 4-58 2012—2023 年我国乘用车保有量情况

从燃料类型来看，汽油乘用车仍占乘用车保有量绝大比例。2022 年，汽油、常规混、插电混、纯电动以及其他燃料类型（包括柴油、氢燃料等）乘用车保有量所占乘用车保有量的比例分别为 93.6%、1.2%、1.0%、3.6%、0.6%；2023 年，汽油、常规混、插电混、纯电动以及其他燃料类型乘用车保有量所占乘用车保有量的比例分别为 91.2%、1.4%、1.8%、5.0%、0.6%。

2. 乘用车车队碳足迹研究结果

本节采用第 2 章所述乘用车车队碳足迹核算模型，结合 2022 年、2023 年乘用车保有量、销量数据，对 2022 年、2023 年乘用车车队碳足迹情况进行了核算，如图 4-59 所示。

2022 年，我国乘用车车队碳足迹总量约为 8.1 亿 t，其中，燃料周期碳排放占比约 69.8%，车辆周期碳排放占比约 30.2%。乘用车车队燃料周期碳排放主要由燃料生产以及燃料使用所造成的两部分碳排放组成，其中燃料使用所造成的碳排放占较大比重，约为 81.0%，燃料生产所造成的碳排放占比约为 19.0%。车辆周期碳排放主要由部件材料、维修保养、动力电池生产、整车生

图 4-59 2022年与2023年我国乘用车车队碳足迹情况

产四个部分组成，占比分别为62.5%、25.0%、7.8%以及4.7%。2023年，我国乘用车车队碳足迹总量约为8.6亿t，相比2022年，碳排放总量上涨约0.5亿t，燃料周期碳排放占比有所下降，约占68.4%，车辆周期碳排放有所上升，约占31.6%。2023年，乘用车车队燃料周期碳排放中，由于燃料生产所造成的碳排放占比有所上升，约占20.1%，由于燃料使用所造成的碳排放所占比例有所下降，约占79.9%。车辆周期碳排放中，由于动力电池生产所造成的碳排放占比有所增加，约为9.8%，由于部件材料、维修保养、整车生产所造成的碳排放占比有所下降，分别为61.2%、24.5%以及4.5%。

2022年不同燃料类型乘用车碳排放贡献程度如图4-60所示。由图可见，2022年由乘用车车队产生的碳足迹中，有约86.9%的碳排放是由汽油车造成的，占较高比例，纯电动车所占比例为约7.5%；车辆周期碳排放中，汽油车仍是最大的碳排放源，但所占比例相对较低，约为66.6%，纯电动车占不小比例，约为21.0%；而对于燃料周期碳排放，汽油车占绝大比例，约占车队燃料周期碳排放总量的95.7%。分燃料类型来看，汽油和柴油车队的碳足迹结构以燃料周期为主，分别占76.8%与89.2%，而车辆周期碳排放仅占23.2%与10.8%；常规混、插电混以及纯电动车队的车辆周期碳排放占其碳足迹的主导，分别为62.6%、74.6%以及84.3%，相对地，这三种燃料类型的乘用车燃料周期碳排放占比仅为37.4%、25.4%以及15.7%。造成这一现象的原因主要有两点，一是这三类车型单车的车辆周期碳排放占比均要高于传统燃油车型，二是近几年这三类车型的销量较高，使得其车队层面车辆周期碳排放占比升高。

2023年不同燃料类型乘用车碳排放贡献程度如图4-61所示。与2022年相比，2023年由乘用车车队产生的碳足迹中，汽油车造成的碳排放占比有所下降，约为82.3%，纯电动车所占比例则升高至9.4%；车辆周期碳排放中，汽油车所占比例下降至约57.3%，纯电动车占比上升至约24.4%；而对于燃料周期碳排放，汽油车占比也有小幅下降，约占车队燃料周期碳排放总量的93.9%。分燃料类型来看，汽油和柴油车队的碳足迹结构与2022年类似，仍以燃料周期为主，分别占78.0%与85.9%，而车辆周期碳排放仅占22.0%与14.1%；常规混、插电混以及纯电动车队的车辆周期碳排放仍占其碳足迹的主导，分别为59.0%、75.9%以及82.2%，相对地，这三种燃料类型的乘用车燃料周期碳排放占比仅为41.0%、24.1%以及17.8%。

图 4-60 2022 年乘用车车队分燃料类型碳足迹情况

第 4 章
2022—2023 年中国汽车产品碳足迹研究结果

图 4-61　2023 年乘用车车队分燃料类型碳足迹情况

4.3.2 商用车车队碳足迹研究结果

1. 我国历年商用车保有结构分析

2012—2023年我国商用车保有量情况如图4-62所示，按照公交客车（包括城市公交车和城际客车）、轻型货车（以下简称"轻卡"）、中型货车（包括中型单体卡车，以下简称"中卡"）、重型货车（包括重型自卸卡车和重型牵引卡车，以下简称"重卡"）四种车型分类，分别展示不同车辆类别下各燃料类型所占比例。

图 4-62　2012—2023 年我国商用车保有量情况

从车辆类型来看，我国商用车保有量中主要以货车为主。2022年，公交客车、轻卡、中卡、重卡保有量所占商用车保有量总量的比例分别为5.7%、42.1%、31.9%、19.7%；2023年，公交客车、轻卡、中卡、重卡保有量所占商用车保有量的比例分别为5.4%、43.4%、31.5%、19.7%。在2022与2023年，商用车保有量整体上出现下降趋势，公交客车降幅较大，轻卡有小幅增长，中重卡在 2022 年有所下降，在 2023 年有所回升。

从燃料类型来看，不同种类商用车有较大差异，但柴油车占较高比例。2022 年，公交客车中，汽油、柴油、天然气、纯电动车保有量所占公交客车保有量的比例分别为 29.2%、60.4%、6.5%、3.6%；轻卡中，汽油、柴油、天然气、纯电动车保有量所占轻卡保有量的比例分别为 69.6%、27.1%、0.59%、1.67%；中卡中，柴油、天然气、纯电动车保有量所占中卡保有量的比例分别为 97.93%、0.13%、1.61%；重卡中，柴油、天然气、纯电动车保有量所占中卡保有量的比例分别为 91.49%、7.93%、0.52%；2023 年，公交客车中，汽油、柴油、天然气、纯电动车保有量所占公交客车保有量的比例分别为 28.2%、62.3%、5.6%、3.8%；轻卡中，汽油、柴油、天然气、纯电动车保有量所占轻卡保有量的比例分别为 69.6%、25.6%、1.03%、2.84%；中卡中，柴油、天然气、纯电动车保有量所占中卡保有量的比例分别为 97.6%、0.19%、1.86%；重卡中，汽油、柴油、天然气、纯电动车保有量所占中卡保有量的比例分别为 88.9%、10.14%、0.86%。在 2022 年与 2023 年，传统汽油、柴油商用车保有量变化幅度不大，混合动力、纯电动、氢燃料商用车保有量的增速较快。

2. 商用车车队碳足迹研究结果

本节采用第 2 章所述商用车车队碳足迹核算模型，结合 2022 年、2023 年商用车保有量、销量数据，对 2022 年、2023 年商用车车队碳足迹情况进行了核算，如图 4-63 所示。

2022 年，我国商用车车队碳足迹总量约为 4.3 亿 t，其中，燃料周期碳排放占比约 91.6%，车辆周期碳排放占比约 8.4%。商用车车队燃料周期碳排放中燃料使用所造成的碳排放占较大比重，约为 82.9%，燃料生产所造成的碳排放占比约为 17.1%。车辆周期碳排放主要由部件材料、维修保养、动力电池生产、整车生产四个部分组成，占比分别为 64.0%、30.7%、3.9% 以及 1.4%。2023 年，我国商用车车队碳足迹总量约为 4.1 亿 t，相比 2022 年，碳排放总量下降约 0.2 亿 t，燃料周期碳排放占比有所下降，约占 89.8%，车辆周期碳排放有所上升，约 10.2%。2023 年，商用车车队燃料周期碳排放中，由于燃料生产所造成的碳排放占比小幅上升，约占 17.3%，由于燃料使用所造成的碳排放所占比例有所

图 4-63 2022 年与 2023 年我国商用车车队碳足迹情况

下降，约占 82.7%。车辆周期碳排放中，由于部件材料、维修保养、动力电池生产、整车生产所造成的碳排放分别占 61.4%、32.9%、4.3% 以及 1.4%。

2022 年不同燃料类型乘用车碳排放贡献程度如图 4-64 所示。由图可见，2022 年由商用车车队产生的碳足迹中，有约 88.4% 的碳排放是由柴油车造成的，占较高比例，纯电动车所占比例为约 1.7%；车辆周期碳排放中，柴油车仍是最大的碳排放源，约为 65.0%，纯电动车占比约为 12.6%；而对于燃料周期碳排放，柴油车占绝大比例，约占车队燃料周期碳排放总量的 90.5%。分燃料类型来看，汽油、柴油、天然气商用车车队的碳足迹结构以燃料周期为主，分别占 77.5%、93.8% 与 87.7%，而车辆周期碳排放仅占 22.5%、6.2% 与 12.3%；混合动力与氢燃料商用车车队的燃料周期碳排放占其碳足迹的主导，但所占比例相对传统燃油车更低，分别为 64.1% 与 55.9%，相对的，这两种燃料类型的商用车车辆周期碳排放占比仅为 35.9% 与 44.1%。纯电动商用车车队燃料周期碳排放所占比例要高于其车辆周期碳排放，其燃料周期、车辆周期碳排放所占比例分别为 38.2%、61.8%。

2023 年不同燃料类型商用车碳排放贡献程度如图 4-65 所示。与 2022 年相比，2023 年由商用车车队产生的碳足迹中，柴油车造成的碳排放占比有所下降，约为 84.9%，天然气车所占比例上升至 6.1%，纯电动车所占比例则升高至 2.3%；车辆周期碳排放中，柴油车所占比例下降至约 51.6%，天然气车所占比例上升至 19.1%，纯电动车占比上升至约 13.6%；而对于燃料周期碳排放，柴油车占比也有小幅下降，约占车队燃料周期碳排放总量的 88.7%。分燃料类型来看，汽油和柴油商用车车队的碳足迹结构与 2022 年类似，仍以燃料周期为主，分别占 76.8% 与 93.8%，而车辆周期碳排放仅占 23.2% 与 6.2%；天然气商用车车队车辆周期碳排放占比明显上升，约为 68.2%，燃料周期为 31.8%。混合动力、氢燃料车队的燃料周期碳排放仍占其碳足迹的主导，分别为 52.3% 和 57.9%，相对的，这两种燃料类型的商用车车辆周期碳排放占比为 47.7% 和 42.1%；纯电动商用车车队车辆周期碳排放占比约为 59.9%，燃料周期碳排放占比为 40.1%。

图 4-64　2022 年商用车车队分燃料类型碳足迹情况

第4章
2022—2023年中国汽车产品碳足迹研究结果

图 4-65　2023 年商用车车队分燃料类型碳足迹情况

CHAPTER 5

第5章 面向碳中和的汽车行业低碳转型路径分析

5.1 总体转型路径框架

5.1.1 转型路径

汽车、交通和能源构成了相互支撑、互为约束的碳链条。交通需求会影响汽车保有量和交通领域的能源消耗量,从而影响碳排放。汽车终端用能结构及能耗水平又反过来影响能源和交通领域的碳排放。能源绿色化决定了汽车上游制造端及道路交通领域的碳排放。想要落实汽车行业碳中和目标,不能只靠单一路径的减排收益,还要充分探究不同路径的减排潜力和耦合效果。

各大车企在实现碳中和的行动中都会提到产品电动化,但由于目前我国使用的电能中很大比例来源于火电,这就造成了新能源汽车的碳排放重点转移到了电池生产和电能供给方面。因此,构建以清洁电能为主体的能源补给网络,从源头零碳对于实现汽车产业碳中和具有重要意义。

基于电网清洁化,实现汽车制造低碳化。汽车整车制造用能结构中,电能消耗占比60%以上,动力电池制造过程中的烘烤、干燥、分容化成等环节电耗巨大，电网清洁化程度对制造端减碳至关重要。

在汽车制造阶段，车用材料正由以钢为主的传统用材结构向钢铝混合、全铝车身、塑料复合材料和镁合金等多材料混合应用的趋势发展。汽车制造环节复杂，低碳工艺生产和资源配置协同难度较大，利用大数据、云计算、人工智能等新信息技术实现碳数据量化、碳数据优化、智能控制的生产数字化转型，是汽车行业低碳发展的必经路径。

在交通方面，借鉴世界优秀国家的经验，主要聚焦于建设智慧型交通，优化出行空间、路权配置等。此外，在众多碳减排驱动因素中，共享经济理念的传递能够为社会经济带来更高的效率。共享经济通过其经济活动组织方式的改变，相较于单一家庭而言，具有更大的社会群体支撑，表现出更大的碳减排潜力。因此，促进绿色共享出行全链条服务体验的提升也是主要的交通减碳途径。

二氧化碳捕集利用与封存技术（CCUS）能够实现电力、钢铁等行业的近零排放，有效降低汽车全生命周期电力和钢铁相关的温室气体排放。负排放CCUS 技术能够抵消汽车行业部分难减排的 CO_2，最终实现行业碳中和。

综上，本章聚焦汽车行业碳中和，从不同角度提出了电力清洁化转型、车辆电动化转型、燃料脱碳化转型、材料低碳化转型、生产数字化转型、交通智慧化转型、出行共享化转型、资源循环化转型、捕集利用和封存、产品生态化转型十大转型路径，如图5-1所示，分别设置了基准情景、汽车行业2060年前碳中和情景和汽车行业2050年前碳中和情景三个情景，在此基础上，充分讨论不同情景下不同路径的碳减排潜力。

图 5-1 汽车行业碳中和十大转型路径

5.1.2 情景设置

为了评估不同减排路径对汽车行业的减排效果，本研究基于一系列权威报告、行业信息、学术研究以及内部分析，每种情景中设定了不同减排参数，之后通过汽车车队碳足迹模型进行计算分析，评估不同情景下汽车单车碳足迹强度、车队碳足迹总量、燃料周期以及车辆周期碳排放占比的变化等信息。对于不同情景，本研究主要考虑电力清洁化转型、车辆电动化转型、燃料脱碳化转型、材料低碳化转型、生产数字化转型、交通智慧化转型、出行共享化转型、资源循环化转型、捕集利用和封存、汽车生态化转型十大减排路径，并分析其对汽车行业碳中和的影响。

1. 基准情景

基准情景基于我国现状设定，相关参数变化趋势与历史变化趋势接近，参数年变化率较为缓和。该情景中，非化石能源发电占比逐步提升，预计在2030年非化石能源发电占比为50%左右，2060年非化石能源发电占比为91%左右；车辆电动化比例稳步提升；氢燃料电池车销售量逐步提升，随后在新售车辆中保持一定比例；重点材料用能结构逐步优化；车辆生产能效逐步提升；车辆使用能效逐步提升；循环材料使用比例逐年稳步提升；车辆年行驶里程保持不变。

2. 汽车行业 2060 年前碳中和情景

汽车行业 2060 年前碳中和情景在现有基准情景的基础上，各项减排参数年变化率均有一定幅度的提升。该情景中，非化石能源发电占比逐年提升较大，预计在 2030 年非化石能源发电占比为 51% 左右，2060 年非化石能源发电占比为 94% 左右；车辆电动化比例提升较快；氢燃料电池车销售量逐步提升，随后在新售车辆中保持一定比例；重点材料用能结构优化较快；车辆生产能效年变化率增高；车辆使用能效年变化率增高；循环材料使用比例逐年提升较快；车辆年行驶里程小幅下降。

3. 汽车行业 2050 年前碳中和情景

汽车行业 2050 年前碳中和情景为最激进情景，相关减排参数均以减排最大值设定，各项参数年变化率大幅增加。该情景中，非化石能源发电占比逐年提升最快，预计在 2030 年非化石能源发电占比为 53% 左右，2060 年非化石能源发电占比为 97% 左右；车辆电动化比例大幅提升，传统燃料类型车预计在 2050 年退出市场；氢燃料电池车销售量逐步提升，随后在新售车辆中保持一定比例；重点材料能源结构优化迅速；车辆生产能效年变化率大幅增加；车辆使用能效年变化率快速提升；循环材料使用比例逐年大幅提升；车辆年行驶里程下降幅度较大。

5.2 碳中和转型十大路径

5.2.1 路径一：电力清洁化转型[①]

电力是落实国家"双碳"目标和实现能源低碳转型的重要领域。中国实现碳达峰碳中和时间短，任务重。欧盟等发达经济体二氧化碳排放已经达峰，从碳达峰到碳中和有 50～70 年过渡期。我国二氧化碳排放体量大，从碳达峰到碳中和仅有 30 年时间，任务更为艰巨。随着低碳转型的深入，电力已成为连接工业、建筑、交通、通信等各领域并促进经济社会低碳转型的支撑平台。与此同时，电力系统自身正经历着深刻的结构调整，传统"以火为主"的高碳发展模式逐渐转变，以风光为代表的新能源低碳发展模式逐渐呈现，新型电力系统逐步构建。

1. 电力行业低碳发展现状

（1）电力消费与生产供应

2022 年，全国全社会用电量 86369 亿 kW·h，比上年增长 3.6%；全国人均用电量为 6116kW·h/人，比上年提高 217kW·h/人。

截至 2022 年底，全国全口径发电装机容量 256794 万 kW，比上年增长 8.0%。其中，水电 41406 万 kW（抽水蓄能 4579 万 kW）；火电 133329 万 kW（煤电 112434 万 kW；气电 11565 万 kW）；核电 5553 万 kW；并网风电 36564 万 kW；并网太阳能发电 39268 万 kW。我国 1978—2022 年发电装机情况如图 5-2 所示。

[①] 除特别说明，本部分的电力数据及研究观点均来源于中国电力企业联合会。

第 5 章
面向碳中和的汽车行业低碳转型路径分析

图 5-2 我国 1978—2022 年发电装机情况

2020 年，全国全口径发电量为 76264 亿 kW·h，比上年增长 4.1%，增速比上年下降 0.7 个百分点。其中，水电 13553 亿 kW·h（抽水蓄能 335 亿 kW·h）；火电 51770 亿 kW·h，（煤电 46296 亿 kW·h；天然气 2525 亿 kW·h）；核电 3662 亿 kW·h；并网风电 4665 亿 kW·h；并网太阳能发电 2611 亿 kW·h。

我国 1978—2022 年发电量情况如图 5-3 所示。

图 5-3 我国 1978—2022 年发电量情况 ⊖

⊖ 发电量数据来源于国家统计局。

（2）电力绿色发展

截至 2022 年底，全国非化石能源发电装机容量 127601 万 kW，占全口径发电装机容量的 49.7%，比 2005 年增加 23.1 个百分点；达到超低排放限值的煤电机组约 10.5 亿 kW，约占全国煤电总装机容量 94%。2021 年，我国电能占终端能源消费比重为 27.0%，高于世界平均水平。2016—2021 年，电能替代累计新增用电量约 10810 亿 kW·h，对全社会用电增长的贡献率达到 40.6%，主要集中在工（农）业生产制造、清洁取暖、交通、电力供应与消费及家庭电气化等重要领域。

2022 年，全国 6000kW 及以上火电厂供电标准煤耗 300.7g/（kW·h），比上年降低 1.0g/（kW·h）；全国 6000kW 及以上电厂用电率为 4.49%，比上年增加 0.13 个百分点；全国线损率为 4.82%，比上年下降 0.43 个百分点；全国电力烟尘、二氧化硫、氮氧化物排放量分别约为 9.9 万 t、47.6 万 t、76.2 万 t，分别比上年下降 19.4%、13.0%、11.6%；单位火电发电量烟尘、二氧化硫、氮氧化物排放分别为 0.017g/（kW·h）、0.083g/（kW·h）、0.133g/（kW·h），分别比上年下降 0.005g/（kW·h）、0.018g/（kW·h）、0.019g/（kW·h）。

2022 年，全国单位火电发电量二氧化碳排放约 824g/（kW·h），比 2005 年下降 21.4%；全国单位发电量二氧化碳排放约 541g/（kW·h），比 2005 年下降 36.9%。以 2005 年为基准年，从 2006 年到 2022 年，通过发展非化石能源、降低供电煤耗和线损率等措施，电力行业累计减少二氧化碳排放约 247.3 亿 t。其中，非化石能源发展贡献率为 57.3%，供电煤耗降低对电力行业二氧化碳减排贡献率为 40.5%，降低线损的二氧化碳减排贡献率为 2.2%[1]。

2005—2022 年电力二氧化碳排放强度如图 5-4 所示，2006—2022 年各种措施减少二氧化碳排放效果如图 5-5 所示。

2. 电力行业碳达峰碳中和研究预测

从需求总量上看，我国经济发展长期向好，电力需求将持续保持刚性增长。预计到 2025 年，我国全社会用电量为 9.8 万亿 kW·h；预计到 2030 年，将达到 12 万亿 kW·h；预计到碳中和阶段，将达到 17 万亿 kW·h，相当于在 2022 年的 8.6 万亿 kW·h 基础上翻一番。传统的发展方式需要重大技术创新，全面系统地变革。

图 5-4　2005—2022 年电力二氧化碳排放强度

图 5-5　2006—2022 年各种措施减少二氧化碳排放的效果

从供应结构上看，持续加大非化石电力供给，有力支撑能源结构低碳转型。预计到 2030 年，非化石能源发电装机占比超过 60%，发电量占比达到 50% 左右，带动非化石能源占一次能源消费比重达到 28% 左右，经济社会发展全面绿色转型取得显著成效；到 2060 年，非化石能源发电装机量和发电量均达到 90% 左右，非化石能源消费占比达到 80% 以上，新能源发电量占比达到 55%，真正成为电量供应主体，绿色低碳循环发展的经济体系和清洁低碳安全高效的新型能源体系全面建立，电力行业有力保障全社会碳中和目标顺利实现。

从终端消费上看，我国终端电气化水平稳步提升，推动能源消费结构持续优化。预计到 2030 年，伴随着工业、建筑、交通等终端用能部门电能替代不断加强，电能占终端能源消费比重将达到 35% 左右。我国电气化进程将进入电气化中期转型阶段；到 2060 年，能源消费结构深刻调整，终端用能部门能源消费量持续降低，能效水平显著提升，电能占终端能源消费比重将上升至 70% 左右，我国电气化进程将进入电气化后期智慧化发展阶段。

3. 实施路径

（1）构建多元化能源供应体系

坚持集中式和分布式并举，全面推进风电、太阳能发电大规模开发。以西南地区主要河流为重点，积极推进流域大型水电基地建设。积极安全有序发展核电，因地制宜建设天然气调峰电站。按照"控制增量、优化存量"的原则，发挥煤电托底保供作用，适度安排煤电新增规模。因地制宜发展生物质发电，推进分布式能源发展。

（2）发挥电网基础平台作用

优化电网主网架建设，新增一批跨区跨省输电通道，建设先进智能配电网，提高资源优化配置能力。支持部分地区率先达峰。

（3）大力提升电气化水平

深入实施工业领域电气化升级，大力提升交通领域电气化水平，积极推动建筑领域电气化发展，加快乡村电气化提升工程建设。

（4）推动源网荷高效协同利用

多措并举提高系统调节能力，提升电力需求侧响应水平。推动源网荷储一体化和多能互补发展，推进电力系统数字化转型和智能化升级。

（5）大力推动技术创新

推动抽水蓄能、储氢、电池储能、固态电池、锂硫电池、金属空气电池等新型储能技术跨越式发展。促进低碳化发电技术广泛应用于智能电网技术迭代升级，加大前瞻性碳减排技术创新力度。

（6）强化电力安全意识

由于新能源发电具有随机性和间歇性的特点，使得电力供应安全、技术创新、电力电子设备的接入等方面的风险增加，应强化上述风险的识别。加强应急保障体系建设，防范电力安全重大风险。

（7）健全和完善市场机制

积极发挥碳市场低成本减碳作用，加快建设全国统一电力市场，持续深化电力市场建设。推动全国碳市场与电力市场协同发展。

5.2.2 路径二：车辆电动化转型

1. 全球新能源汽车产业发展

交通碳排放量约占全球能源相关碳排放量的四分之一[2]，交通领域脱碳是世界实现可持续发展目标和应对气候变化的关键一环，而从内燃机汽车到电动汽车的转型是交通能源变化中最明显、最直接的途径之一。

在第28届联合国气候变化大会（COP28）期间，多家汽车企业展现了发展电动汽车的决心。极氪汽车作为国内新势力纯电企业，在COP28上积极传播中国车企的减排贡献和低碳实践。比亚迪成为全球首个停止燃油车整车生产的车企，并在深圳全球总部打造了中国汽车品牌首个"零碳园区"，利用光伏、储能、新能源汽车和云巴等绿色解决方案，共计减排24.5万t二氧化碳当量。比亚迪还与拉丁美洲能源组织（OLADE）签署了合作协议，共同推进拉丁美洲和加勒比地区电动出行和能源转型[3]。沃尔沃宣布加速推进气候行动计划，到2030年成为纯电豪华车企，只销售纯电汽车，将单车碳排放量减少75%。

在全球应对气候变化、可持续发展的使命和目标下，多国积极出台碳中和相关产业政策和法规，完善电动汽车产业链，加速推广电动汽车，促进低碳环保出行。欧盟委员会2021年7月发布了欧盟绿色新政的核心政策——"Fit for 55"减排一揽子方案，修订新款轿车与轻型商用车的二氧化碳排放性能标准，提出包括能源、工业、运输和建筑供暖在内等12项政策，力争2030年底实现温室气体排放量较1990年减少55%的目标。在2023年3月28日，欧盟理事会通过了从 2035 年起禁售二氧化碳排放车的法案，为新车和货车设定了更严格的二氧化碳排放标准——与 2021 年相比，2030—2034 年，新车二氧化碳排放量减少 55%，新货车减少 50%；从 2035 年起，新车和货车的二氧化碳排放量减少 100%。如图 5-6 所示。美国 2021 年 8 月发布一条行政命令，提出在 2030 年纯电动汽车、插电式混合动力汽车和燃料电池汽车，要在所有新销售的乘用车中占一半比例。而根据 2020 年 12 月日本政府公布的"绿色增长计划"，未来 15 年内将淘汰燃油车，到 2035 年，电动车（包括混动车、燃料电池汽车）将替代燃油车，2050 年实现碳中和目标。

2024 年 2 月 29 日，苹果公司宣布停止造车，放弃了已经投入了数十亿美金的电动汽车计划（2014 年启动的"泰坦计划"），这应该是全球汽车行业最重磅的事件之一。与此同时，奔驰也宣布了推迟电动化目标，将原先"2030 年全面电动化，停止内燃机"的目标调整为到 21 世纪 20 年代下半叶包括混合动力车在内的电动化车辆销量将占其总销量的 50%。2023 年 10 月，福特宣布推迟 120 亿美元的电动汽车投资计划。2023 年 12 月，奥迪宣布将放缓推出电动汽车的速度，并继续推广内燃机、插电式混合动力汽车。各大车企电动化转型策略和时间如图 5-7 所示。

尽管欧美车企电动化转型的节奏发生了变化，新能源汽车依然是为全球汽车产业转型发展的主要方向和促进世界经济持续增长的重要引擎，如图 5-8 所示。全球的电动车销量和渗透率也在持续攀升，并且预计未来 10 年还会持续攀升[4]（数据来自于 EV-Volumes），如图 5-9 所示，电动化趋势不可逆转。

2. 中国新能源汽车产业发展

2020 年 9 月 22 日，习近平主席在第 75 届联合国大会一般性辩论上宣布中国二氧化碳排放力争于 2030 年前达到峰值，努力争取 2060 年前实现碳中和。作为重要的碳排放来源和能源消耗大户，汽车领域的碳减排和低碳化也影响着中国双碳目标的实现。而汽车全生命周期碳足迹中，燃料周期（燃料使用和燃料生产）的碳排放占比最大，因此，在推动汽车领域碳减排过程中，发展新能源汽车是必然的，同时也是中国从汽车大国迈向汽车强国的必由之路。

100% 逐步停止销售或注册新 ICE 汽车的政府目标（状态：2024 年 3 月）

- 2040 加拿大
- 2030 华盛顿州
- 2035 加利福尼亚州
- 2030 美国（50%的新车为BEV、PHEV和FCEV）
- 2050 哥斯达黎加
- 2030 冰岛
- 2025 挪威
- 2035 英国
- 2030 瑞典
- 2030 爱尔兰
- 2030 丹麦
- 2030 荷兰
- 2050 德国
- 2040 法国
- 2030 新洛文尼亚
- 2040 西班牙
- 2040 葡萄牙
- 2040 以色列
- 2040 斯里兰卡
- 2035 佛得角
- 2035 日本
- 2030 韩国 (33% BEV/FCEV)
- 2030 印度 (30% BEV)
- 2030 新加坡

2035 Fit for 55 一揽子计划
欧盟理事会通过新车和货车CO₂排放法规
- 与2021年相比，2030—2034年新车二氧化碳排放量减少55%，新货车的二氧化碳排放量减少50%
- 从2035年起，新车和货车的二氧化碳排放量减少100%

目标悬只允许销售或注册新BEV、FCEV和PHEV的地区
- 2025
- 2030
- 2035
- 2040
- 2050
- 2030（50%的新车为BEV、PHEV和FCEV）
- 2030（50%的新车为BEV、PHEV和FCEV）到2030年约30%的纯电动车销售比例
- 欧盟Fit for 55 (2035)

图 5-6 逐步停止销售或注册新内燃机汽车的政府目标时间

OEM 电动化转型

- 2030 欧洲销量80%为BEV，北美55% BEV 20%，2030 50%，2040 100%
- 2026 高端系列BEV 100%，2033 停止销售ICEV
- 2025 BEV/PHEV 50%，2030 BEV 80%
- 2030 xEV占销量50%
- 2030 BEV 50%，Rolls-Royce & Mini 100% BEV
- 2030 欧洲乘用车 100% BEV 美国乘用车 50% BEV
- 2024 首款Land Rover BEV车型 2025 捷豹品牌 2026 4款姐姐、发现、卫士等 BEV车型
- 2026 Alpine品牌全电动 2030 雷诺品牌欧洲市场 100% BEV
- 2030 100% 零排放车型
- 2025 BEV 50% 2030 BEV 100%
- 2026 BEV 14% 2035 Lexus BEV 100% 2035 西欧市场 100%零排放车型
- 2026 44% EV 2030 日产+英菲尼迪 55% 电气化(全球)
- 2035 停止销售ICE车型(欧洲) 2040 主要市场淘汰ICE车型
- 2040 BEV/FCEV 100%

图 5-7 各大车企电动化转型策略和时间

图 5-8　2014—2023 年全球电动乘用车年销量和渗透率（数据来源：EV-Volumes）

图 5-9　2015—2035 年全球电动乘用车年销量和渗透率（数据来源：EV-Volumes）

国务院办公厅 2020 年 10 月 20 日发布了《新能源汽车产业发展规划（2021—2035 年）》[5]，对我国"十四五"及中长期的新能源汽车产业发展进行了总体部署，明确了发展愿景和五个方面的重点任务，提出保障措施，为行业发展提供了总体方向。

10月27日，由工业和信息化部装备工业一司指导，中国汽车工程学会牵头组织编写的《节能与新能源汽车技术路线图2.0》（简称《路线图2.0》）正式发布。基于汽车技术发展的社会愿景和产业愿景，坚持纯电驱动发展战略，提出面向2035年的六大总体目标，其中包括我国汽车产业碳排放总量先于国家碳排放承诺于2028年左右提前达到峰值，到2035年碳排放总量较峰值下降20%以上；新能源汽车逐渐成为主流产品，汽车产业基本实现电动化转型，分别以2025年、2030年、2035年为关键节点。预计至2035年，我国节能汽车与新能源汽车年销售量各占50%，汽车产业实现电动化转型。2024年1月17日，《节能与新能源汽车技术路线图3.0》（简称《路线图3.0》）修订工作全面启动。

实际上，我国电动化转型成效显著，新能源汽车市场渗透率稳步提高，产业规模化速度加快。2019年，受汽车产业周期性波动、补贴退坡、传统汽车促销等因素影响，新能源汽车市场首次出现下滑，发展不及预期。2020年上半年，新能源汽车市场受疫情影响表现不佳，但下半年市场呈现强劲增长态势，全年新能源汽车销量136.7万辆，同比增长10.9%。2021年我国汽车产销量同比呈现增长，结束了2018年以来连续三年的下降局面，如图5-10所示。新能源汽车成为最大亮点，全年销量超过350万辆，市场占有率提升至13.4%，进一步说明了新能源汽车市场已经从政策驱动转向市场拉动。2022年，我国新能源汽车市场继续保持强劲增长势头。根据中国汽车工业协会的数据，2022年新能源汽车产销分别完成705.8万辆

图5-10 我国新能源汽车历年销量情况

和688.7万辆，同比分别增长96.9%和93.4%，市场占有率提升至25.6%（图5-11）。2023年新能源汽车产销分别完成958.7万辆和949.5万辆，同比分别增长35.8%和37.9%，市场占有率达到31.6%。综合来看，2022年和2023年，我国新能源汽车市场持续高速增长，产销量连创新高，市场占有率不断提升，成为全球新能源汽车市场的重要引擎。

图5-11 我国新能源汽车历年市场渗透率

就汽车全生命周期碳足迹而言，车辆使用阶段碳排放占比最高。如3.4节介绍，2022年我国乘用车燃料周期碳排放占汽车总碳排放的69.8%，约为5.65亿tCO_2e；2023年我国乘用车燃料周期碳排放占汽车总碳排放的68.4%，约为5.88亿tCO_2e。因此，加速推动传统燃油汽车向零排放汽车的转型是尽早实现汽车领域碳达峰和碳减排的最重要途径。本书以《路线图3.0》中关键参数目标为基础，并参考《新能源汽车产业发展规划（2021—2035年）》《乘用车燃料消耗量限值》等现行规划、技术指导文件与相关标准中的技术目标值，以及国际清洁交通委员会、中国汽车工业协会和国际能源署等发布的研究报告作为补充。如图5-12、图5-13所示，在基准情景下，2030年和2060年乘用车电动化比例分别为52.8%和89.1%，商用车电动化比例分别为27.4%和49.6%；在汽车行业2060年前碳中和情景下，2030年和2060年乘用车电动化比例分别为57.6%和90.0%，商用车电动化比例分别为26.9%和55.3%；汽车行业2050年前碳中和情景下，2030年和2060年乘用车电动化比例分别为62.4%和90.0%，商用车电动化比例分别为32.1%和54.4%。

图 5-12　三种情景下乘用车新车销量中各类燃料类型占比

a) 基准情景

b) 汽车行业2060年前碳中和情景

第 5 章
面向碳中和的汽车行业低碳转型路径分析

■ 插电混　■ 柴油　■ 常规混　■ 纯电动　■ 汽油　■ 氢燃料

c) 汽车行业2050年前碳中和情景

图 5-12　三种情景下乘用车新车销量中各类燃料类型占比（续）

■ 柴油　■ 纯电动　■ 混合动力　■ 汽油　■ 氢燃料　■ 天然气

a) 基准情景

图 5-13　三种情景下商用车新车销量中各类燃料类型占比

b) 汽车行业2060年前碳中和情景

c) 汽车行业2050年前碳中和情景

图 5-13　三种情景下商用车新车销量中各类燃料类型占比（续）

在乘用车能效提升参数设置上，以 2021 年的能效水平为基准，未来，不同类型乘用车能效水平将有不同程度的提升。随着不同情景的减排强度增加，柴油／汽油乘用车燃油消耗、混合动力乘用车燃油消耗、纯电动乘用车电量消耗水平下降幅度较小，氢燃料电池乘用车燃料消耗水平降幅约为30%。未来随着时间的推移，不同能耗水平将均有较大幅度下降，其中氢燃料电池乘用车燃料消耗水平降幅最大，可达50%。

按照《路线图3.0》，我国新能源汽车总体渗透率规划2025年为20%、2030年为40%、2035年为50%。实际上，伴随全球碳中和的发展趋势，用户和消费者的低碳和节能环保意识持续提升，用户和消费者对新能源汽车的接受度也持续提高[6]，根据乘联会2024年6月公布的数据，5月国内零售渗透率47.0%，较去年同期33%的渗透率提升14个百分点。中国自主新能源汽车的代表企业比亚迪新能源乘用车2023全年总销量增长迅速，突破300万辆；造车新势力代表"蔚小理"（蔚来，小鹏，理想）全年总销量也突破65万辆。

充电基础设施的完备也加速推动电动汽车发展。《新能源汽车产业发展规划（2021—2035）》也明确提出了加快充换电基础设施建设，提升充电基础设施服务水平。2022年1月国家发展改革委等部委为全面贯彻落实发展规划，支撑新能源汽车产业发展，突破充电基础设施发展瓶颈，推动构建新型电力系统，助力"双碳"目标实现，明确了到"十四五"末，我国电动汽车充电保障能力进一步提升，形成适度超前、布局均衡、智能高效的充电基础设施体系，能够满足超过2000万辆电动汽车充电需求。

能否有效突破充电瓶颈对于道路交通的低碳化目标同样将产生显著的影响，用户的里程焦虑更多是对于充换电便利性和时效性的焦虑，当充换电和现在的加油一样方便快捷，甚至比加油更便利（例如家充）时，更多的用户自然而然就会选择更加环保智能舒适的电动车。

加强新能源汽车与电网（V2G）能量互动，促进新能源汽车与可再生能源高效协同，充分发挥电动汽车的"电力海绵"效应[7]，助力未来道路交通领域能够通过"储放绿电"取得"外部煤电替代减碳效应"，实现能源汽车总体的"净负碳排放效益"。按照政策目标场景，如我国可在2025年左右开始具备V2G规模商用条件，则到2035年我国V2G车辆在私人和单位用车的总保有量中占比接近一半，总量达到1亿辆，每年通过"储放绿电"替代煤电规模的潜力超过7000亿kW·h，每年的"外部煤电替代减排效益"可以达到8亿t

以上。如果将 V2G 车辆的"外部煤电替代减排效益"计作道路交通领域的减排贡献，则 2035 年之后，新能源汽车有望帮助道路交通领域实现整体"净负碳排放"，并帮助工业和建筑等其他领域提升绿电消费比例，实现深度减碳，为我国实现碳中和目标做出积极贡献[8]。2024 年 1 月 4 日，国家发展改革委、国家能源局、工业和信息化部、市场监督管理总局联合发布《关于加强新能源汽车与电网融合互动的实施意见》，明确提出培育车网融合互动新型产业生态，到 2030 年车网互动实现规模化应用，力争为电力系统提供千万千瓦级的双向灵活性调节能力。政策上的助力，推进 V2G 和虚拟电厂快速发展，例如蔚来汽车与中国南方电网合作推动充换电站、储能站、可调负荷等聚合资源接入虚拟电厂平台，为电网提供调峰、调频、需求侧响应服务，提升资产运营效率和效益；推动换电站作为分布式储能的商业应用，同时为智能电动汽车用户带来更便捷的加电和出行体验，并共同助力"双碳"目标的实现。

由此可见，为了应对全球气候变化和我国"双碳"目标的提出，加速了电动车的蓬勃发展，电网清洁化的加持，更加有助于汽车全生命周期的低碳化。绿色低碳发展的社会需求，必然推动电动车在低碳材料的应用、轻量化和能效的提升、动力蓄电池的梯次回收利用、循环材料等新技术的创新和突破。电动化和低碳化相辅相成，相互促进，推动着中国汽车产业持续升级，高质量发展。建议下一步面向碳中和目标，汽车电动化转型还应做好政策和技术"两手抓两手都要硬"，一只手抓政策法规建设，依据国家电动化的不同发展阶段，动态调整相应的政策和法规，采用最适合中国国情的低碳化策略，并加强国际规则协同；另一只手抓低碳核心技术研发，深入推进汽车全产业链的碳足迹研究，突破碳排放数据、模型算法、低碳技术等方面的低碳核心瓶颈技术，携手汽车全价值链迈向碳中和。

5.2.3 路径三：燃料脱碳化转型

石油是中国第二大能源（仅次于煤炭），2019 年约占全国能源供应的 19%[9]。2019 年我国二氧化碳排放量达到 14.17 亿 t[10]，使用石油产品约占总二氧化碳排放量的 14%。我国的石油需求主要由交通运输业拉动，占石油产品（汽油和柴油）总量的 55% 以上[11]，交通运输业的飞速发展带动了石油需求大幅增长，近十年来年均增长率约为6%[12]。虽然电动汽车等替代动力系统正在快速增长，据国际能源署（IEA）预计，由于我国城市化进程的加快和交通行业的发展，未来十年我国石油需求将继续上升[13]。因此，减少以石油燃料为动力的传统汽车排放是我国交通运输业脱碳的重要手段。除了依赖于车辆效率技术进步来提高燃料使用效率，降低温室气体（GHG）的排放，减少石油燃料全生命周期（WTW）的温室气体排放也是非常有效的手段，其中包括原油开采、炼制以及使用低碳燃料作为混合组分进行改进。

原油开采、运输和炼制能源消耗高，二氧化碳排放高。在全球范围内，这一产业约消耗3%~4%的一次能源[14]，占9%的温室气体排放[15]。在我国，能源生产阶段（WTP）的温室气体总量约占道路运输温室气体总量的18%[中国汽车生命周期数据库（CALCD）[16]]。为了使这一产业在气候变化目标中发挥作用，改进原油开采和炼制过程至关重要。许多研究均强调了减少现有设施温室气体排放的方案，包括改进日常维护，以便减少天然气燃除和甲烷泄漏[17]，二氧化碳捕获、储存和再利用[18]，以及整合可再生能源和低碳能源，以供现场使用[19]。

此外，包括生物燃料（从可持续生物质原料生产）和合成燃料（即从回收的二氧化碳和绿色氢气制取）在内的低碳燃料混合可显著降低内燃机车的全生命周期碳排放强度。合成燃料作为一种前景可观的解决方案在全球赢得了广泛关注[20, 21]，因为其完全适用于现有的基础设施和车辆[22]。合成燃料的即用能力接近100%，使内燃机技术和化石基础设施成为气候解决方案的重要组成部分。目前，合成燃料的产量有限，但也许会随着政策支持和技术创新而有所增加。在欧盟国家，根据经重新修订的可再生能源指令（RED-II），合成燃料被认为是实现2030年交通运输业可再生能源目标的有效途径之一[23]。中国科学院（CAS）提出了合成燃料相关愿景和战略[24]。由中国科学院大连化学物理研究所（DICP）和珠海市福沺能源科技有限公司联合开发的1000t产能中试装置在山东省开车，凭借首创的金属催化技术，利用二氧化碳和氢气为原料生产合成汽油[25]。

本节依据文献研究成果，对改进温室气体排放潜力进行定量评估，并基于此来研究可行的内燃机燃料脱碳途径。

1. 原油生产

作为世界上最大的石油进口国，我国接收来自世界各地众多油田的原油。2022年，我国每天进口约820万桶（MMbbld）原油，约占原油总需求的71.4%[12]。沙特阿拉伯和俄罗斯是我国最大的两大石油供应国，2022年分别占约12.3%和12.1%的市场份额。其他中东国家（如伊拉克、阿曼）和西非国家（如安哥拉）也对我国原油进口贡献显著，如图5-14所示。

a) 中国原油供应量前25名国家市场份额①(2018—2022年)

b) 中国原油供应量前25名国家的温室气体排放强度②

图 5-14 按国家划分的中国原油结构和温室气体排放强度

（自2018年以来，超过97%的原油份额）
① 中国海关数据库[4]。
② M.S. Masnadi 等人，Science 361，6405（2018）[9]。

我国进口原油的温室气体排放强度存在较大差异，如图5-14所示，进口原油市场份额前25名石油供应国加权平均温室气体排放强度介于4.6gCO$_2$e/MJ（来自沙特阿拉伯）和29.2gCO$_2$e/MJ（来自刚果）之间[17]。影响原油的温室气体排放强度的关键因素包括原油密度和燃除天然气作业。

具有较高温室气体排放强度的油田（例如，来自委内瑞拉和加拿大）主要生产非常规原油，如焦油砂和超重油，需要采取高耗能开采（露天采矿或蒸汽辅助重力泄油）和升级工艺。某些常规原油生产商（如俄罗斯、伊朗、伊拉克和美国）的燃除天然气强度较高[26]，导致温室气体排放强度增加。由于沙特阿拉伯燃除天然气强度较低，含水量开采较少（单位产油量提质少，表面处理能耗低）且油藏高产，其国家层面温室气体排放强度最低。与其他许多国家相比，我国国内油田生产的原油由于燃除天然气强度不高，其温室气体排放强度相对较低[26, 27]。

这意味着我国可通过优化原油供应结构来实现进口原油脱碳。为方便讨论起见，按照国家层面的温室气体排放强度，将我国的进口原油供应分为三大类，见表5-1。2018—2022年期间，超半数进口原油总量的排放低于8gCO₂e/MJ，市场份额增长了6.5%，而温室气体排放强度较高（>12gCO₂e/MJ）的国家所占份额在过去三年中有所下降。因此，自2018年以来，我国加权平均原油消费的平均温室气体排放强度逐年下降，如图5-15所示。

表 5-1　按温室气体排放强度划分的中国原油份额（前 25 名国家）

温室气体排放强度分类	2018 年	2019 年	2020 年	2021 年	2022 年
< 8gCO₂ e/MJ	52.2%	54.0%	55.5%	58.7%	59.1%
8 ~ 12gCO₂ e/MJ	26.7%	26.8%	28.2%	27.0%	26.8%
> 12gCO₂ e/MJ	18.1%	16.3%	13.6%	12.8%	12.6%

a) 中国原油消费加权平均温室气体排放强度(2018—2022年)

b) 原油生产阶段温室气体减排途径

图 5-15　我国加权平均原油温室气体排放强度及减排潜力

全球角度来看，原油开采可考虑几种重要的温室气体减排措施（图 5-15b）。基于利用开源石油行业 LCA 建模工具——OPGEE 所得到的普通油田相关结果[28]，燃除天然气、排放和逸出是油田温室气体排放的主要来源，通常与基础设施问题和运营规范有关。如果将天然气燃除强度从每生产一桶石油燃烧 155scf（2015 年的全球平均值）降低到 20scf 气体（scf/bbl）（2015 年全球油田排名第 25 位[17]），则温室气体排放强度可降低 20%（据报道，2015 年我国的国内燃烧强度约为 47scf/bbl[28]）。此外，如果能够改进日常维护，将排放和逸出气体从 2015 年全球平均 2.2gCO$_2$e/MJ（根据挪威 2015 年国家平均值计算）降低到 0.2gCO$_2$e/MJ，可使温室气体排放强度再降低 25%。

2. 石油炼制

石油炼制的温室气体排放密集程度主要取决于其炼制工艺的复杂性以及原油重馏分的加工方式。2015 年，我国超过 75% 的炼油厂采用焦化深度转化炼油方式，能源消耗量和温室气体排放量较高。每桶原油所排放的二氧化碳当量是典型轻度加氢炼油厂的 3 倍[19]。中国典型炼油厂排放强度约 5.9 ~ 11.8gCO$_2$e/MJ，其加权平均温室气体排放强度为 9gCO$_2$e/MJ[19]，如图 5-16 所示。

a) 典型中国炼油厂温室气体排放强度①

b) 原油炼制温室气体排放减排路径①

图 5-16 中国炼油工业的温室气体排放强度及缓解潜力

① L. Jing 等人，*Nat. Clim. Chang.* 10，526-532（2020）[11]。

对于典型的深度转化焦化炼油厂，温室气体主要来自加氢处理装置（占39%）、流化催化裂化（占19%）和油气加氢裂化装置（占15%），而关键的温室气体减排措施包括利用碳捕获技术（CC）和使用低碳能源。根据国际能源署温室气体研发计划[29]，在炼油厂使用碳捕捉技术可实现碳排放量降低17%~48%。Jing等人[19]测算，在低投资决策情形下，通过捕获用于制氢的流化催化裂化和蒸汽甲烷重整（SMR）设备所产生的二氧化碳，全球炼油碳排放量可能减少11%，而在高投资决策情形下，通过扩大部署碳捕获，并使用低碳蒸汽和电力，全球炼油碳排放量可能减少58%，如图5-16所示。

3. 合成燃料混合

合成燃料是指通过化学方式合成液态或气态碳氢燃料。氢气来源于低碳电力（通过电解水），而二氧化碳原料可以直接从大气中捕获[直接空气捕获（DAC）]，或者从点源（例如，工业生产过程）捕获。该合成工艺可生产合成柴油/汽油、甲醇、二甲醚（DME）或其他燃料，可用于道路车辆、飞机或船舶等许多运输应用，如图5-17所示。

图5-17 合成燃料生产路线示例（图片由阿美石油公司提供）

合成燃料能够有效利用可再生能源（风能和太阳能），同时还能够为电网的低碳化提供稳定性。此外，还可以规避处理氢气[30]（例如储存和运输）所带来的挑战。合成汽油和柴油可用于现有基础设施，通过逐步增加其在常规汽柴油的浓度来降低碳排放强度。与受限于车辆置换速率的其他替代动力总成解决方案不同，低碳合成燃料能够为交通运输业带来更迅速的脱碳潜力。

图 5-18 显示了基于文献的合成燃料的全生命周期温室气体排放强度。与传统的石油燃料（根据中国汽车生命周期数据库，柴油的排放强度为 87.5 gCO_2e/MJ）相比，低碳合成燃料可以减少 70% 以上的温室气体排放。以下文献数据主要是合成柴油，但如 Ueckerdt 等人[31]所指出的那样，当生产工艺涉及低碳途径时，合成汽油和合成柴油的碳排放强度并无显著差异。

图 5-18 相对于石油燃料（柴油），合成燃料的原材料开采到能源使用全过程温室气体排放强度

4. 可行的脱碳途径

在未来一段时间内，依赖石油燃料的内燃机汽车依旧在道路车辆中占据很大份额。如前文所述，无论是在石油燃料制造过程中，还是在整体燃料混合中逐步增加低碳合成燃料的浓度，均可显著潜力降低石油燃料的温室气体排放。考虑到低碳替代动力总成的效益往往受到市场中车辆置换速率缓慢的

限制，这一方面显得尤为重要。此外，低碳液体燃料可促进重型汽车、航空和航运等难以减排的运输行业的脱碳进程，而在这些行业，替代方案的前景更为有限。

图 5-19 给出了石油燃料在每个生命周期阶段通过部署各种减排措施而可能实现的降碳潜力。逐步部署的技术包括：①通过改进作业方式，并减少原油生产过程中的泄漏，减少因燃除天然气、甲烷排放和逸出造成的排放；②在炼油厂内采用碳捕获技术，同时使用低碳能源（蒸汽、电力等）；③逐步增加传统汽柴油中低碳合成燃料的含量。图 5-19 中假设合成燃料的平均碳排放强度为 14gCO_2e/MJ，但其误差线反映了与使用 3.9 ~ 29gCO_2e/MJ 范围内的合成燃料碳排放强度相关的变化情况。由此可以看出，这一系列的减排措施有可能实现大规模的温室气体减排，其中当燃料中含有 60% 的低碳合成燃料时，可实现高达 55% 的温室气体减排。

图 5-19 以石油为主的运输燃料可行的脱碳途径（误差线反映了合成燃料温室气体排放强度的变化情况）

本节论述了中国道路运输业可能采取的配套脱碳途径。然而，这种措施成功与否，需要制定一个适宜的政策框架来达到低碳技术引资目的，特别是要实现低碳合成燃料的开发和部署规模化。为针对交通运输业提出有效脱碳战略，还需要提供生命周期评估导向的政策决策，整合全部技术及所有能源，来推进我国交通领域的低碳化。

5.2.4 路径四：材料低碳化转型

1. 钢铁材料低碳转型路径分析

（1）钢铁的重要性

钢铁是现代人类社会最常用的材料之一，广泛应用于建筑、机械、汽车、造船、家电、五金工具等行业。钢铁具有优异的循环利用性能，极易通过简单的设备进行回收，并且可以无限次循环利用而不损失物理和化学性能。

根据世界钢铁协会（World Steel Association）的估算，汽车是钢铁材料的第三大用户行业，约占全球钢铁消费量的12%，仅次于建筑（51%）和机械电气（16%）[35]。

（2）钢铁材料的碳排放现状

钢铁行业是全球碳排放量最大的工业行业，排放总量仅次于能源和交通行业。钢铁行业的碳排放量占全球排放总量的大约7%[36]，而在我国这个数字是17%。2020年，全球钢铁工业的碳排放总量为34.4亿t，其中直接排放量26.0亿t，占76%，间接排放量8.4亿t，占24%[37]。

全球平均每吨钢的碳排放量约为1.92t（含间接排放），使用废钢比使用铁矿石每吨钢的碳排放量可以减少1.5t。因此，长流程是未来我国钢铁材料实现低碳转型的突破口和难点。

钢铁是最难实现碳中和的行业之一。钢铁是最大的耗煤工业，仅次于火力发电，目前全球钢铁工业所需的能源中，约75%直接或间接来自煤炭。我国钢铁工业的能源结构中，近90%为煤炭。

作为国民经济的中间和中坚产业，钢铁行业的产业链长而复杂，涉及上游的矿业、物流、能源，和下游的诸多国民经济部门，如基础设施、房地产、机械、汽车、造船、家电、金属制品等，涉及的就业面非常大，对民生的影响巨大。钢铁行业的现有工艺技术成熟，规模效益接近理论上的极限，资源和能源利用效率高，全球化的物流体系高效健全。基于此，大部分钢铁企业推动低碳转型的动力相对不足。

（3）钢铁材料实现低碳转型的基本路径

2020年底，在世界钢铁协会及全球各地相关企业和研究机构的支持下，国际能源署（IEA）发布了《钢铁行业低碳技术路线图》(*Iron and Steel Technology Roadmap*)，对 2070 年实现全球钢铁工业碳排放总量比 2019 年下降 90% 的可能路径进行了分析。2021 年 5 月，世界钢铁协会发布了《气候变化与钢铁生产》的立场文件，阐明了全球钢铁工业实现低碳发展的主要途径。综合而言，从短期、中期和远期来看，全球钢铁工业应该从下列三个方面着手降低吨钢碳排放强度。

1）提升现有技术装备的能效水平。 现代钢铁工业经过 150 多年的发展，通过持续的技术创新和设备改造，在能源利用效率领域已经趋近现有工艺和设备可能达到的理论极限。但是，在全球范围内，各个国家和地区之间的发展还不均衡，部分先进钢铁企业的能源效率已经接近理论极限，而大部分钢铁企业的能源效率仍然有进一步提升的空间。根据世界钢铁协会的统计，在同类工艺技术、同类装备、同类原燃料的情况下，部分落后钢铁企业的能耗强度比最先进企业的能耗水平高出 30%~50%。如果把落后钢铁企业的能效水平提高到先进企业的水平，据粗略估计，全球钢铁行业的吨钢能效水平有望提高 10%~15%，由此可以带来幅度相当的吨钢碳排放强度下降。这个碳减排路径不需要大量的资金投入，只需对现有工艺和设备进行小规模改造，或者推广先进的管理方法即可实现，是短期内降低吨钢碳排放强度的有效途径。

要实现落后企业的能效水平向先进企业看齐，可以从四个方面开展工作。一是提高资源利用效率，采用最具经济可行性的原料资源，包括优质的铁矿石、废钢铁、煤炭、天然气、辅助原料等，提高高品位原料（尤其是铁矿石和煤炭）的利用，减少杂质成分高、冶炼难度大的原料的使用，并考虑在原料开采环节对原矿进行精加工，减少冶炼环节的能耗和炉渣的产量。二是降低每吨钢的能源强度，在工艺技术的各个环节，如能源的运输、储存、转换、设备供电等环节，通过改造采用最新的技术设备和实践经验，把能源强度降低到最低水平。三是提高工艺装备的可靠性，通过采用现代化的管理系统和经验，最大化地利用现有装备，提高设备的有效运行时间，减少装备的闲置、周转和故障维修时间，从而减少相应的能源浪费，提高各个工艺环节的生产效率。四是提高工艺收得率，通过技术改造和加强生产现场管理，把各个工艺环节的铁元素损失降到最低水平，并通过先进技术把含铁副产品进行全面回收再利用，实现铁元素回收率的最大化，减少对初级原料和燃料的消耗。

2）充分利用废钢资源。 尽管对现有工艺和装备进行技术改造可以实现能效水平的提高，但其提高空间有限，仅具有短期效应。从中期来看，要实现吨钢碳排放强度的进一步下降，需要充分利用废钢资源。根据世界钢铁协会的估算，每利用 1t 废钢，可以节约铁矿石 1.4t，节约煤炭 0.74t，可以相应减少碳排放 1.5t。

根据世界钢铁协会的估算，目前全球每年回收利用的废钢大约 7 亿 t，其中 2.5 亿 t 在我国，利用回收废钢生产的粗钢占全球钢产量的 32% 左右，其中在我国这一占比约为 22%。未来全球废钢资源量将稳步上升，预计 2030 年将增加到 8.5 亿 t 左右，2050 年将增加到 11.5 亿 t 左右，其中我国国内的废钢资源量将在 2030 年增加到 3.2 亿 t 左右，2050 年增加到 4 亿 t 左右。

充分利用废钢资源，最佳途径是利用电炉工艺部分替代传统的高炉-转炉工艺，即在废钢资源充分的地区，停止新建高炉-转炉产能，新增电炉产能，并考虑把部分现有的高炉-转炉产能替换为电炉产能。

3）开发突破性的新一代钢铁生产技术。 根据世界钢铁协会和国际能源署的估算，全球钢铁消费量预计将从 2021 年的 19.5 亿 t 上升到 2050 年的 21.5 亿 t 左右。由于全球钢铁需求量巨大而废钢资源有限，充分利用废钢资源仍然不能满足钢铁生产的需求。从长期来看，开发新一代的钢铁生产技术是钢铁行业实现碳中和的必由之路。

截至 2024 年底，全球已经有 50 家钢铁企业发布了明确的碳中和目标，占全球钢铁总产能的 50% 左右，包括中国的宝武钢铁集团、鞍钢集团、河钢集团、包钢集团和南钢集团等。这些企业中的大部分宣布到 2030 年将碳排放量减少 30%，2050 年以前实现碳中和。瑞典的 SSAB 钢铁公司已经将该公司的碳中和目标从此前的 2045 年大幅提前至 2030 年实现，即从 2030 年开始，SSAB 公司生产的汽车用钢将全部实现近零排放。为了实现碳中和目标，全球领先的钢铁企业已经积极行动起来，投入大量资源开展新一代以氢冶金为主流的钢铁生产技术研发。

欧洲、美国、日本和韩国钢铁企业在新一代钢铁生产技术的研发方面起步较早，部分企业在 20 多年前即已开始前期研究，但是进展缓慢。自 2015 年《巴黎协定》签署后，以 SSAB、蒂森克虏伯、安赛乐米塔尔、萨尔茨吉特、奥钢联为代表的欧洲企业加大了研发投入力度，在新一代技术的研发中暂时处于领先地位，并推动了其他地区钢铁企业的研发决心和投入。2021 年 11 月，宝武钢铁集团启动成立全球低碳冶金创新联盟，该联盟已经先期启动首批 25 个科研项目，研究重点是氢冶金和全氧碳循环高炉生产技术。河钢集团在河北张家口市新建一座年产量 60 万 t 的氢基直接还原铁工厂，已经于 2022 年 12 月正式投产，该厂产能将在几年内翻一番。我国第二大民营钢企建龙集团也启动了脱碳项目，2021 年 4 月，该公司在内蒙古兴建的 30 万 t 氢能直接还原铁工厂投产。2022 年 2 月，宝武集团启动了在湛江钢铁基地建设 100 万 t/年的氢基直接还原项目，一期工程已经于 2023 年 12 月正式投产。

作为新一代的生产技术，氢冶金技术基础弱、难度大、资金投入多、研发周期长，短期内难以替代传统的生产工艺。根据部分企业公开的信息，最早可能投入中等商业规模生产的全绿氢钢铁生产企业，是瑞典钢铁公司（SSAB）位于瑞典 Lulea 的 Hybritt 项目，该项目计划从 2026 年开始向沃尔沃等汽车企业供应量产的无化石燃料生产的近零碳排放钢板。除此之外，大部分钢铁企业的研发项目需到 2030 年甚至 2035 年左右才能投入大规模商业化生产。而以 Boston Metal 公司为主导的另一类新型生产工艺——电解还原技术，则预计难以在 2040 年前实现规模化应用。

与新一代钢铁生产技术研发同步进行的，还有二氧化碳捕集、利用和封存技术（CCUS）在钢铁行业的应用研发。目前，利用从钢厂捕集的二氧化碳生产甲醇、乙醇等技术已经经过首钢集团、建龙集团等少数企业的验证，基本成熟，但是面临成本较高、规模效益不佳的挑战。安赛乐米塔尔等欧洲钢铁企业也在规划建设 CCUS 项目，但是大规模用于钢铁行业的二氧化碳利用和封存，尤其是碳封存（目前尚无应用案例），预计将在 2035 年以后，如图 5-20 所示。

综合上述减碳技术路径的实现程度和实现时间，预计全球钢铁材料的吨钢碳排放强度将逐渐下降，到 2050 年碳排放强度将比 2019 年下降 65% 左右，如图 5-21 所示。在 2025 年之前，通过全球范围内的能效对标和能效升级行动，在钢铁产量保持增长的前提下，可以使碳排放总量和排放强度均出现一定程度的下降。2025年后，全球钢铁需求保持微弱增长，但是能效水平的提升叠加废钢的大量使用，以及新一代低碳生产技术的逐渐推广应用，钢铁行业的碳排放总量和排放强度将出现稳步下降。

图 5-20　钢铁材料减碳技术路径和预期的实现时间

图 5-21　国际能源署可持续发展情景下的 2019—2050 年钢铁生产、碳排放和碳强度趋势

年份	2019	2025	2030	2035	2040	2045	2050
钢铁产量	100	108	108.5	109.5	110.5	113.5	114.5
碳排放总量	100	96.5	88	79.5	68	59.5	46
碳排放强度	100	90.5	78.5	66.5	56	46	35.5

尽管各国 / 地区政府制定了新的政策措施并采取了大量行动，推动钢铁材料的低碳转型，但钢铁行业的脱碳工作仍然面临诸多挑战。其中包括：以铁矿石为原料的高炉 - 转炉流程产能占比居高不下，废钢供应的数量和质量问题，钢铁行业脱碳所需的融资问题，以及未来氢冶金技术面临的最核心的问

题，即绿氢的大量、安全、经济性供应的问题，这些问题将影响钢铁材料低碳转型的进展。

2. 从生命周期视角看钢铁材料的碳中和

（1）中国钢铁行业的低碳冶金技术路线及其数字化评价需求

钢铁行业是我国经济发展重要的支柱产业，同时也是碳排放重点行业，钢铁企业的碳达峰、碳中和事关调整优化产业结构、能源结构、产品结构调整优化以及新技术的应用等多个方面，需要统筹谋划目标任务、科学制定行动方案。当前，钢铁协会代表行业及国内主要钢铁企业都发布了低碳技术路线图。

中国钢铁工业协会2022年发布钢铁低碳技术路线图，明确了中国钢铁工业"双碳"技术路径——系统能效提升减碳10%~15%、资源循环利用减碳15%~20%、流程优化创新减碳25%~30%、冶炼工艺突破减碳20%~25%、产品迭代升级减碳10%、捕集封存利用最终保障实现碳中和。还提出了实施"双碳"工程的四个阶段：第一阶段（2030年前），积极推进稳步实现碳达峰；第二阶段（2030—2040年），创新驱动实现深度脱碳；第三阶段（2040—2050年），重大突破冲刺极限降碳；第四阶段（2050—2060年），融合发展助力碳中和。

中国宝武提出2023年力争实现碳达峰，2025年具备减碳30%工艺技术能力，2035年力争减碳30%，2050年力争实现碳中和。其碳中和冶金技术的发展将按六条路线来部署和实施：①钢铁流程极限能效减碳。研究全流程理论极限和技术极限能耗模型，通过最佳可适商业技术（BACT）应用以及智慧制造、界面能效提升、余热余能深度资源化等领域的集成创新，逼近极限能效。②高炉工艺技术减碳。高炉工艺是钢铁生产的主工艺流程，通过技术创新将高炉煤气二氧化碳分离提质、加热返回高炉使用，实现高炉碳利用率极致化，结合富氢冶炼，构建富氢碳循环高炉技术体系，争取实现较传统高炉吨铁碳排放强度下降30%左右的目标。③氢冶金技术减碳。重点研究绿色制氢工艺技术、氢气直接还原铁矿石工艺技术以及集成应用绿氢-直接还原-电炉短流程冶炼技术，实现吨钢碳排放强度相比于高炉-转炉流程大幅度降碳。④短流程近终形制造技术减碳。有别于传统的生产方式，构建短流程近终形制造技术平台，开展电炉+近终形制造工艺技术路径研究，实现钢铁加工工艺流程极低减碳。⑤循环经济减碳。研发钢铁循环材料、含铁含碳固废、多源生物质等资源在钢铁生产过程中的使用技术，减少化石能源消耗，持续降低吨钢碳排放强度。⑥二氧化碳资源化利用技术减碳。通过对钢铁流程二氧化碳低成本、大规模地捕集和资源化利用，探索钢铁流程深度减碳技术。

鞍钢集团提出2025年前实现碳排放总量达峰；2030年实现前沿低碳冶金技术产业化突破，深度降碳工艺大规模推广应用，力争2035年碳排放总量较峰值降低30%；持续发展低碳冶金技术，成为我国钢铁行业首批实现碳中和的大型钢铁企业。低碳发展"五大路径"：①格局流程再造。推进兼并重组，产业布局优化，工艺流程再造，能效提升、减排降碳。②资源消耗减量。推进产品全生命周期管理，推动绿色生产，制造低碳材料，降低社会资源消耗。③能源结构优化。布局新能源产业，调整能源结构，发展储能技术、构建源网荷储、多能互补能源体系。④绿色矿山示范。发挥先进采选技术优势，提高矿产资源利用效率；充分利用矿山土地资源，发展绿色能源；加大复垦力度，增加生态碳汇。⑤前沿技术创新。坚持科技创新引领，加快研发应用低碳冶金技术和碳捕集、利用与封存技术，成果开放共享。

河钢集团提出低碳发展将经历"碳达峰平台期、稳步下降期及深度脱碳期"三个阶段，实现2025年较碳排放峰值降低10%，2030年较碳排放峰值降低30%，并最终在2050年实现碳中和。提出了六大降碳技术路径：一是"铁素资源优化"路径，具体措施包括长流程球团比提高、废钢比提高；二是"流程优化重构"路径，具体措施包括全废钢电炉流程比例提高和界面优化；三是"系统能效提升"路径，具体措施包括各种节能技术的应用、智能化管控水平的提高和提高自发电比例；四是"用能结构优化"路径，具体措施为绿电应用和绿色物流；五是"低碳技术变革"路径，具体措施为氢冶金和CCUS技术应用；六是"产业协同降碳"路径，具体措施为发展森林碳汇、绿色建材和城市共融。

从钢铁行业及企业制订的低碳规划来看，对于减碳的技术、方法和途径有深刻的认识，但是对这些方法和途径的具体减碳潜力缺少数字化的评估，技术措施在局部的改进对全系统的减碳效果难以量化评价，低碳规划决策中缺乏科学的碳数据支撑。

生命周期评价（Life Cycle Assessment，LCA）是一种面向产品的"从摇篮到坟墓"的环境管理方法和分析工具，是系统化的定量描述产品生命周期中的各种资源、能源消耗和环境排放并评价其环境影响的国际标准方法[38, 39]，是国际上评价产品环境足迹（碳足迹、水足迹等）、绿色产品、绿色制造、绿色供应链、生态设计的科学方法。从其定义来看，LCA有三个特点：面向产品、数字化的定量分析、生命周期全过程系统化的评价。因此，LCA能够数字化展现产品生命周期环境绩效，分析比较同一产品不同制造途径、不同产品实现同一功能的环境绩效；能够避免环境影响转移，包括从一个工序转移到另一个工序，从一种污染物转移到其他污染物。

因此，应用生命周期评价方法可以科学、系统化、定量化地帮助钢铁企业规划低碳技术路线。

（2）构建产品碳足迹与组织碳排放的关联关系

目前对于企业碳排放的管理，一般有两种模式，一种是面向组织层级的管理，对应的国际标准为ISO 14064-1：2018《组织层级温室气体排放和移除的量化报告规范指南》[40]，国内采用的碳核算方法根据此标准进行了相应的简化，2023年以前采用国家发改委2013年发布的《中国钢铁生产企业温室气体排放核算方法与报告指南（试行）》，对中国钢铁生产企业温室气体排放量的核算和报告进行了规范；2023年生态环境部新印发了《关于做好2023—2025年部分重点行业企业温室气体排放报告与核查工作的通知》，初步选定钢铁、水泥、电解铝作为下一步行业扩围重点，同时细化了这三个行业的核算和报告填报要求，要求企业从企业、生产工序两个层面核算并报告碳数据。另外一种是基于LCA的面向产品层面的管理，对应的国际标准为ISO14067：2018《产品碳足迹-温室气体量化的要求和指南》[41]，国内钢铁行业主要采用基于世界钢协（WSA）生命周期清单（LCI）评价方法的GB/T 30052—2013《钢铁产品制造生命周期评价技术规范（产品种类规则）》[42]。

中国钢铁生产企业组织层级的碳核算边界包括了企业的直接排放以及外购电力和热力带来的间接排放，核算方式为企业总进总出碳平衡，并不涉及具体工艺、工序细节。钢铁企业流程长、工序多，这种总进总出黑箱子式的核算方式，更多的是应用于国家对企业的碳排放管理，以及企业自身对总量的摸底，并不能有效指导钢铁企业细化减碳路线规划。生态环境部发布的新版核算方法虽要求了工序层面的数据报送，但在数据处理层面上采取了与企业组织层面一样的方法。

基于LCA的产品碳足迹则是根据产品的实际工艺路径进行核算，其计算逻辑为工序直接排放加上各次间接排放，按照GB/T 30052—2013《钢铁产品制造生命周期评价技术规范（产品种类规则）》[42]，可表达为

$$b_{T,F,g} = b_{F,g} + \sum a_{T,i} b_{i,g} \quad (5-1)$$

式中 $b_{T,F,g}$——以功能单位 F 为基准的基本流 g 的累积量；

$b_{F,g}$——以功能单位 F 为基准的基本流 g 在产品生产过程的直接流量；

$a_{T,i}$——原燃料在产品系统中单元过程 i 每功能单位的直接消耗量；

$b_{i,g}$——基本流 g 在单元过程 i 的直接流量；

$\sum a_{T,i} b_{i,g}$——以功能单位为基准的基本流 g 在所有前景过程（foreground process，如原材料的开采过程、运输过程等）和所有背景过程（background process，如产品的使用过程、废弃物利用过程等）的累积量。

LCA的边界可根据实际情况确定，通常有：

"从摇篮到坟墓（from cradle to grave）"：即产品全生命周期，包括资源、能源的开采、生产，加工，制造，使用和维护，废弃回收利用。

"从摇篮到大门（from cradle to gate）"：从资源、能源的开采、生产，到所研究产品的制造完成运出工厂大门这一过程。

"从大门到大门（from gate to gate）"：从进工厂大门到出工厂大门，即制造阶段。

对于钢铁产品，由于下游用途广泛，针对特定用户才能开展"从摇篮到坟墓"的研究。因此，钢铁企业普遍开展"从摇篮到大门"的LCA，即从铁矿石、煤炭等原料、燃料开采、运输，经过焦化、烧结等原料加工工序，炼铁、炼钢、轧钢及热处理等制造工序，形成钢铁产品的过程。

LCA面向的对象是产品，产品是碳排放的载体。全流程、全系统的变化，如能源结构变化、能源效率提升、成材率提升、新技术应用等，都能反映到

产品碳排放的变化。产品碳足迹的变化，需要与组织层级的碳核算建立关联关系，将细化的 LCA 碳足迹结果与钢铁企业总体碳排放关联，这样才能指导低碳路线规划。根据 LCA 与组织层级碳核算计算逻辑与边界的分析比较，可采用式（5-2）建立关联：

$$E = \sum (p_i \times \text{LCA}_{\text{CO}_2, i}) \qquad (5\text{-}2)$$

式中　E——LCA 系统边界内碳排放总量；

　　　p_i——产品 i 的外卖量（离开系统边界）；

$\text{LCA}_{\text{CO}_2, i}$——产品 i 的 LCA 结果中 CO_2 排放量。

式（5-2）表达的物理意义在于，离开系统边界的所有碳排放载体承载的碳排放总和，内部利用的中间产品不计入计算。例如生产的热轧卷一部分外卖，一部分用于冷轧产品生产，则用于冷轧的中间产品不计入式（5-2）计算。

根据《中国钢铁生产企业温室气体排放核算方法与报告指南（试行）》中的核算边界，式（5-2）可细化为

$$E_{\text{钢铁企业}} = \sum \left[p_i (\text{LCA}_{\text{CO}_2, \text{gate-to-gate}, i} + \text{LCA}_{\text{CO}_2, \text{外购电力与热力}, i}) \right] \qquad (5\text{-}3)$$

式中　$E_{\text{钢铁企业}}$——按指南边界的钢铁企业碳排放总量；

　　　p_i——产品 i 的外卖量（离开系统边界）；

$\text{LCA}_{\text{CO}_2, \text{gate-to-gate}, i}$——产品 i 的 LCA 结果中 gate-to-gate 边界内的 CO_2 排放量；

$\text{LCA}_{\text{CO}_2, \text{外购电力与热力}, i}$——产品 i 的 LCA 结果中外购电力与热力边界带入的 CO_2 排放量。

(3) LCA 在钢铁企业低碳规划中的应用

通过建立覆盖全企业的产品生命周期评价模型，可量化评估新技术新工艺应用、产品结构变化、能源结构变化、废钢利用率提升、节能减排改进、供应链优化等因素的碳减排绩效，如图 5-22 所示。

1) 新技术新工艺应用的碳减排潜力评估。 新技术、新工艺的应用是 LCA 的典型应用场景。LCA 的比较，是建立在同功能单位基础上的比较，即在实现相同功能条件下，对资源能源和环境排放的影响。图 5-23 是转炉炼钢与电炉炼钢这两条不同工艺路径的 LCA 分析，图中显示了不同工艺的产品碳足迹构成，如有需要，还可进一步细化厂内部分的碳足迹构成情况。

图 5-22　LCA 量化评估各措施与策略的碳减排潜力

图 5-23　典型转炉工艺与电炉工艺钢坯的碳足迹比较（单位：$kgCO_2e/kg$ 钢坯）

类似的分析可以用于低碳工艺的应用，预测减碳潜力及其详细构成情况。如氢基竖炉直接还原铁-电弧炉工艺与传统的高炉-转炉工艺的 LCA 模拟等。

2）**产品结构对碳达峰的影响**。有一种观点认为，钢铁行业碳达峰实际上就是钢产量达峰，这种观点仅在产品结构相对固定的情况下成立。如果产品结构发生变化，深加工产品比例上升，相同钢产量的条件下，碳排放有可能大幅上升。LCA 结果显示，不同产品的碳足迹差异明显，表 5-2 是世界钢铁协会发布的 2020 年钢铁产品生命周期碳足迹全球平均值，数据显示，不同的产品碳足迹差异甚至达到近一倍，如果考虑取向硅钢、不锈钢等，其差异甚至可能超过三倍。因此，碳达峰规划，必须要考虑产品结构带来的影响。

表 5-2 世界钢铁协会发布的钢铁产品碳足迹全球平均值节选[43]

(从摇篮到大门,kgCO$_2$e/kg- 产品)

产品名称	型材	钢筋	热轧卷	彩涂卷
碳足迹	1.578	1.966	2.343	2.894

采用式(5-3)可动态模拟不同产品结构下企业总碳排放的变化情况,式中 p_i 即产品结构,LCA 为企业产品结构与企业碳排放总量建立了关联,为企业调整与优化产品结构提供支撑。

3)能源结构对碳排放的影响。 改变能源结构是碳减排、碳中和的重要途径,即在能源供应端,尽量采用非碳能源替代化石能源发电、制氢,构建绿色清洁的电力系统和能源供应系统。当然这个过程是漫长的,钢铁企业制定碳减排路线图的时候,须逐步规划各个阶段的减碳目标。在 LCA 模型中,可以通过调整能源的构成及其使用效率,建立能源使用与总体碳排放的联系,从而制定合理的调整能源结构减碳路线图。

钢铁厂常见的燃料单位热值的碳排放如图 5-24 所示。从图中可以看出,**"煤改天然气"是降低碳排放的一个途径**。LCA 研究表明[44],钢铁企业现有工艺下,煤炭能源的 60% 以上作为还原剂等原料而非燃料功能,可进行"煤改天然气"的场合主要是电厂燃煤机组、高炉喷吹煤粉、焙烧喷吹煤粉等。相比现状,电厂"煤改天然气",可实现碳排放降低 33%。混合煤气是钢铁企业副产资源的综合利用,如替换为天然气,则会造成副产煤气资源的浪费。

图 5-24 钢铁厂常见燃料单位热值的碳排放

改变电力结构，是钢铁企业减碳的重要方向。图 5-25 列出了各种电力的生命周期碳足迹数值，数据来源于中国汽车生命周期数据库（CALCD）。LCA 可模拟钢铁企业关闭燃煤电厂、外购电网电、外购绿电的减碳潜力。

各种来源电力生产的碳排放（单位：kg CO_2e/(kW·h)）：
- 火电：0.885
- 水电：0.035
- 风电：0.006
- 核电：0.014
- 光伏发电：0.048
- 生物质发电：0.23

图 5-25 各种来源电力生产的碳排放

4）废钢利用率提升的减碳潜力预测。废钢利用率的提升对于减碳的效果是显著的。在评价废钢利用率提升的减碳效果时，应从生命周期视角考虑废钢产业链全过程，包括废钢铁回收、拆解、加工破碎、配送与应用等环节。由于废钢资源的供应还不能满足钢铁生产的需求，因此在做废钢利用率提升的低碳规划时，需要考虑废钢资源可获取性，逐步提升废钢利用率。

废钢的利用率主要从两个方面提升，一是提高高炉转炉废钢比，二是增加电炉炼钢比例。LCA 模拟提高转炉废钢比的情景中，可动态调整 LCA 模型中铁水与废钢的构成，以及废钢比提升后需要增加的补热剂等参数，从而构建废钢比提升与企业总体碳排放的关联。增加电炉炼钢比例的情景模拟中，在企业钢产量被限定的情况下，需要在 LCA 模型中保持电炉路径与转炉路径的总体钢产量的平衡。

LCA 模拟结果表明，废钢利用率的提升对于钢铁企业的碳减排比例，与企业产品结构相关，后续深加工产品比例较高的话，则冶炼系统碳排放比重相对较低，废钢比提升对于总体减碳比例也相对较低。

5）供应链碳管理。从钢铁产品碳足迹构成分析，供应链及外部运输占钢铁产品碳足迹的 20%～30%，是钢铁产品碳足迹的重要组成部分，钢铁企业的低碳规划不能只关注企业内部的减碳，供应链也应纳入到规划中，适当情况下也可以向供应商转移部分减碳压力，促进产业链的低碳化。

图 5-26 所示是对电极的不同供应商产品的 LCA 分析，到电炉钢水生产完成，电极使用对电炉钢水生命周期碳排放的影响，不同的供应商提供的产品是不一样的。钢铁企业可通过建立供应商 LCA 绿色评价系统，建立与积累产品碳数据库，待数据积累到一定程度，可建立绿色准入制度，逐步淘汰高碳排放产品。

图 5-26 对不同供应商电极产品碳排放的比较

（4）LCA 与钢铁材料的低碳排放属性评价

钢铁行业低碳规划最终是生产出环境友好型的钢铁材料，不仅体现在钢铁材料制造端环境友好，更体现在钢铁材料作为基础原材料用于建筑、汽车、家电等下游领域的环境绩效贡献。从碳排放角度来说，在生命周期的各个阶段均应是低碳排放的。

钢铁材料的低碳排放属性可通过钢铁制造过程低碳及其驱动的下游脱碳体现，包含三个层面：第一个层面是低碳排放钢，评价方法称低碳排放钢标准，其碳核算边界是固定的，便于直接比较，包含炼铁、炼钢等通用工序截至粗钢边界或者热轧工序边界，包含全部上游或部分上游；第二个层面是产品碳足迹，即从铁矿石、煤炭开采到热轧、冷轧产品出钢厂大门的钢铁产品环境绩效，该数据直接用于下游用户碳足迹计算；第三个层面是全生命周期碳排放，核心是钢铁产品高性能化（高强轻量化、耐蚀长寿命、高效能等）驱动的下游用户减碳。三个层面的碳排放统计边界逐渐扩大，体现钢铁材料在不同阶段（冶炼阶段、轧制加工阶段及使用阶段）的低碳排放属性或脱碳潜力，反映钢铁企业在自身脱碳及助推下游脱碳方面所做的努力。在钢铁行业、企业绿色制造的内部驱动，以及下游用户低碳采购的外部驱动下，中钢协组织、宝武牵头开发了钢铁行业产品环境声明（EPD）平台用于发布钢铁产品环境绩效（含碳足迹），于2022年5月19日上线应用，得到国际国内机构、企业和行业专家广泛的关注与信赖，目前已发布100多份钢铁材料EPD，提供下游用户、机构、政府部门采信使用。

第一个层面可描述为制造侧的低碳排放钢评价方法，目前国际上低碳排放钢相关标准存在碎片化、多元化的趋势，如ResponsibleSteel的principle10、德国钢铁协会发布的LESS、全球钢铁气候变化委员会（GSCC）的标准等，在核算方法、核算边界、碳强度阈值设定方面存在差异，尚未形成统一的或相互认可的方法论。一方面，标准的差异性以及下游用户采信的区别，给企业在核算、报告、核查方面造成巨大困扰；另一方面，不同国家、区域资源能源禀赋存在差异性、技术发展水平参差，标准的制定未考虑区域实际情况。因此，在统一的规则下，寻求标准间的互认机制，是构建相对公平的竞争环境的基础。

第三个层面可描述为使用侧的低碳排放钢评价方法，体现其驱动下游用户减碳的贡献。提到钢铁业对环境的影响，往往有一种误解，认为钢铁产品生产过程中消耗了大量的能源，同时排放了大量的二氧化碳和其他污染物，所以简单地认为钢铁材料是非环保材料。这个观点是比较片面的，钢铁材料作为人类社会应用最广、产量最大的材料，到目前为止，还没有别的材料能够替代。钢铁产品性能的提升、生产高附加值的产品，一般会增加钢铁制造流程的环境负荷，但却可能更大限度地减少下游产业以及全社会的环境负荷，钢铁行业实际上承载了更多的社会责任。对于这类钢铁材料，也可以评定为低碳排放。

（5）钢铁材料生命周期碳信息的常态化披露支撑汽车产业碳足迹核算与减碳规划

汽车一方面需要低碳负荷的钢铁材料生产低碳负荷的汽车产品，另一方面需要高性能的材料减少终端产品使用过程的环境负荷。在汽车行业，采用高强度薄板、线棒材，能使汽车轻量化，提高汽车能源经济性，减少能源消耗及其温室气体排放。采用激光拼焊板能够简化汽车制造环节加工工艺，从而降低对环境的影响。高强钢和激光拼焊板的使用同时还能提高汽车的安全性能。热镀锌高强钢、电镀锌高强钢、汽车排气系统用不锈钢等都能延长汽车零部件的使用寿命，减少废弃，从而降低碳排放。因此在制订行业低碳发展规划时应从全社会、全产业链角度系统化考虑，做出科学决策。从生命周期评价的理念来看，如果不使用钢铁材料而又要实现同样的功能及达到同样的产量，就意味着比使用钢铁产生更高的环境负荷，这就是钢铁材料环保特性之一。双碳背景下，有必要建立钢铁材料的生命周期碳信息披露平台，以支撑下游汽车行业及其他行业的碳足迹核算及减碳路线规划。

LCA 是国际绿色低碳领域对话的标准语言，在"碳中和"已成为全球绿色发展的前沿热点和趋势的大背景下，LCA 在低碳领域将承担更重要的角色。中国钢铁行业积极参与国际钢铁 LCA 工作，将更有利于推动中国钢铁行业绿色低碳发展，提升绿色低碳形象，增加在该领域的话语权和参与国际市场竞争。

在应对国际绿色贸易壁垒、国际环境税（如欧盟碳边境调节机制），增强国际绿色低碳产品领域话语权方面，想在国际竞争中占有有利地位，就必须增强在国际碳标签评价体系建设的参与度和话语权。我国应当积极参与碳标签评价体系的制定，不断加强话语权，通过和其他国家的有力竞争增强我国在国际贸易中的核心竞争力。

（6）结论与建议

钢铁企业在"碳达峰、碳中和"路径规划中应站在钢铁全产业链、产品生命周期全过程的高度，科学系统地制定减碳路线图。应用生命周期评价方法可以系统化、定量化地对钢铁企业进行低碳规划，输出具有高低碳属性的钢铁材料。通过建立覆盖全公司的产品生命周期评价模型，可量化评价新技术新工艺应用、产品结构变化、能源结构变化、废钢利用率提升、节能减排改进、供应链碳管理与优化等因素的碳减排绩效，实现数字化碳减排路线图的描绘。通过披露钢铁材料生命周期碳信息，必将对上下游产业链产生推动作用，促进全产业链参与绿色低碳工作。钢铁材料生命周期碳信息的常态化披露能更好地支撑汽车产业碳足迹核算与减碳规划。

3. 铝加工行业低碳化转型的思考

据中国有色金属工业协会统计，2020年，我国有色金属工业CO_2总排放量占全国总排放量的6.5%，铝是有色金属行业产量最大的产品，也是有色金属行业碳排放量最大的领域，我国铝行业CO_2排放量占有色行业的77%，占全国总量5%，碳减排潜力巨大。

（1）铝及铝合金材料在汽车行业碳减排的重要性

据统计，车重每减少100kg，二氧化碳排放可减少约5g/km，可见，汽车轻量化对节能降耗有着非常重要的意义。实验证明，若汽车整车重量降低10%，燃油效率可提高6%~8%；汽车整备质量每减少100kg，百公里油耗可降低0.3~0.6L，电动车的续驶里程就能提高6%~11%；汽车重量降低1%，油耗可降低0.7%。[一]

就重量而言，金属材料零部件占汽车全部零部件的85%以上，因此，如何使金属零部件轻量化成了汽车轻量化的关键，也就是说，金属材料零部件轻量化是实现汽车轻量化最可靠的途径。由于铝是一种轻金属，密度约为钢的三分之一，且具有良好的导电、导热性和良好的耐蚀性；同时铝合金的机械加工性能优于传统的金属材料；铝合金的熔点低，在整个使用和回收利用过程中铝的回收率高于90%，具有非常好的再生性；因此铝合金是目前替代钢铁实现汽车轻量化最理想的材料。

中国铝业集团高端制造股份有限公司（以下简称"中铝高端制造"）于2019年9月由中国铝业集团有限公司和重庆市人民政府合作成立，2020年11月开始正式运行，注册地位于重庆市九龙坡区，注册资本150亿元，其中，中铝集团占比65%，重庆市政府占比35%。

中铝高端制造管理的子企业包括西南铝、东轻、西北铝、中铝瑞闽、中铝铝箔、中铝特材、洛阳铝加工、中铝沈加、中铝材料院，研发生产基地分布在重庆、黑龙江、甘肃、福建、四川、河南、贵州、辽宁、北京9个省市，装备了国际先进水平的熔铸、热连轧、冷连轧、中厚板、锻造、挤压等生产线，主要生产铝及铝合金板、带、箔、管、棒、型材及锻件，技术研发和创新实力国内领先，产品出口40多个国家和地区，是目前国内最大的铝加工企业。

[一] 铝合金复合材料在汽车轻量化上的应用. 朱泽刚.《轻金属》，2011年第10期。

（2）铝加工行业碳排放现状

目前，中铝高端制造所属各企业中仅西南铝和西南铝事业部被纳入重庆市试点碳市场，未纳入全国碳市场，其余企业均未纳入全国和试点碳市场。经统计，中铝高端制造2020—2022年碳排放量分别为118.82万t CO_2e、125.69万t CO_2e和133.73万t CO_2e。

中铝高端制造铝材碳足迹主要由原料碳足迹和自身碳排放两个部分组成。原料的碳足迹是指从铝土矿开采、氧化铝生产和电解铝生产除铝锭全过程的碳排放强度；自身生产碳排放包括铝锭重熔和加工使用燃料、热力和电力产生的碳排放。经测算，公司铝产品碳足迹强度为11.81t CO_2e/t 铝加工材，其中自身生产碳排放强度为1.05t CO_2e/t 铝加工材，原料碳足迹强度为10.76t CO_2e/t 铝。如果分产品类别计算，挤压材加工环节碳排放强度约为5.69t CO_2e/t 铝（根据西北铝数据测算），压延材加工环节碳排放强度约为0.79t CO_2e/t 铝（根据中铝瑞闽数据测算），如图5-27所示。

图 5-27　铝主要生产环节碳排放示意图

对主要节点的碳排放进行分析，见表5-3。

表 5-3　铝生产主要节点碳排放测算

节点	碳排放环节	碳排放/（t CO_2e/t 铝）	占比（%）
1	氧化铝烧结法	3.69	21.6
	氧化铝拜耳法	1.2	7.0
2	预焙阳极	0.42	2.5
	电解槽	9.96	58.3
3	碳素生产	0.76	4.4
4	铝加工	1.05	6.1

根据测算过程，首先分析不同原料的碳排放强度，见表 5-4。

表 5-4　不同原料的碳足迹

使用场景	碳排放强度 /（t CO_2e/t 铝）		
原料	普通原铝锭	绿色铝锭	再生铝
	14.8	3.05	0

加工环节的碳排放强度，主要取决于加工材的成品率和加工环节的能源碳排放水平，一般来说，加工环节的综合成品率每提高一个百分点，碳排放同比下降一个百分点，同时，提高加工环节的电网清洁能源使用，可以大幅降低加工过程的碳排放。

（3）铝行业碳减排分期推进计划

铝行业中原铝生产 CO_2 排放量约占铝行业 CO_2 排放量的 93.9%，原铝生产中，能源消耗排放的 CO_2 占比较大，达到 77.5%（其中，电能消耗排放的 CO_2 量约占 64.4%，热能消耗排放的 CO_2 量占比 13.1%），如图 5-28 所示。

图 5-28　原铝生产中各排放源占比图

据安泰科数据，用火电生产 1t 电解铝的碳排放总量约为 13t，其中发电环节碳排放 11.2t，电解环节碳排放 1.8t。而用水电生产电解铝时，单吨排放量仅为 1.8t，其中发电环节无碳排放，仅有电解环节产生 1.8t 的 CO_2。水电铝碳排放量较火电铝减少 86%。由此可见，原铝使用绿色清洁能源碳减排潜力巨大。

2021年6月8日，在中铝集团第四届社会责任工作大会暨第五届降碳节活动上，中铝集团发布的《中铝集团碳达峰、碳中和行动方案》明确提出，力争2025年前实现碳达峰、2035年降碳40%。截至2020年，中铝集团电解铝产能为446万t，绿色能源电解铝占比达49.98%，按照欧美绿色电解铝占比75%～90%，假定中铝集团实现碳中和需绿色电解铝占比达到75%以上，不同的技术路线减排潜力分析见表5-5。

表5-5 不同技术路线的减排潜力分析

序号	技术路线	减排潜力	备注
1	加强碳资产管理	较大	管理措施
2	节能新技术新设备推广应用	中等	技术措施/降碳技术
3	淘汰部分落后产能产量	较大	结构调整
4	电网清洁能源使用	巨大	绿色能源
5	提高再生铝比例	较大	结构调整
6	零碳技术	较大	降碳技术
7	负碳项目开发	较大	降碳技术
8	提高能效	较小	技术措施

（4）铝加工行业实现低碳转型的基本路径

通过分析可以看出，铝行业减排的"牛鼻子"是电解铝，而电解铝实现减排的关键是电网清洁能源的使用，下面主要就铝加工行业实现低碳转型的路径做简要的说明。根据安泰科统计，2023年我国全口径国内铝消费量为4787万t，较2022年增长7.6%，人均消费量34.0kg/人·年，已经进入预测峰值平台，初步测算，2023年中国原铝运行产能中，绿电比例仅占24.4%，即绿电铝产量为1016万t，占比远低于欧美的75%～90%。

1）大力推动上游原材料端结构调整，发展循环经济。根据中铝高端制造铝材碳足迹测算结果，原料碳足迹占比为91%，可见减碳的重点在于减少原料的碳足迹。对于降低原材料碳足迹，一是提高绿色原材料使用占比，重点提高水电、太阳能、风电等清洁能源生产的原铝锭及其他原料比例；二是发展集群化产业，推动产业集聚发展，降低物流运输的碳排放，推进电解铝合金化减少二次重熔，降低能源消耗和二次重熔带来的金属损耗和碳排放，向清洁能源集中地布局，推进能源资源梯级利用、废物循环利用和污染物集中处置；三是完善再生铝回收体系，发展循环经济，打通废铝回收渠道，配齐回收装备，加大内部和外购废铝消化力度，重点研发废铝保级利用技术，探索"升级"利用的可行性；四是把握低碳机遇，助力终端减排，持续推广铝材在航空航天及国防军工、新能源、交通运输、建筑结构、包装、电子、催化、医药、节能环保等领域的应用；五是大力推广新型铝材料在汽车轻量化、铝制家具、铝制导体材料等领域的应用，积极推进"以铝代钢""以铝代木""以铝节塑"，实现铝材降碳社会效益最大化。

2）**全面推进节能改造和清洁能源使用，降低自身碳排放**。根据中铝高端制造铝材碳足迹测算结果，加工环节碳排放占比约为9%，加工环节碳排放主要来源于外购电力、热力的使用和天然气燃烧，那么，自身的节能改造和清洁能源的使用就显得至关重要。对于降低加工环节的碳排放，一是持续优化产品工艺，不断提高产品综合成品率，降低工艺能源浪费；二是强化设备管理，提升设备运转效率；三是加大自动化、信息化和智能化，实施专项节能技改，推广余热利用、节约用水技术，开发余热余压利用、生物质能源、空压机改造、电机变频改造等项目；四是调整能源结构，提高清洁能源使用比例，合理布局风、光等分布式能源；五是强化固定资产投资项目节能审查，对新建项目、并购重组等增量严格执行能评、环评、碳评制度，从源头和全过程推进节能降碳，避免出现碳排放量急剧攀升；六是开展清洁生产审核工作和能源审计，降低产品全生命周期的环境影响，降低企业的原材料消耗和能耗，提高物料和能源的使用效率，查找问题，挖掘节能潜力，提出切实可行的节能措施并实施。

3）**开展碳资产管理，提前布局碳市场**。随着全球气候治理与节能减排的不断深入，以及碳交易的全球影响力不断扩大，碳资产也受到广泛重视。如何获取更多的碳资产成为企业未来发展的重要任务之一。碳交易作为实现碳中和的重要政策工具，为企业获取更多的碳资产提供了途径。

首先，需要逐步打造一支经过专业培训、具备相应专业知识、具有过硬素质的队伍；其次，要提前布局，摸清企业碳排放的情况，在纳入碳市场后获取到足够的碳配额；最后，采用合同能源管理模式，积极开发厂房屋顶光伏、分布式风电、余热余压利用、生物质能源、电机变频改造等项目，并积极开发风电、光电、造林碳汇等温室气体自愿减排核证项目，做好碳资产储备。

4）研究负碳技术，迈向碳中和。企业要实现碳中和，仅依靠碳市场和节能降碳还远远不够。碳市场是为企业争取更多的碳配额，并不能达到自身减碳的目的。节能减排将碳排放量降低到一定程度后，再下降的难度较大。因此，企业要实现碳中和，使用负碳技术将是主要路径。目前，负碳技术主要有两种，分别是负排放技术和碳捕集、利用与封存技术。企业在未来的发展过程中可重点关注负碳技术的发展，择机采用投资合作的方式布局负碳技术。

5）发展碳金融，助力实现双碳目标。碳金融泛指所有服务于限制温室气体排放的金融活动，包括直接投融资、碳指标交易和银行贷款等，其作用主要是引导资金流向碳减排技术开发。碳金融工具可分为交易类、融资类和支持类三类，主要包括碳交易、CCER、碳期货、碳远期、碳掉期、碳期权、碳债券、碳质押/抵押、碳基金/信托、碳资产回购、碳资产托管、碳指数、碳保险等。

随着全国碳市场的发展，企业对清洁能源、节能降碳等建设项目，对照央行碳减排支持工具适时申请碳减排贷款，降低企业融资成本，实现碳减排与公司投融资的相互促进、协同发展。

（5）结论和建议

2021年3月，国际铝业协会发布了《2050年铝业温室气体排放路径》，提出全球铝行业温室气体减排目标。参照国际铝业温室气体减排目标，结合我国当前铝行业CO_2排放现状，以及中国有色金属工业协会提出的有色行业力争2025年前实现碳达峰，2040年减排40%目标，尽管我国铝工业已经采取了控制电解铝产量、淘汰落后产能等措施，但仅依靠产能调控和技术进步无法实现铝工业低碳化发展。为实现碳减排目标，建议从以下方面应对：

一是优化产业布局，打造集群化产业基地，推动产业集聚发展，降低物流运输和金属重熔过程中的碳排放，在铝材和最终产品生产环节，实现电解铝厂、铸件厂和铝材加工企业的优化组合，通过提高铝液直接铸轧的比例，减少烧损量和能源消耗量。

二是打造废铝闭环回收利用体系，推动再生铝替代原生铝。推动国家健全资源循环利用回收体系，破解社会废料回收难题，完善再生金属循环利用体系，加大再生有色金属科技研发投入，提高再生铝的质量，避免降级使用。

三是优化能源结构，提高铝工业清洁能源比例，鼓励企业主动调整用能结构，完善市场机制在减排方面的作用，如尽快将铝行业纳入碳交易市场，完善铝行业核证自愿减排量（CCER）方法学，尽快重启CCER体系等。

4. 车用塑料如何实现低碳发展

自20世纪50年代以来，高分子材料的产量超过80亿t，几乎存在于人类生活的方方面面，而且需求仍在不断增长[45]。塑料作为高分子材料中用量最大的品种，因其可塑性强，重量轻，回收再利用率高的特性，在汽车工业中的应用非常广泛。无论是内饰件，外饰件，还是功能性结构件，都越来越多地采用塑料[46-48]。据统计，我国自产的每辆汽车上塑料的平均用量约80kg，而发达国家中、高级车型上单车塑料平均用量达100~120kg。近年来汽车工业一直朝着"轻量化"的方向发展，塑料在汽车中的应用占比逐渐上升，同时也伴随着大量废弃车用塑料待处理的问题。并且随着塑料产量逐年增大，越来越多的废塑料因难降解性、不易回收利用而成为环境污染的重要来源和资源循环利用的关键难题。其对环境和生活在地球上的生物的负面影响越来越大，尤其是塑料垃圾、海洋塑料、微塑料等导致的生态环境问题关注度与日俱增[49-51]。

近年来全球变暖问题一直是研究和关注的热点，随着2015年《巴黎协定》的通过，更进一步推动世界各国纷纷制定温室气体减排目标，我国也在2020年确定碳达峰和碳中和目标[52-53]。生命周期评价（LCA）是标准化的环境影响评估方法，能够科学、全面地探究各种环境影响问题，包括生态毒性、资源消耗、全球变暖等[54, 55]。产品碳足迹（CFP）的计算理论就是基于单环境影响类别的LCA法，即计算产品在整个系统边界范围内所有温室气体排放和消除的总和，该总和以二氧化碳当量统计，国际标准号为ISO 14067：2018。

研究表明，降低汽车质量能够有效降低油耗以及排放量，整车质量每下降10%，油耗下降6%~8%，排放量下降4%~10%，目前汽车行业以塑代钢的减重已为整车带来了良好的减碳效果。首先，从单位重量材料碳排角度分析，大部分塑料的碳足迹都远低于金属的碳足迹，从生产阶段来看，相对传统的整车材料而言，塑料本身相比金属能带来更低的碳排放[56-59]；其次，从汽车使用阶段来看，统计结果表明，汽车每减重100kg，百公里油耗可降低0.4L，二氧化碳排放量可减少1kg，塑料的使用使得整车重量下降，对应的使用阶段能耗大大降低，有助于使用阶段的碳排放降低[59-61]；最后，从材料回收阶段来看，有色金属的回收大部分采用的是重熔法，而塑料回收大部分采用的是机械回收，机械回收相对于重熔法工艺流程所需能耗更低，有助于回收阶段的碳排放降低[62-64]。

高分子材料目前的原料绝大部分来自化石基，因此现阶段针对高分子材料降低碳排放的大多数研究首先是采用更好的废物处置方式，如使用再生塑料来替代原生塑料从而实现减少碳排放，其次以生物基材料替代化石基材料减少环境影响[65-74]。塑料循环使用整个生命周期从原料开始，经过原料加工、产品制造、产品包装及运输和销售，然后由消费者使用、回用和维修，最终再循环或者废弃物处理和处置。现在车用塑料经济模式正向循环经济发展。未来更倾向于将车用废塑料转化为可循环利用的资源，使塑料充分循环利用，实现车用材料的低碳可持续发展[72-78]。同时，塑料将在未来汽车轻量化和低碳化中扮演重要作用，塑料在整车材料中的占比也必将逐步增加，这也预示着兼具优异使用性能和低碳环保的新型高分子材料是未来车用塑料的发展方向。根据以上趋势分析，预测未来高分子材料减碳路径主要有以下几个方面。

1）材料替代：①从树脂原料的碳排放角度，使用碳排放低的塑料原料替代碳排放高的塑料原料，如使用再生塑料，预计2025—2035年完成；②非化石基材料替代化石基材料，生物基高分子材料、新能源-碳源耦合高分子材料，预计2035—2050年完成；③近零碳、负碳高分子材料的研究，通过技术创新研发近零碳、负碳高分子材料，进行碳减排、碳抵消来协助碳达峰、碳中和目标的实现，预计2040—2060年完成。

2）回收技术优化：①回收范围拓展，通过非组织性地回收江河湖海的塑料垃圾，拓展废旧塑料回收范围，预计2035—2050年完成；②回收技术路线升级，从传统的物理回收逐渐向化学回收转化，预计2035—2050年完成，从基体回收逐渐向助剂回收拓展，预计2050—2060年完成。

目前应用在汽车上的塑料主要有聚丙烯（PP）、聚乙烯（PE）、聚酰胺

（PA）等高分子材料，其中 PP 主要应用于保险杠、仪表盘、门内饰板等；PE 主要应用于内护板、油箱、刮水器等；PA 主要应用于齿轮、带轮、水泵叶轮等。这 3 种材料占比车用塑料总量的 70% 以上，因此选取应用较多的 PP、PE 和 PA 为研究对象，功能单位为 1kg 的改性塑料产品，系统边界为摇篮到大门，如图 5-29 所示。

图 5-29 原生和再生改性塑料产品系统边界

根据 ISO 14067，选取 GWP 100a 为环境影响指标，并根据以上高分子材料碳减排分析和趋势推测等多因素进行建模，模拟评估计算 PP、PE 和 PA 改性塑料在未来 40 年内的生命周期碳排放强度，见表 5-6。

综上所述，低碳化是近几年也是未来若干年汽车工业发展的重要方向。与发达国家相比，我国在汽车上的塑料用量差距还比较大，这也表明塑料在我国汽车工业上有着广泛的应用前景，预示着汽车塑料碳减排是一个持续的长久的过程。因此，在进行车用塑料碳减排实施的时候，要结合汽车行业实际发展情况和塑料行业具备的相关技术选择合适的实施路径，层层递进，逐步实现碳减排目标。

表 5-6　2021—2060 年改性塑料碳排放强度趋势预估

年份	2021	2025	2035	2040	2050	2060
路径	—	材料替代-再生塑料	材料替代-再生塑料	材料替代-生物基塑料+循环材料	材料替代-生物基+循环材料	近零碳、负碳+循环材料
参数名称	\multicolumn{6}{c}{1kgPP 改性塑料}
PP 改性塑料碳排放强度	100	79	58	42	29	17
HDPE 改性塑料碳排放强度	100	71	51	37	29	14
PA6	100	87	67	56	30	13
改性塑料平均水平	100	79	59	45	29	15

结合现有行业技术情况分析和对未来的预测，建议在目前继续加强对于以塑代钢的减碳效果评价，进一步通过轻量化来实现制造和使用阶段碳排放减少；此外通过循环回收塑料来逐步代替原生塑料，继而再通过生物基材料替代化石基材料进一步降低汽车行业碳排放，最后通过研发近零碳、负碳材料来助力实现汽车行业的碳中和。基于目前我国对于碳减排并非强制要求，也建议国家出台相关的规定进行汽车行业材料碳减排强制试点，推动再生材料在汽车行业碳减排中发挥作用。由于目前再生材料来源广泛，质量参差不齐，建议国家出台相关政策要求再生塑料必须通过专业实验室和认证机构的质量评价，促进再生材料在汽车行业中的安全使用。建议国家相关部门对在车用材料碳减排工作中有较大贡献或突出业绩的企业进行排名表彰，来鼓励或激励车用材料的循环再生使用，同时加大对于车用材料轻量化技术研发的扶持和补贴。此外，汽车轻量化也要求塑料行业具备领先的新型复合材料的生产工艺和技术。因此，这也需要国家搭建相关平台，加强塑料企业与汽车企业的项目合作，加速新型车用塑料产品的研发生产。

5. 科思创材料低碳化转型

为应对国内外碳排放管理的政策要求，汽车产品全生命周期都将逐步被车企纳入低碳化管理，在此背景下，与碳排放相关的指标将被逐步引入到与汽车产品相关的各个环节。未来五年随着低碳政策的深入执行，计算减碳效益、寻找关键技术路径将会成为服务于汽车行业的材料生产企业的必修课。

作为高分子聚合物材料的供应商，科思创结合企业特征，制定科学的碳排放目标和具体的行动路线图，发展和培育低碳技术，并致力于为汽车厂商研发和提供"低碳"产品。同时，与汽车产业链上下游企业共同建立全供应链的碳中和管理体系，运用数字化转型赋能并关注碳风险管理，也是科思创积极探索的方向。本节重点讨论聚碳酸酯、乘用车涂料、聚氨酯材料和黏合剂的低碳化材料以及相关减碳工艺的材料方案。

（1）零碳足迹 Makrolon®RE 聚碳酸酯

科思创开发了全球首款**零碳**足迹的 Makrolon®RE 聚碳酸酯产品，该产品已实现商业化生产。图 5-30 所示是它与现有 Makrolon® 聚碳酸酯产品的碳排放对比图。

图 5-30 科思创全球首款零碳足迹 Makrolon®RE 聚碳酸酯产品的碳排放对比图

零碳足迹的 Makrolon®RE 聚碳酸酯的重点在于原材料和能耗环节。原材料使用了**含部分生物质的原材料**。该原料基于质量平衡方法（它是一种监管链方法，允许化石原料和替代性原料在生产中混合，但在碳记账簿中分开，由此可通过价值链跟踪物料，并将例如生物基原料等替代原料分配给选定的最终产品），使用生物废弃物和残渣替代传统化石原料，由此生产出来的产品与传统的化石基产品相比能大幅度降低碳排放。在能耗环节，则在生产中使用"绿电"。科思创位于德国于尔丁根的生产基地从德国光伏发电站获得了"平价上网绿电的溯源认证证书"，这些绿电被分配用于满足特定的电力需求，包括对于聚碳酸酯生产至关重要的电解制氢工艺和其他工艺步骤。简言之，通过在生产流程中引入可再生电力，同时使用含部分生物质的原材料，科思创的 Makrolon®RE 聚碳酸酯产品实现了从摇篮到大门生命周期阶段的零碳排放。[从摇篮到大门的生命周期评估包括从原材料提炼（摇篮）到离开工厂大门并发运给客户之前的所有阶段。此生命周期评估基于 ISO 14040/14044，已通过 TÜV Rheinland 认证。评估采用了供应链数据，考虑了生物的碳吸收，并且基于在科思创的生产过程中采用可再生能源]。

上文中**含部分生物质的原材料**包括基于质量平衡方法生产的原料苯酚和丙酮，使用这两种原料可以合成双酚 A（BPA），它是聚碳酸酯聚合反应的必需单体，化学反应式如图 5-31 所示。

图 5-31 苯酚与丙酮合成双酚 A 的化学反应式

BPA 进一步与光气反应即可聚合成聚碳酸酯产品。由于在单体分子合成阶段（分子水平）就采用了生物质原料，因此该聚合物的宏观性能与基于传统化石原料生产的聚合物宏观性能没有差别，见表 5-7。

表 5-7 科思创全球首款零碳足迹 Makrolon®RE 聚碳酸酯产品的物理性能对比

性能	测试条件	单位	标准	Makrolon®2807	Makrolon®2807 RE
熔融指数（体积）	300℃/1.2kg	cm³/10min	ISO 1133	9.0	9.0
抗拉模量	1mm/min	MPa	ISO 527-1，-2	2400	2400
屈服应力	50mm/min	MPa	ISO 527-1，-2	66	66
屈服应变	50mm/min	%	ISO 527-1，-2	6.1	6.1
Izod 缺口冲击强度	23℃/3mm	kJ/m²	基于 ISO 180/A	70P[①]	70P

① P 表示部分断裂。

零碳足迹 Makrolon®RE 聚碳酸酯产品与现有 Makrolon® 聚碳酸酯产品加工条件也没有变化，见表 5-8。

表 5-8　科思创全球首款零碳足迹 Makrolon®RE 聚碳酸酯产品的加工性能对比

建议成型工艺参数	单位	Makrolon®2807	Makrolon®2807 RE
标准熔体温度	℃	300	300
模具温度	℃	80~120	80~120

（2）汽车行业中聚碳酸酯再生材料的应用

科思创同时也致力于汽车生命周期末段的回收利用环节，使用经认证的循环产品（消费后 PCR 及工业后 PIR 回收再生材料）开发出基于可再生原料的直接替代产品。

用于汽车车灯的聚碳酸酯具有纯净度高且易于加工的特点。通过严选回收料来源，可将其循环利用。在回收的聚碳酸酯中添加原生料，制成消费后回收材料牌号，可降级作为生产笔记本电脑、打印机、充电器和其他电子设备的原料。经过对制成品生命周期进行评估，最高达 75% 的消费后回收聚碳酸酯与原生料相比可减少高达 50% 的碳排放量。同时这些产品在抗冲击性、耐热性、薄壁设计和阻燃方面仍拥有出色表现，可媲美原生料的性能。例如 Bayblend®FR3040EV（PC/ABS 合金）可应用于电动汽车电池底座，与其对应的含有 PCR 的产品是 Bayblend®FR3040 R35，二者物理性能与加工性能的对比见表 5-9、表 5-10。

表 5-9　科思创 PC/ABS 产品以及与其对应的含有 PCR 产品的物理性能对比

性能	测试条件	单位	标准	Bayblend® FR3040EV	Bayblend® FR3040 R35
熔融指数（体积）	240℃/5kg	cm³/10min	ISO 1133	17	18
抗拉模量	1mm/min	MPa	ISO 527-1，-2	2700	2550
屈服应力	50mm/min	MPa	ISO 527-1，-2	65	65
屈服应变	50mm/min	%	ISO 527-1，-2	4.0	4.2
断裂应力	50mm/min	MPa	ISO 527-1，-2	50	49
Izod 缺口冲击强度	23℃	kJ/m²	ISO 180/A	30	35
维卡软化温度	50N，120℃/h	℃	ISO 180/A	108	105

表5-10 科思创PC/ABS产品以及与其对应的含有PCR产品的加工性能对比

建议成型工艺参数	单位	Bayblend®FR3040EV	Bayblend®FR3040 R35
熔体温度	℃	240~270	250~290
模具温度	℃	60~90	70~100

从以上PC/ABS产品以及与其对应的含有PCR产品的物理性能和加工性能对比可以看出，含有PCR的产品与原产品相比会有变化。导致这些变化的主要原因有：

1）**PCR原料经过了使用和回收环节会发生部分降解**。以车灯料为例，大多数回收的车灯料来源于报废汽车，拆下来的车灯经过长时间使用（被车灯光源反复加热和冷却）和长期紫外线照射（老化）后会发生不同程度的降解。部分车灯还存在涂层，在处理回收料的过程中还需要将涂层通过物理化学手段去除，再进行破碎和清洗，经过这个过程后回收车灯料也会发生部分降解。最后将破碎料熔融加工成粒子形态的过程也会对回收车灯料造成相当程度的降解。

2）**PCR原料的来源有较大的波动性**。从事聚碳酸酯回收的企业会回收不同应用来源的材料，比如车灯料、板材料、外壳料以及光盘料等，他们往往按照熔融指数范围区分回收料，因为熔融指数可以反映回收料的平均分子量水平，却很少将这些原料按照应用来源严格区分。然而熔融指数不能反映回收料的分子量分布，更无法反映回收料中不同的添加剂种类及含量，因此在使用回收料制成成品后，会发现该成品与使用原生料制成的成品相比，波动性增大。

用聚碳酸酯（PC）制成的复合材料同样也具有优异的可回收性。用再次造粒法将预浸料废料和产品加工边角料、报废件（PIR）切碎成一定尺寸，再与新的PC粒子和其他添加剂进行共混造粒，即可得到短碳纤维增强的PC粒子。这种粒子加工后可呈现一种天然大理石般的独特纹理外观，作为一款复合材料，不仅减重效果明显，还带来更多的设计空间和灵感。广汽电动概念车ENO.146的碳纤维座椅背板即采用了科思创的工业后回收"大理石"板。

如果将有化学反应（单体分子来源）的回收称为"化学回收"而将未发生化学反应的回收称为"物理回收"，那么对比二者可以发现，化学回收对最终产品的性能影响小，但是成本相对较高。物理回收对最终产品的性能影响相对较大，需要调整配方或者切换应用场景。

（3）生物基涂料和新型工艺涂料体系

乘用车涂料是指涂装于各类乘用车车身及零部件上的涂料；根据使用场景，又可分为原厂涂料以及修补漆。根据行业估计，2021年中国乘用车涂料的总量达到了27万t左右（不包括电泳漆），成为全球最大的乘用车涂料生产和消耗国家，且在未来保持稳定增长。

如此之大的市场体量，如果能在减碳方向做出调整，对应的碳减排数据将非常可观。目前国内外企业在碳减排的研究发展方向上，主要有如下几项。

第一类：使用更加环保的原材料替换石化基的原材料，以达成碳减排的目的。这里可以使用的环保原材料包括生物质、废弃物，甚至是CO_2。在生物质的使用上，根据最后是否可以在成品中进行直接检测，分为（部分）生物基材料以及质量平衡法材料（前文已有介绍）。其中（部分）生物基材料可以通过对其中的C14进行追踪，进而确定其中生物质材料的含量。以汽车双组分聚氨酯清漆为例，涂料所使用的固化剂组分，可选用部分生物基产品，其原材料部分来自于可再生的植物，如玉米。与同类石油基产品相比，在保持优异性能的基础上，即可减碳30%，又可减少对于石油这类不可再生资源的依赖。在2021年的中国国际进口博览会上（CIIE），科思创与岚图和PPG共同推出的部分生物基清漆解决方案中，已使用此产品。而质量平衡法材料，需要供应商提供含量报告，无法通过C14直接进行检测。目前我们已经看到在产业链具有领导力的公司在该类新材料上做出的尝试。

第二类：就是通过使用更加精益化的工艺，来达成减碳的目的。比如：①缩减掉某些工艺，尤其是对能源高度依赖的工艺，可以大大降低生产过程中的碳排放，一些紧凑型的涂装工艺（如B1B2）就是源于此类理念。甚至汽车行业中的一些先行者已经开始将塑料件与金属车身共线喷涂，进一步通过升级工艺来降低整车制造中的碳排放。②通过降低某一工艺中的能源用量来达到减碳的目的，比如使用可以更低温度固化的涂料，来达成降低烘箱温度的目的，进而大大减少能源的消耗量。目前的技术已可以在100℃甚至以下达到涂料的固化，这对于车企在车身涂装实施环节的节能减碳的贡献也是客观的。

（4）零碳足迹 MDI：用于汽车领域的低碳聚氨酯材料和黏合剂

科思创已经开始向客户提供一款零碳足迹的 MDI（二苯基甲烷二异氰酸酯）。通过经 ISCC PLUS 认证的质量平衡方法，基于植物废弃物的替代性原材料被分配给该产品，由此实现其从摇篮到大门生命周期阶段的零碳排放。新 MDI 规格可广泛应用于建筑、冷链和汽车领域。科思创在上海漕泾一体化生产基地、德国克雷菲尔德 - 于尔丁根和比利时安特卫普基地目前都生产该零碳足迹 MDI 及其前体，这三个基地均已获得 ISCC PLUS 质量平衡认证。

通过应用质量平衡法（前文已有说明），替代性原材料被引入产业链，同时充分利用现有的具有规模经济的高效化工生产基础设施，从而加速高分子化工材料行业向循环经济的转型。科思创零碳足迹 MDI 是一个可直接应用的解决方案——客户可以立即在生产中使用，无需改变工艺流程，也不会影响最终产品品质。

MDI 是聚氨酯的主要原料，而汽车仪表板，行李舱地板，顶篷，汽车座椅、扶手和空腔填充等都大量使用聚氨酯。新能源汽车的蓬勃发展，对电池包轻量化和性能提出了更高的要求。使用复合聚氨酯材料替代金属材料的电池上盖解决方案，既可以满足耐高温，阻燃的性能，又极大地降低了产品的重量。

除了"看得见的"外部车身和内饰环保材料的应用之外，也要关注"看不见的"内部材料的低碳应用。同样利用质量平衡法解决方案，科思创已经成功为全球领先的黏合剂制造商提供用可再生原料（如植物废料、废油脂和植物油）制备的低碳足迹聚氨酯原材料，用于生产聚氨酯反应型热熔胶。此外，以生物基为原料的水性聚氨酯树脂产品也是未来值得探索和研究的方向。

根据 Material Economics 及多个欧盟气候组织于 2018 年的共同研究预测，若主要工业原材料生产导入循环经济模式，于 2050 年可降低 56% 碳排放。其中，**材料循环、材料使用效率**这两大策略，合计贡献总减碳效益的近 80%，而这两者都需要通过好的材料选择来达成。**材料循环**指增进材料循环使用，减少新材料投入；例如通过选择再生材料，避免新材料的使用，并同时创造再生材料的市场需求。**材料使用效率**指减少制造过程单位产品所需的材料量；例如选择更轻更强的材料，或制备过程效率较高的材料。**循环商业模式**指利用商业模式的改变，减少达成特定需求所需的产品量，例如产品服务化，主要的效益源自商业模式的改变。

科思创的公司愿景是全面拥抱循环经济。为此科思创在研发、设计、生产、销售以及售后服务的环节中正努力践行着循环经济的理念。

综上，聚合物材料未来无论是在"钢铁之躯"的传统燃油车中还是"电池加身"的新能源车里都将继续发挥重要的节能减排作用。汽车企业也将会对聚合物生产企业提出更多的零碳足迹或者低碳足迹聚合物的要求，而聚合物生产企业需要通过创新进一步降低低碳产品的成本以便大规模市场普及应用。

5.2.5　路径五：生产数字化转型

1. 背景

目前，随着汽车需求的不断增加，中国已经成为世界汽车产销第一大国。汽车行业也是我国的重点耗碳领域之一，如何实现精准的低碳控制和管理，已成为汽车制造业需要共同面对的重要课题。工业数字化是利用大数据、云计算、人工智能等新一代信息技术，对工业中的人、机、料、法、环要素全面连接，通过碳数据量化、碳数据优化、智能控制等实现全产业链、全价值链的资源最优配置，是新工业革命的重要基石，也是汽车行业低碳发展的必经转型路径。

汽车及零部件行业低碳发展有四个主要途径，如图 5-32 所示，即由高碳化能源结构向清洁能源迈进、由粗放式能源管理向精准能源管理迈进、形成生产工艺的低碳优化能力和低碳产品的创新能力。由于本书前面章节已经大量讨论了清洁能源，本节将从后三个途径分析工业数字化技术对汽车行业低碳转型的作用。

2. 工业数字化技术促进汽车行业低碳转型

（1）数字化技术助力"能源精准控制"，达到"可量化、可追溯"

能源的合理使用不仅影响生产的正常运行，而且对产品质量有效保障和节能减碳指标逐步降低等方面均有着非常重要的作用。当前汽车及零部件行业的能源管理方式还存在数据采集人工化、分析整理复杂化、事件处理滞后化和管理过程粗放化等问题。工业数字化技术通过大数据、云计算、工业互联网等新一代信息技术与能源管理深度融合，实现能源的可量化、可优化和智能控制闭环。如图5-33所示，数字化技术与能源管理形成双螺旋上升模式，进一步推动汽车及零部件行业低碳发展。

图 5-32　汽车及零部件行业低碳发展主要途径

图 5-33　工业数字化与能源管理双螺旋模型

如图 5-34 所示，能源的可量化即通过工业物联网、工业互联网等技术的赋能，对水、电、气等相关数据进行采集及监控，从而实现实时预警，并通过同比、环比等数据统计方法，实现从能源计划、统计到考核的闭环管理。能源的可优化即运用人工智能、大数据等技术，以监测数据为基础优化模型和算法，从而实现能源系统的实时寻优运行，降低能耗，提高碳效率。能源的智能控制即应用数字孪生、远程控制等技术，基于能源优化分析结果，对工厂设备参数或工艺参数进行智能控制，最终完成关键环节能源的综合平衡和优化调度。

图 5-34　精准能源控制模型

综上所述，工业数字化技术可以记录企业能源数据，有助于更加精确地进行能源管控及碳排放核算。同时，通过与区块链等技术的结合，可形成真实有效、不可篡改的能源（碳）数据链，建立企业的能源（碳）数字信用体系。

（2）数字化技术助力"低碳工艺生产"，达到"可优化、可推广"

随着智能制造的持续推进，汽车及零部件行业的生产线越来越先进，基本做到了"流程的标准化和自动化"。但与之相比，企业的生产工艺、原料技术等还比较落后。例如汽车零部件生产中压铸参数设置、机加调刀管理等工艺，大多仍然依靠经验调整，导致原料、能源和设备被大量浪费，碳效率难以提升。汽车及零部件行业的低碳式发展，亟须通过数字化技术实现"知识的标准化和自动化"，从而助力生产工艺低碳优化。

铝是最重要的汽车制造金属材料之一，被广泛用于汽车车身骨架、发动机、保险杠、车轮、电池系统、各类零部件等。但是铝行业却是高耗能、高碳排放行业，据统计，2020年铝生产行业碳排放量约为4.26亿t，约占全社会碳排放总量的5%。因此，如何精准地控制铝材料用量，对汽车行业降低碳排放量具有重要的作用。

以车轮为例，其生产工序主要有熔炼、压铸、热处理、机加工和涂装，其中机加工是将热处理后的铸造毛坯通过车削、钻孔等加工方式使轮毂造型、尺寸符合要求。加工后的铝车轮与法兰、扣帽、螺栓、平衡块、轮胎、气门嘴等进行装配，做到不影响刹车盘、转向节等部件工作。如图5-35所示，传统铝车轮机加工生产过程中，技术人员根据毛坯基本状态和三坐标质检结果，依靠经验进行停机工艺调整。由于机床刀号和加工位置对应的尺寸链是多对多的网状关系，即一个位置对应多个刀号，调整一个刀号也同时影响多个位置，由于尺寸链复杂，即便人工反复调整测试，也难以保证铝车轮尺寸的精准控制。这就在无形之中提高了原料碳和工艺碳。

图 5-35 传统轮毂机加工工序存在的问题

针对上述问题，中信戴卡与精诺数据联合研发了"智能刀补调整方案"，如图5-36所示。该方案通过模拟尺寸加工链、解析调机参数和自动下发，实现了 CNC 机床 AI 闭环调整，更重要的是智能模型持续优化刀补知识图谱，沉淀工艺经验，从而完成了轮毂尺寸的精准控制，该方案不仅实现了轮毂的减重，更节约了原料碳、工艺碳。

图 5-36　智能刀补调整方案示意图

综上所述，只有通过数字化技术量化生产过程，优化生产工艺，才能解决传统制造中存在的经验式工艺，助力汽车及零部件行业生产向自动化、柔性化、数字化、智能化和低碳化的方向发展。

（3）数字化技术助力"低碳产品创新"，达到"可设计、可增值"

当前，碳中和引发全球关注并成为国际共识，涵盖汽车全生命周期的国际碳贸易壁垒已经形成。汽车行业是国民经济的支柱产业，其产业链长、覆盖面广、带动性强，在原材料获取、汽车生产、汽车使用以及报废回收四个生命周期阶段给能源、资源和环境都带来了较大的压力。汽车行业的碳排放很大程度上是由设计所决定的，在传统的汽车生产中，汽车的相关性能通常会进行事后评估，在低碳环保的大背景下，更需要在汽车设计之初给出事前评估的方法，需充分运用工业数字化技术辅助企业在汽车生命周期的不同阶段采取不同的低碳技术措施。

目前，一些国外车企已经建立了包含低碳、健康、成本等方面的汽车创新评价指标体系，并运用到汽车的全生命周期过程，以帮助汽车在不同开发过程中迭代升级，下面将分别介绍。

1）奔驰：环境管理系统。为了应对汽车研发中的各种挑战，平衡不同指标之间的相互影响和不同开发环境中潜在的相互矛盾的现象，奔驰依托 ISO 14001 环境管理体系开发了环境管理系统，构建了气候保护和空气质量、资源维护、健康的指标体系，在产品的设计阶段综合考虑功能因素、经济因素和碳排放因素，实现汽车研发生产全流程的指标验证，设计人员根据反馈结果对产品结构做出相应改进，最终得到最优设计方案。

2）丰田：生态汽车评估系统（Eco-Vehicle Assessment System）。丰田深入贯彻汽车生命周期评估（LCA）的综合环保评价标准，开发了生态汽车评估系统，从车辆使用阶段的燃耗、尾气排放、噪声指标以及报废阶段的可再生利用性、环境负荷物质的削减、整个生命周期的环境影响六个方面构建指标体系，实现汽车全生命周期的碳排放指标跟踪与检查，并对产品进行迭代升级。

3）福特欧洲：产品可持续性指数（Product Sustainability Index，PSI）。福特欧洲为了同时提高产品在环境与健康、经济和社会方面的表现，建立了产品可持续性指数，主要包括生命周期空气质量、生命周期成本、可持续材料、安全和移动性能等方面。福特欧洲在产品研发的全过程持续地追踪产品可持续指数的变化，不断地进行调整和改进，并实现产品开发方案的迭代优化。

综上所述，汽车设计研发阶段的决策会影响 70%～80% 汽车整体表现，有效的前期评价方法有利于辅助决策不同阶段采取不同的低碳方法。奔驰环境管理系统、丰田生态汽车评估系统、福特产品可持续性指数都是在设计研发阶段对汽车各项指标进行评估，通过反馈有规划地制造出符合标准的产品，有效控制了碳成本。数字化技术能够在汽车的全生命周期中，结合不同指标对所采取的数字化技术进行科学评估，实现新产品的低碳开发。建议国内车企建立面向碳中和的汽车全生命周期事前评价体系，实时调整数据获得评估结果，并反馈到开发计划中，最终建立产品低碳创新能力。

3. 减排能力预测

工业数字化技术助力汽车行业实现能源精准管理、低碳工艺生产和低碳产品创新，是汽车行业低碳发展的必由之路，见表 5-11，依托工业数字化技术，预计到 2025 年，单车生产碳排放降低 30% 以上，动力蓄电池碳排放降低 20% 以上；到 2050 年，单车生产碳排放降低 80% 以上，动力蓄电池碳排放降低 60% 以上；到 2060 年，单车生产碳排放降低 100%，动力蓄电池碳排放降低 80% 以上。在"双碳"背景下，建议大力推动汽车行业数字化转型。

表 5-11　单车生产及动力蓄电池碳减排比例预测

情景类别	参数名称	2025 年	2030 年	2050 年	2060 年
基准情景	单车生产碳排放减排百分比	20%	40%	60%	80%
汽车行业 2060 年前碳中和情景	单车生产碳排放减排百分比	30%	50%	80%	100%
汽车行业 2050 年前碳中和情景	单车生产碳排放减排百分比	40%	60%	100%	100%
基准情景	动力蓄电池碳排放减排百分比	15%	30%	50%	60%
汽车行业 2060 年前碳中和情景	动力蓄电池碳排放减排百分比	20%	40%	60%	80%
汽车行业 2050 年前碳中和情景	动力蓄电池碳排放减排百分比	30%	50%	80%	100%

5.2.6　路径六：交通智慧化转型

1. 现状与问题

近年来，互联网、大数据、人工智能等新技术与交通运输的融合不断深入，推动着交通运输数字转型、智能升级，运输服务新业态、新产品不断涌现，交通运行管理模式不断升级，人民群众的获得感也不断提升。

1）**交通新基建和数字化加快推进**。智慧公路项目数量和规模快速增长，超过 3500km 公路完成智能化升级改造[79] 广泛采用智能感知技术，积极开展恶劣天气行车诱导、主动安全防控等试验[80]；公路建筑信息模型（BIM）广泛应用，70% 左右的设计单位和超过 50% 的建设施工企业已经开发了 BIM 平台，并在部分工程中应用[81]；初步建成全国公路网 GIS-T 基础平台；公路行业积极开展交通能源融合示范，例如，山东荣乌高速公路、上海长兴岛服务区等启动了分布式光伏发电试验。

2）**交通运行管控智能化不断提高**。高速公路视频云平台基本建成，实现云联网方式接入超过 1 万套交通流、23.5 万套视频及 2.46 万套 ETC 门架设备[82]；深圳、杭州等城市交通"数据大脑"建设取得突破，跨部门协作的交通运输综合监测、仿真推演和智能调度系统初步形成；北斗卫星导航服务已经覆盖亚太大部分地区。

3）**互联网出行创新应用成效显著**。"掌上出行"等新业态不断推出，乘车购票"一码通行"、预约进站等智慧服务加快推广。二级及以上道路客运站电子客票覆盖率达到 90.9%；高速公路客车 ETC 使用率超过 67%，货车 ETC 使用率超过 64%；全国 336 个城市实现交通一卡通互联互通；截至 2022 年底，全国共有 298 家网约车平台公司获得许可，覆盖我国 325 个地级以上城市[79,82]。

4) **智慧物流服务新模式不断涌现**。危险货物道路运输电子运单使用企业覆盖率达到 85.3%，车辆覆盖率超过 66%；主要快递企业电子运单使用率达到 90%；各类网络货运企业整合货运车辆超过 594 万辆；物流运输装备智能化技术应用日渐成熟，智能立体仓库数量超过 6000 座[79,82]，自动引导运输车（AGV）、自动输送分拣系统等在部分物流园区已经投入规模化应用；邮政快递业分拨中心已基本实现自动化分拣。

5) **车路协同及自动驾驶快速发展**。自动驾驶企业纷纷开始有条件／高度自动驾驶级研发和试验，无人驾驶出租车在部分城市已经完成试运营，无人驾驶货车在特定区域实现商业落地，达到世界先进水平；智慧高速公路新建项目中，超过 70% 的项目开展了车路协同或自动驾驶技术应用实验[80]；全国累计开放测试道路超过 2 万 km。

尽管交通智慧化转型取得了长足发展，但是与交通强国提出的智能、绿色发展要求相比，还存在以下几个方面的不足。一是数字化基础依然薄弱。数据动态感知的范围较窄、深度不够，以"可视""可测"为主，距离"可控、可服务"还有一定差距；行业成体系、成规模的公共数据较少，数据开放与社会期望还存在差距。二是应用协同性不强。不同方式和领域之间发展不平衡，除高速公路 ETC 全国联网系统以外，纵向的全国一体化协同应用较少，横向的跨领域、跨部门综合性应用尚未充分整合、有效联动。三是运输服务一体化程度不高。客运"一票制"、货运"一单制""一箱制"的全程数字化服务体系尚未建立；全过程全天候出行解决方案、预约式出行服务平台及配套设施等供给能力与公众的迫切需求还不匹配。四是融合创新不充分。车路协同、自动驾驶、交能融合等新技术仍然处于试点示范阶段，与创新应用场景相配套的体制机制还不健全，规模化商业运营模式还不成熟。

2. 未来发展趋势

交通运输的数字化、网联化、智能化、共享化、低碳化发展，正在改变交通运输的运营模式、管理模式和服务模式，推动着智慧交通与智能汽车、智慧能源、智慧城市融合发展，为人们构筑一个更加安全、高效、智慧、绿色、经济的交通运输体系，有效衔接生产、分配、流通和消费领域，使人享其行、物畅其流。

（1）数据要素驱动交通运输生产方式变革

随着数字经济的快速发展，数据成为关键要素，推动物理空间和虚拟空间加速实现相互表达、逐渐融合、促进新质生产力发展。远程办公、视频会议、网络购物等正在改变人们的出行方式。网约车、共享单车、分时租赁等共享交通将不断提高交通工具的利用效率，大运量干线公共交通+共享交通的组合模式，将有效缓解城市群内部日益尖锐的交通资源有限性与交通需求快速增长之间的矛盾。摩根士丹利估计，到 2030 年，共享汽车将占到全球行驶里程的 26%[83]。同时，数字化模糊了交通供给和需求的界限，基于大数据的共享平台，将通过打通数据流、交通流、业务流，以高时效性、高频次、精准匹配、多方整合、无缝衔接等特征的运输组织，实现动态响应需求的一体化客货运输服务。2035 年，网上预约出行将成为常态，共享出行全面普及，生物识别、无感通行、无感支付大规模应用；推广货物多式联运智能化技术，城市共同配送占比超过 50%，物流实现全程可视化。2050 年，实现"门到门"一站式全程智能客运服务、一单式全链条智能货运服务。

（2）四网融合构建新型公路基础设施网络

近年来，党中央、国务院密集部署加快推动 5G 网络、数据中心等新基建。智慧公路是国家新基建战略的重要组成部分，也是交通强国的重要篇章。《交通强国建设纲要》《国家综合立体交通网规划纲要》均明确提出"推进交通基础设施网与运输服务网、信息网、能源网融合发展""交通基础设施绿色化建设比例达 95%，交通基础设施数字化率达 90%"。这就要求公路交通主动适应不断增长的高品质、多样化、个性化的旅客出行需求和高价值、小批量、时效强的货物运输需求，通过前沿技术赋能传统公路基础设施，推动公路基础设施与信息基础设施、能源基础设施统筹布局规划建设，实现由条块分割的各自发展转变为集成共享的协同融合发展。同时，大数据、互联网、人工智能、区块链等新技术的不断创新突破，推动发展动能从生产要素驱动向创新驱动转变，要求公路网、运输网、信息网、能源网不断提升数字化、网络化、智能化水平，以数据为融合剂，形成广泛互联、智能绿色、开放共享的新型综合基础设施服务体系。到 2035 年，公路基础设施实现全要素、全周期数字化；城市群高速公路超快充、大功率电动汽车充电设施广泛覆盖。到 2050 年，全面实现公路设施设备自动检测预警、智能维护，公路运行实现全路网、全要素、全天候实时感知和全过程主动管控；建成便利高效、互联共享的充换电网络。

（3）车路云协同自动驾驶改变交通管理模式

随着车路协同及自动驾驶技术的发展，公路交通的服务对象由人转向机器，服务主体由单一主体各自独立转向多主体协同，服务方式由单向信息提供转向双向/多向信息交互，这需要公路交通运行规则和管理模式进行革命性变化。据预测，到 2030 年，我国部分自动驾驶（PA）、有条件自动驾驶（CA）级智能网联汽车在当年汽车销售市场份额超过 70%，高度自动驾驶（HA）级智能网联汽车达到 20%，并在高速公路广泛应用、在部分城市道路规模化应用；到 2035 年，高度自动驾驶级智能网联汽车大规模应用[84, 85]。在全球汽车销售市场，智能网联汽车销售占比将在 2040 年后接近饱和，2050 年基本实现全面电动化、自动化和网联化[86]。在车路协同方面，2035 年 S3 级有条件的车路协同技术大规模推广，到 2050 年 S4 级高度的车路协同技术大规模推广[87]。在数字经济的主导下，多主体协同合作的新一代道路交通控制网和交通大脑，将实现车车、车路的协同感知、协同决策和协同控制，到 2035 年，在高速公路网和经济发达地区的城市道路网大规模应用；2050 年，在全国路网大规模应用。

3. 减排潜力分析

（1）智慧交通促进运输结构优化

过去，从马车、火车到汽车、飞机，载运工具的变革是影响综合交通运输系统能力和结构的决定性因素；20 世纪 80 年代以后，信息技术的发展成为交通运输变革的最大驱动力。电动化、数字化、智能化、网联化，在改变汽车动力系统和控制系统的同时，更为重要的是，改变着交通运输的供给和需求。在共享交通新服务替代下，私人拥有交通工具的需求将逐步降低。同时，在共享交通模式和智能控制技术的双重作用下，单车的空载率和停车时长有效降低，单位车公里完成的人公里或吨公里效率将明显提高。在城际交通中，公路客运班线市场份额快速削减，铁路和城际轨道交通将成为主要运输方式；长距离大宗货物运输逐渐从公路向铁路、水路转移，自动驾驶货车编队将在干线运输中发挥重要作用，有效提高运输速度并减少交通事故。在城市内部交通中，轨道交通与常规地面公交的衔接互补、一体化运营和精细化服务，将显著提高绿色交通分担率；社会化共同配送将缓解城市交通拥堵并降低能耗、减轻污染。

（2）智慧交通提升道路通行能力

自动驾驶车辆能够有效减少车头时距、提高行车安全，从而大幅提升单条车道的通行能力。然而，考虑到自动驾驶车辆的渗透率，自动驾驶和人工驾驶混行将是一个长期的过程，在混行交通中，既要考虑自动驾驶车辆对人工驾驶车辆的负面影响，还要考虑出入口、交织区等特殊区域混行交通行为的影响，因此，在2035年前，自动驾驶对整体道路通行能力的提升非常有限。另一方面，随着自动驾驶车辆渗透率的不断提高，具备智能网联能力的自动驾驶车辆作为大型移动智能终端，在智能交通系统中的作用越来越大。新一代道路交通控制网和交通大脑，将通过人、车、路、环境等有效互通，利用数据驱动的交通管控和服务技术，深度挖掘既有交通资源潜能，实现交通运行全局调度和管理的智能化、精准化，实现交通需求和供给时空分布的合理匹配，从而有效提升路网的整体通行效率。

（3）智慧交通提高能源利用效率

汽车的电动化、网联化、智能化及其与公路基础设施网、能源网、信息网的广泛互联、融合发展，将深刻改变公路交通的能耗规模和结构。电动汽车保有量的不断增长，将对公路沿线充换电设施布局规模和运营维护提出更高要求。智慧公路沿线建设了大量网联化、智能化用电设施，也将大幅提高传统公路自身的能源消耗。但是互联网、大数据、人工智能等新技术集成应用，将实现交通网与能源网的动态协同运行和管控，从而提高能源利用效率。同时，自动驾驶车辆编队行驶，空气阻力减小，能够有效节约燃料消耗和降低尾气排放。从长期来看，随着自动驾驶车辆的广泛普及，智慧交通将通过车车、车路、车云交互以及智能感知、协同运行和控制，优化车辆驾驶行为，提高车辆行驶速度或保持匀速行驶，从而减少能源消耗和尾气排放。

4. 结论与建议

交通运输的数字化、网联化、智能化、共享化、低碳化已经成为确定性发展趋势，智慧交通与智能汽车、智慧能源、智慧城市的融合发展，将推动跨领域协同式发展和社会经济大生态融合，优化交通运输结构，提升路网整体的安全和效率，并减少能源消耗和环境污染。

为推动智慧交通发展，要进一步夯实数字化基础，推动公路基础设施和载运工具的数字化、网联化、智能化；要根据技术发展的阶段性特征和成熟度，加强可落地的应用场景创新，针对共享交通、车路云协同、四网融合等具体应用场景，做细、做实技术方案和运营模式设计，健全跨部门协同的运行体制机制，推进智慧交通技术规模化、商业化应用；要加强政策引导，坚持"市场先行、政府补位"，鼓励社会资本加大智慧交通投资建设运营，培育智慧交通产业生态。

5.2.7 路径七：出行共享化转型

交通运输领域是包括多种社会经济影响因素在内的社会经济系统，这些影响因素逐渐成为交通运输业低碳转型的变革性驱动因素。例如：城市形态的转变可以最大限度地减少汽车的行驶从而减少碳排放；对共享价值观和共享经济的重视可以引起出行者的行为变化从而减少碳排放；将充电系统适应电网的新方式从而提高电力运输的效率等。在众多碳减排驱动因素中，共享经济理念的传递能够为社会经济带来更高的效率[88,89]，推动城市转型，将眼光跳出单一行业为全社会福祉的增加贡献力量。并且越来越多的证据表明，共享经济通过其经济活动组织方式的改变，相较于单一家庭而言，具有更大的社会群体支撑，表现出更大的碳减排潜力[88,90]。

共享出行作为共享经济中发展最快的领域近年来得到广泛的关注[90]。共享出行是指人们无需拥有车辆所有权，以共享和合乘方式与其他人共享车辆，按照自己的出行要求付出相应的使用费的一种新兴交通方式，包括以网约车、汽车共享等为代表的一大批创新模式。这种新出行模式主要通过替代私家车出行、提高车辆使用效率、提升城市交通系统效率等途径实现减排。替代私家车出行方面，根据 Greenblatt&Shaheen 预估，每辆共享汽车会从道路上移除 9~13 辆汽车[90]；提高车辆使用效率方面，Martinez&Viegas 的研究表明，共享出行可以使车辆的使用从每天大约 50min 增加到 12h[91]；提升城市交通系统效率方面，国际交通论坛（ITF）研究表明，通过拼车的共享出行模式，交通拥堵将会减少 48%，从而二氧化碳的排放也会降低 50%[92]。考虑到网约车的全球消费者支出占共享出行市场的 90% 以上[93]，本节以网约车模式为例，基于汽车生命周期评价模型（CALCM）探讨六种情景下，乘用车（私家车）共享出行的碳减排潜力。

（1）我国新能源网约车市场现状

随着我国新能源汽车的推广和市场普及度的提高，新能源汽车规模优势和成本优势逐步显现，电动网约车凭借其综合运营成本优势更明显的特点成了新能源汽车的主要应用领域。从汽车的主要用途来看，新能源车辆市场主要由七类构成，分别是私家车、网约车、出租车、共享租赁车、物流车、公交客车和重型货车。由中国新能源汽车大数据联盟所提供的数据分析[94]，我们发现 2020 年网约车的日均行驶里程为 157.8km，仅次于重型货车和出租车的日均行驶里程，如图 5-37 所示。

车辆类型	2020年日均行驶里程/km
重型货车	170.2
公交客车	148.3
物流车	86.6
共享租赁车	99.6
出租车	186.5
网约车	157.8
私家车	45.7

图 5-37 2020 年不同用途新能源汽车日均行驶里程

2019 年我国新能源网约车整体的日均行驶平均时长为 6.99h，相较于 2018 年的 5.88h，增加了 1.11h；日均行驶里程为 167.25km，相较于 2018 年的 141.67km 也有较大的增幅。并且一线城市的网约车日均行驶时长在 8h 以上的占比远高于其他城市，四线、五线城市在 8h 以上的占比明显低于其他级别城市。而 2020 年网约车日均行驶里程、日均行驶时长都略微有所下降，其中主要原因可能是 2020 年黑天鹅事件爆发，使用户对公共出行的需求短期内迅速锐减，市场短期可能会有所收缩；驾驶员出车面临生理和心理的重重压力；为了保障车内的日常消毒和安全，平台的运营成本陡增。但从长期来看，网约车仍具有占据市场主要出行方式的趋势。大量研究也表明，与传统的共享车队相比，共享电动汽车在服务、旅行时间和等待时间方面都达到了相同的水平，甚至在运营和维护成本方面更容易实现。

（2）网约车共享出行的碳减排潜力

该部分采用全生命周期的方法进行纯电动汽车与传统燃油汽车在不同共享出行情景模拟下的碳减排率的核算，从而分析共享出行的碳减排效果。在研究过程中采用中汽数据有限公司提供的数据进行汽车全生命周期的碳排放核算，包括汽车全生命周期的材料输入、基本参数、碳排放因子等。

共享出行可以通过组合出行有效地减少车辆行驶里程（VKT），也为车队缩减、缓解拥堵以及潜在的能源和排放减少提供了基础[95-98]。相比于传统的燃油汽车，电动汽车在减排方面具有较大的优势，从汽车全生命周期的不同阶段来看，由于电池的生产，电动汽车在车辆周期呈现出更大的碳排放趋势，但在燃料周期中具有传统燃油汽车不具有的低排放优势。研究设定了两个背景下的六种情景：参考背景为我国目前纯电动汽车在乘用车所占比率保持不变；政策背景假设我国未来全面实现汽车电动化，电动汽车的市场占有率为 100%。两种背景下分别考虑了 4 人共享、3 人共享和 2 人共享车辆的六种情景，从汽车的车辆周期与燃料周期分别探讨六种背景下的碳减排率。

用共享出行相对于传统出行方式的碳减排率来表征碳减排效果，碳减排量为传统出行方式与共享出行碳排放量的差值，碳减排率为共享出行碳减排量占传统出行方式碳排放量的比例，计算公式为

$$EM_r = EM_F - EM_E$$

$$e = \frac{EM_r}{EM_F}$$

式中　EM_r——共享出行方式相较于传统出行的碳减排量（kg）；

e——共享出行方式相较于传统出行方式的碳减排率（%）；

EM_F——传统出行方式的碳排放量（kg）；

EM_E——共享出行的碳排放量（kg）。

如图 5-38 所示，六种模拟情景下，共享出行碳减排效果主要体现在燃料周期，燃料周期的碳减排率平均约 66%，车辆周期的碳减排率平均约为 13%。对于网约车而言，共享出行在一定程度上减少了私家车上路频率，对私家车替代作用最大，而基于现有燃油汽车的保有量视角，我国燃油汽车占比约 97%，燃油汽车的燃料周期碳排放是汽车生命周期碳排放的主要贡献，因而，使用端人均碳排放的分摊是对共享出行碳减排的最大贡献者。横向对比不同共享方式，每多一人参与共享，大约可以贡献 5% 的碳减排率，多人共享意味着更低的人均出行的碳排放，碳减排率更大，这也意味着公共交通对私家车的出行方式替代可以实现更大的碳减排效果。通过对比参考背景和政策背景的结果发现，全面实现电动化的碳减排率更高，政策背景的三种情景较参考背景而言，平均碳减排率增加了 13%，见表 5-12。近年来，随着电动汽车技术的进步，为实现交通领域的净零碳排放，越来越多的共享汽车公司正在使用纯电动汽车替代他们的车队[99]，例如在北京，GOFun 是首汽集团针对共享出行推出的一款新能源租车产品，其所有车型均为电动汽车，为用户提供便

图 5-38　六种模拟情景下共享出行的碳减排率

捷、绿色、快速、经济的出行服务。全球成功的电动汽车共享市场也应运而生，例如法国的 Autolib、德国的 SHARENOW 和美国的 Zipcar[98]。

表 5-12 不同情景下共享化参数设置

情景类别	参数名称	2025 年	2030 年	2050 年	2060 年
基准情景	共享率	5.00%	14.29%	51.43%	70.00%
汽车行业 2060 年前碳中和情景	共享率	8.00%	18.50%	60.50%	80.00%
汽车行业 2050 年前碳中和情景	共享率	10.00%	24.00%	80.00%	80.00%
基准情景	共享碳减排率	6.87%	19.20%	64.14%	79.91%
汽车行业 2060 年前碳中和情景	共享碳减排率	10.32%	24.74%	73.97%	87.94%
汽车行业 2050 年前碳中和情景	共享碳减排率	12.88%	32.44%	88.03%	88.17%

（3）共享出行发展所遇到的壁垒

共享经济背景下的共享出行可以有效解决城市交通、能源消耗、空气污染和身体健康等问题，网约车是实现共享出行目前应用最广的方式，但是网约车的新业态的发展也面临着一系列的新问题：由于网约车的监管法律法规不完善，乘客的信息和人身安全时常得不到保障，遇见问题时还会存在严重的责任划分问题；政府为进一步对交通运输资源进行合理配置，强化网约车安全保障，制定严格的监管细则，则网约车的入门门槛太高，这在一定程度上对网约车市场的发展有不良的影响；在定价机制上，由于网约车定价没有一个透明的机制，存在着网约车平台利用动态价格调整机制而侵犯消费者知情权的问题；网约车为人们带来的便利也具有一定的环境负效应，它们在取代私家车的同时，也存在着取代公共交通和非机动交通的风险。而共享电动汽车的充电是一个较大的问题，传统汽车的加油站数量多，而专用于电动汽车的充电桩却相对较少，为充电建设大量的充电桩与新能源汽车共享有效利用现有资源的初衷南辕北辙；此外新能源汽车也面临着里程焦虑的现状，实现共享后新能源汽车每日的行驶里程将会远高于原有行驶里程，尤其在北京、上海等大城市，实现跨区的行驶很容易遇到半路上没电的困境。

随着人民生活水平的提升，对于出行质量和要求愈来愈高，传统的公共交通出行方式已经不能满足部分人群所追求的高品质、高精度的出行需求，在城市出行方式多样化的背景下，电动汽车共享出行是交通出行领域新的发展态势，共享出行在缓解城市交通拥堵、节约资源利用、降低碳排放等方面具有优于其他出行方式的优势，并且在结合交通大数据、智能网联技术后通过共享经济这一全新的经济范式，增加全社会的福利。但共享经济的发展存在着责任分配、定价机制、基建设施对公共交通出行有不利影响等亟待解决的问题，因此政策制定者在加快共享经济所需的基础设施、人力资源和公共环境建设的同时，也要加强商业运营环境治理，制定具有影响效力的社会信用体系，促进共享经济助力我国经济增长，扩宽共享经济的发展道路。

5.2.8 路径八：资源循环化转型

1. 汽车资源回收利用

（1）产业发展的现状与趋势

过去几年我国汽车保有量和回收量均保持快速上升的趋势。据公安部统计，我国汽车保有量从 2017 年的 2.17 亿辆增长至 2021 年的 2.92 亿辆。与此同时，报废汽车回收量也呈现稳步上升趋势，2021 年报废汽车回收量 297.5 万辆，回收量约占保有量的 1%，如图 5-39 所示。

图 5-39 2017—2021 年我国汽车保有量与回收量增长趋势

为了减少汽车产业对自然资源的过度依赖，减小资源开采对社会环境的消极影响，响应"碳达峰，碳中和"的政策号召，汽车产业有必要向"资源节约型、环境友好型"方向转变。以"减量化、再利用、资源化"为原则的报废汽车回收、拆解及资源循环化利用是实现汽车产品闭路循环不可缺少的关键一环。以汽车拆解循环利用为龙头和抓手,以循环产业链为科技支撑和经营体系,适应以产业大循环为主体,国内国际相互促进的新发展格局[100]。

（2）汽车资源回收利用发展趋势与预测

世界各国对汽车资源回收利用都非常重视。美国占每辆车重量75%~80%的部件被再利用。目前美国有超过1.2万家报废汽车拆解企业,2万家零部件再制造企业和200家拆后报废汽车粉碎企业,报废汽车回收产业在美国每年利润达数十亿美元。早在2000年9月,欧盟发布了报废汽车回收指令（2000/53/EC）。从2007年1月1日起,成员国开始全面执行该指令。该指令规定汽车制造商在欧盟上市新车时必须出具证明,证明其投入市场的新款汽车的材料回收率至少要占重量的85%,可利用率至少为95%,才能获得市场准入许可证。日本报废汽车回收利用企业约有8.5万家,氟利昂处理企业2.3万家,拆解企业5000家,破碎企业140家,报废汽车回收利用率接近100%。

我国也相继出台政策对汽车资源回收进行规范管理。随着2019年《报废机动车回收管理办法》《报废机动车回收拆解企业技术规范》的正式实施,我国报废机动车回收处理行业面临重大发展机遇和挑战。2020年7月31日,商务部等7部门联合发布《报废机动车回收管理办法实施细则》,从回收拆解行为规范、回收利用行为规范等方面进行了明确规定。提出发动机、方向机、变速器、前后桥、车架等"五大总成"可以进行回收利用。2021年7月,国家发展改革委印发《"十四五"循环经济发展规划》明确提出加强报废机动车、报废船舶、废铅酸蓄电池等拆解利用企业规范管理和环境监管。

汽车行业各大品牌也纷纷制订量化碳减排目标。沃尔沃集团提出其目标是到2025年将每辆汽车的碳足迹减少40%,争取到2040年完全实现气候中和。大众汽车集团提出在2025年之前实现每辆汽车碳减排30%,并在2050年最终实现汽车全生命周期碳中和。丰田提出在2030年汽车生命周期CO_2排放减少至2001年的三分之一,并计划在2050年前实现全生命周期净零排放。此外,这些国际车企在开发设计新车型时,通过加大低碳材料的开发和利用力度、减少材料使用量、增加再生材料使用等方式,实现材料生产过程的碳减排。

随着政策逐步规范，我国报废汽车产业规模也在稳步上升。据 2.4 节预测，未来我国汽车保有量将持续增长。按照 2021 年回收量（297.5 万辆）占保有量（3.02 亿辆）约为 1% 的比例计算，参考全球发达国家水平在 5%～7% 左右，假定在 2025 年我国达到 3%，2030 年达到 5%，2035 年之后稳定在 7% 左右，未来我国汽车保有量和回收量具体数据见表 4-13。

此外，由于新能源汽车包含动力蓄电池的回收利用，其回收处置技术不同，需要单独计算。2021 年全年，新能源汽车产销分别完成 354.5 万辆和 352.1 万辆，同比均增长 1.6 倍，市场占有率达到 13.4%。截至 2021 年底，全国新能源汽车保有量达 784 万辆，占汽车总量的 2.6%。据中汽中心中汽数据有限公司预测，未来汽车电动化将加速发展，市场占有量快速提升，见表 5-13。

表 5-13　我国未来汽车保有量和回收量预测

时间	保有量 / 亿辆	新能源汽车保有量 / 万辆	回收率（占保有量的比例）	回收量 / 万辆	新能源汽车回收量 / 万辆
2025 年（预测）	3.61	2839	3%	1083	85.2
2030 年（预测）	4.46	7395	5%	2230	369.8
2035 年（预测）	5.02	14611	7%	3514	1022.8
2050 年（预测）	5.47	32130	7%	3829	2249.1
2060 年（预测）	5.38	38003	7%	3766	2660.2

（3）汽车资源回收利用减排潜力分析

我国汽车保有量已居世界第一，汽车资源回收利用对于汽车全生命周期碳排放的管控、实现产业闭路循环具有十分重要的经济效益与社会效益。根据行业调研，再生钢与原生材料相比可减少约 80% 的碳排放；再生塑料与原生材料相比可减少约 80% 的碳排放；再生铝与原生材料相比可减少约 90% 的碳排放。汽车主要材料回收碳减排数据及回收量见表 5-14[101]。

表 5-14　材料再生利用减排数据

类型	减排效果 /（t CO_2/t 材料）	单辆燃油车材料回收量 /kg	折损比
钢铁	1.9	2534.48	1.08
铝	14.7	28.95	1.18
塑料	3.4	21.73	1.19

对于燃油车而言

$$减排量 = \frac{减排效果}{折损比} \times 回收量$$

根据上述公式计算可知，单辆燃油车材料再生利用减排为 4.9t CO_2。此外，对于新能源汽车而言，需要考虑动力蓄电池回收对碳减排的贡献。格林美对动力蓄电池回收利用与材料再制造的碳足迹进行计算，每回收利用 1kW·h 动力蓄电池可减排 19kgCO_2，平均每个电池包按 50kW·h 计算，每回收一个电池包可减排 950kgCO_2。因此单辆新能源汽车回收利用碳减排为 5.8t CO_2。

（4）汽车资源回收处置技术

报废汽车的结构件以钢铁为主，目前拆解企业对车体和结构件等进行压扁或切割、破碎作业，获得符合一定尺寸规范和密度要求的产品，售卖至钢铁冶炼厂进行循环利用。废钢冶炼相对于铁矿石可以减少煤炭、水和精矿粉的使用，碳减排效果显著[102]。报废汽车破碎后的金属材质中有色金属大概占 3%~4.7%，以铝、铜为主和少量的镁合金、锌、铅及轴承合金[103]。为保证再生铝产品质量，在制成再生铝前需要经过破碎、分选、熔体净化等环节，如采用颜色分选技术、激光诱导能谱分析技术（LIBS）等可对不同类型的废杂铝进行精细分类[104]。汽车中的纯铜主要用于制动管、散热管等，铜合金主要用于散热器、制动阀阀座、化油器通气阀本体等。这部分废铜资源经回收、分选、熔炼、电解精炼等环节制成符合规范要求的铜产品。在报废汽车中，塑料所占的比例为 8%~12%[105]。综合来说，汽车塑料资源化利用方式主要可以分为直接利用、物理再利用、化学再利用和能量回收。

零部件回收再利用是报废汽车资源化利用的首个阶段，其经济价值属于报废汽车回收价值体系中价值最大的一部分。零部件回收再利用一般可细分为直接再使用、再制造和升级再制造三个部分。零部件直接再使用主要针对事故车辆或使用频率较小的车辆。由于这些车辆的零部件使用年限或使用次数较少，所以其大部分零部件都处于正常服役年限内，只需通过简单的清洗、检测就可以继续发挥功能作用；零部件再制造是对零部件进行再加工和检修后的二次再利用，提高再制造零部件的可靠性是保证再制造产品质量稳定性的重要手段，也是再制造产品被认可的必经之路；零部件的升级再制造是在原制造的基础上进行改造升级以满足新的标准和要求。研究结果表明：每回收 1000 辆小型客车，其发动机的直接再使用（或再制造）价值相当于 44 台（或 21 台）新的发动机[106]。汽车发动机再制造与新品相比，降低成本 50% 左右，节约能源 60%、节约原材料 70%[107]。

（5）汽车资源回收利用面临的机遇与挑战

在我国汽车产业持续发展的背景下，汽车资源回收利用行业面临较大机遇。主要有以下几方面。

1）我国汽车报废率将持续增长，未来五年可能达到 3% 以上。这主要有三大因素：老旧汽车淘汰更新换代加快，汽车保有量提高带动回收量攀升，车辆使用年限缩短[108]。

2）新能源汽车和动力蓄电池回收量将显著增长，动力蓄电池回收利用空间大，有利于企业发展壮大。

3）危险废弃物贮存处置逐步规范化，非法回收处置行为将进一步被管控或淘汰。

4）碳交易的兴起给行业带来新的增长点。我国已经在北京市、天津市、上海市、重庆市、广东省、湖北省、深圳市开展碳排放权交易试点。2021 年碳配额开盘价为 48 元 /t，而欧盟碳交易价格已经超过 50 欧元 /t。汽车蕴含有 80% 左右的可再生金属资源，这对钢铁行业节能降耗和碳减排具有明显贡献，未来也会成为报废汽车处理中的可预期收益。

尽管汽车回收利用行业发展前景广阔，经济效益与社会效益突出，但是依然面临以下挑战。

1）**资质企业的总体回收量偏低**。资质企业回收的报废车辆只占报废机动车市场份额的约 40%，退役及报废汽车的正规化处置渠道亟待打通，实际报废量要更多进入正规渠道并提升回收率，回收率促进企业效益提升，进而促进汽车资源循环利用水平。

2）**设备自动化程度低，管理水平不足**。多为手工加半自动化拆解，效率低下且附加值低，报废机动车回收拆解企业精益化管理、精细化、智能化拆解水平不足。

3）**产业企业参差不齐、普遍企业规模小**。如何实现分级回收拆解、区域性集中破碎中心的合理布局以及行业收购整合是发展趋势。

基于以上问题，未来汽车拆解及回收产业必然要向精细化、智能化拆解方向发展，同时开展破碎拆解尾料的精细化分选及高值化利用，提高产品的附加值。此外，需要政府加强对非法渠道的监管力度，实现区域性集中规范拆解破碎。

（6）结论和建议

我国汽车保有量远远未达峰值，汽车行业将维持长期的增长趋势，随着碳交易等政策的实施，汽车回收和资源化利用行业正处于高速增长阶段。汽车行业是高能耗和高排放行业，在"双碳"背景下，汽车回收和资源化显得尤为重要。2021年我国汽车回收量为297.5万辆，预计到2060年回收量将达到3766万辆。

当前，汽车回收利用产业发展面临较大的提档升级挑战，在企业不断提升自身技术、价值竞争力的同时，也需要政府加强对非法回收拆解行为的监管，共同促进回收利用行业的快速健康发展，实现汽车产业链全环节的同频共振，进而推动我国汽车产业强国梦的实现和高质量的可持续发展。

2. 向循环资源转型

全球范围内，由于收入增加和人口增长，预计2019—2070年人均出行距离将翻一番，而汽车保有量将增加60%[109]。为达到《巴黎协定》中的气候变化目标，必须尽快实现公路运输去碳化。快速扩大电池电动车（BEV）的规模并逐步淘汰和替换内燃机（ICE）车辆也至关重要。国际能源署和彭博新能源财经等机构的情景假设表明，从长远来看，BEV可占到全球乘用车总量的85%以上，全球超过60%的重型商用车可采用电池电动模式运行[110, 111]。特别是，由于BEV系统能效高，技术相对简单，专家预计BEV将长期保持相对于燃料电池电动车（FCEV）、插电式电动车（PHEV）和合成燃料汽车（e-fuel）的成本优势[112]。

包括本书在内的研究显示，BEV的生命周期排放量已降至同等汽油内燃机排放量的45%左右[113]。随着向清洁电力的转型，这一数字到2030年可进一步降至28%左右[114,115]。当内燃机系统广泛更新为电动传动系统（由去碳化程度越来越高的可再生能源驱动），将在中期内消除尾气二氧化碳排放。大部分环境足迹（温室气体、颗粒物、富营养化等）将由此从使用阶段转移到制造阶段的材料[116]。电池成本占一辆BEV价值的30%，占BEV温室气体排放量的30%至60%[117, 118]。由于电池生产相对耗能，目前BEV生产造成的温室气体"负担"仍比内燃机高66%㊁到约79%㊃。许多领先BEV生产商的实践表明，虽然采用更多的可再生能源有望显著减少电池生产的能耗，但要充分实现碳减排的潜力，汽车行业还必须解决材料和生产中的排放。如图5-40所示，钢铁、铝和塑料均为额外温室气体密集型材料。而汽车行业需要加强循环回收，不仅是因为汽车材料中包含大量温室气体排放（产生于制造阶段），也是因为不可持续的资源开采导致可用资源下降与其他破坏性影响[119]。

图 5-40 车辆生产的温室气体排放量对比（不包括报废环节的排放量）——电池电动汽车和内燃机汽车[120]

来源：海德堡能源与环境研究所；德国智库 Agora Verkehrswende。

联合国国际资源专家委员会的数据显示，全球半数以上的温室气体排放

㊀ Ricardo Energy & Environment 公司数据显示，2020年，在欧盟地区，每台汽油内燃机每汽车公里平均释放269g二氧化碳，而每辆电池电动汽车每汽车公里平均仅排放120g二氧化碳（相当于前者的45%）。到2030年，上述两类车辆同等条件下的排放量将分别降至239g和67g，届时电池电动汽车的排放量仅相当于汽油内燃机的28%。

㊁ Ricardo Energy & Environment 公司数据显示，每辆内燃机汽车的二氧化碳排放量是6.1t，而每辆电池电动汽车的二氧化碳排放量是13.9t，前者相当于后者的66%（2020年）。

㊂ 国际交通论坛数据显示，每辆内燃机汽车的二氧化碳排放量是6.4t，而每辆电池电动汽车的二氧化碳排放量是11.2t，前者为后者的75%（2020年）。

㊃ 德国智库 Agora Verkehrswende 的数据显示，每辆内燃机汽车的二氧化碳排放量为6.7~6.9t，而每辆电池电动汽车的二氧化碳排放量为12.4t，前者相当于后者的79%（2019年）。

是由自然资源开采和加工活动引起的[121]。金属、矿物和塑料（"材料"）产生了近四分之一的全球排放量[122]。虽然通过使用可再生能源来减少工业流程的排放量不可或缺，但这不足以在2050年之前实现净零排放，因为对资源的需求不断上升（预计到2060年将增加一倍），而且一些难以减排的行业也不可避免会产生排放，这些都将加速排放水平[123]。到2060年，GDP和世界人口的迅猛增长预计将会把全球资源年度开采量提升至1900亿t以上，远远超过2015年的880亿t[124]。除了和温室气体排放密切相关之外，资源开采还会对环境产生其他负面影响，进一步挑战地球承载边界。这些影响包括土地系统变化和相应的生物多样性丧失、全球水循环承压、化学污染和氮磷流动混乱等。

循环经济旨在实现资源的优化、可持续使用，将负面环境影响与经济价值创造脱钩。循环经济措施能够提高资源生产效率，有望大幅降低初级原材料的使用，而真正落实循环经济需要采取全面系统的策略，考虑一辆车的整个生命周期，甚至是多个生命周期。世界各地的决策者开始将生命周期理念纳入评估和立法工作[125]。比如，欧盟和中国正在考虑如何将生命周期评估核算纳入汽车温室气体排放评估[126, 127]。越来越多的证据显示，必须采取系统性循环经济策略，实现绝对的资源脱钩，以实现政治层面制定的气候目标[128]。有鉴于此，必须消除材料中包含的碳排放——解决这一问题并没有灵丹妙药，但有各种循环手段可供决策者选择。

汽车行业的循环经济起点很低。行业目前基本采用单一的优化方法，比如选择性再制造和低价值的循环再利用，但是一些更加专业的循环解决方案和材料增效战略也开始受到青睐[129]。为了实现碳中和的目标，汽车行业必须更进一步，彻底改变资源的使用方式，全面、系统地改变整个价值链和商业模式。为此，汽车行业必须优化每乘客公里原始材料的影响。该指标可以通过提高回收材料的使用比例和报废价值进行优化，同时提高每乘客公里车程的利用率、乘坐率和使用寿命。虽然汽车行业必须系统性采用所有的循环手段⊖，才能有望实现去材料化⊜，但本章内容重点关注的是**通过回收手段实现整**

⊖ 通过高质量回收利用形成材料闭环；按照循环经济原则，（通过部件的再使用和再制造）优化车辆设计，提升性能、延长使用寿命和提高寿命末期的残余价值；推动实行循环商业模式，将收入创造和资源消耗脱钩，提高车辆的生产效率（比如拼车/合伙用车，参见4.2.7节）。

⊜ 去材料化是指降低经济活动的材料密度，尤其是降低单位产出的材料需求。

个价值链的材料闭环，以减少初级资源的开采并降低对环境的影响。

目前的经济体系和汽车行业依赖于新资源的大量流入。 材料闭环的目标是消除或大幅减少这种具有负面环境外部性和经济损失的资源流入。全球每年使用的 1000 亿 t 资源中，只有约 9% 重新被引入经济生产，其余资源均成为废弃物或在生产过程中被消耗[130]。这是因为全球材料的使用量在 50 年内几乎翻了两番，从《巴黎协定》到《格拉斯哥气候公约》的短短 6 年内，全球经济消耗了 5000 亿 t 原始材料[131]。这种开采速度加上前述外部性，对地球的未来构成持续威胁。在此情况下，使用过的原材料应尽可能长时间循环使用，并重新用于制造新车辆（闭环）。打造闭环的方式包括回收、再加工 / 再循环和使用二次材料，并减少加工材料和质量的损失。由于严格的汽车材料规格和要求，回收工艺应以高质量回收为宗旨，尽可能避免降级回收。为了达到二次材料（即回收物）利用的宏伟目标，就必须确保高质量的二次材料供应，但由于回收能力、技术和工艺（特别是拆解）的局限以及材料和复合物（如技术塑料）日益复杂，这一点目前仍受到限制。为确保足够的二次材料，汽车行业可回收生产废料和报废车辆、进行可拆解式和可循环式汽车设计⊖，并提高对回收物的需求，从而刺激市场。

材料闭环的可行性取决于能否从报废汽车中回收足够的高质量二次材料。 尽管汽车是回收程度最高的产品[132]，但由于目前回收工艺和技术的局限，大量汽车材料和相关经济价值在回收过程中流失。材料回收过程的价值保留率低，仅 8% 的回收钢材符合再利用的质量标准，铝被其他金属污染，而总体汽车塑料的回收率仅有 9%，大部分都是开环回收[133, 134]。由于预计到 2020 年中才会出现牵引用电池的反向流动，目前几乎没有任何电池得到回收，但 Duesenfeld 或 Redwood Materials 等回收公司宣称电池材料的回收潜力超过 90%，期望发掘这一新兴商业机会。除了材料损失，如果车辆出口到废弃物管理设施不足的地区，重要资源同样会流失，车辆组件和材料也就无法形成高质量的价值循环[135]。

汽车原始设备制造商越来越重视改善报废车辆的回收和再加工流程，并

⊖ 可拆解式设计和可循环式设计是指通过以再循环为导向的车辆设计实现对报废车辆的高质量回收再利用，并最大限度地减少因为和其他材料的混合而造成的降级回收。

承诺提高车辆中的可回收成分比例。 目前，一方面材料回收的价值仍然偏低，另一方面实现汽车材料回收利用闭环的雄心与日俱增，为了弥合这一差距，报废要求和流程需要进行重大优化。由于这些要求和流程因材料类型而异，下文针对三种关键材料进行简要说明。

1）对于牵引电池，高质量回收至关重要，因为这涉及核心材料的可用性问题以及相关的环境和社会影响。 随着资源价格的水涨船高，高质量的回收变得愈发重要。目前，锂或石墨等材料的回收在经济上尚不可行。由于BEV的应用仍处于起步阶段，因此电池回收率十分迟缓，而对有毒成分进行安全处理又增加了整个电池回收过程的复杂性[136]。虽然整个电池（以及其中不同比例的特定材料，如85%的锂和98%的钴）[137]将近100%可以被回收用于闭环，但在可预见的未来，从回收电池中获得的二次电池材料仍不足以满足对电池材料的需求。随着公路运输大规模电气化的到来[138]，原始电池材料需求的增长曲线会急剧上升。一旦达到长期稳定的状态，即回收电池的量接近新生产的量，资源的不平衡就可以通过有效的回收过程得到弥补。因此，现在有必要建立电池回收基础设施，并由新兴公司来挖掘这一商业机会。在产品和工艺层面，需要多方协作努力（如电池生产商和回收商等）和进行系统化循环设计。具体包括整个电池组的模块化和循环设计，以及电池组与汽车的可拆卸整合。同时，回收基础设施的设计和设置应该考虑不断发展的电池技术。此外，为了构建透明、有效的循环电池价值链，需要采用让所有经济参与者都能共享的数字工具，比如落实数字孪生和电池护照技术，以优化电池和嵌入式材料的生命周期价值。作为一种优化和政策工具，这些数字技术已经在全球范围内获得发展动力。

2）对于金属，钢和铝是除电池之外在数量和碳排放方面最重要的材料。 金属可以无限循环而不会损失，金属（回收）价值链在某种程度上已经实现循环[139]。金属产品通过机械处理进行再加工，随后重新进入生产循环。**就钢铁而言，** 运输部门占最终用途钢材的16%[140]，约90%的报废钢铁从车辆中收集和回收[141]。钢材必须是无污染和足够优质的，以满足汽车制造的要求。汽车是用高度专业化和合金化的钢种制造的。将这些材料与其他金属一起粉碎，会导致污染以及与铜等化合物的混合。这种污染会导致品质下降，并最终导致钢材被降级用于建筑等行业[142]。如果通过适当的拆解工艺和更清洁的废品流程，特别是以避免铜污染的方式来防止钢材降级，那么预计85%的钢材（甚至是优质钢）需求都可以通过回收来满足[143]。**这种思路同样适用于包括铝在内的有色金属**。铝的回收率已经超过90%，但最终产品的等级较低[144]。在拆解过程中，废铝与不同等级的合金和其他多余的金属发生混合。为了最大限度地确保铝对汽车制造的价值和再利用率，必须在回收过程中解决不同合金的混合问题。

因此，二次金属的可用性将取决于报废流程的质量。要形成材料闭环，就需要在回收过程中尽可能地减少报废车辆的铜污染。这就对报废处理提出了更高的要求。车辆设计应当考虑如何便于拆解和分拣流程，这种设计改良对提高回收能力至关重要[145]。

3）**就车用塑料而言，轿车和货车的塑料用量占塑料总产量的9%**。现如今，为了（至少在一定程度上）抵消整车尺寸和整车重量的增加所带来的不利因素，汽车轻量化战略变得愈发重要。因此，轿车和货车的塑料用量占塑料总产量的比重未来有望进一步提升[146]。据预计，到2050年，每辆汽车的塑料用量（按重量计算）将比现在增长约三分之一，汽车塑料的总需求量因此将增长25%[147]。塑料在汽车中的应用分布呈高度分散状态，车用塑料集成在复杂构件中，且使用超过39种不同类型的聚合物[148]。由于汽车行业使用的工程塑料和塑料复合材料具有复杂和高度专业化等特征，因此很难利用废旧车辆破碎机分离出单个聚合物，致使车用塑料的机械化回收利用极具挑战性。从报废车辆上拆解塑料部件仍属于非主流做法，因为尽管此举有助于获得清洁且无污染的废物流，但考虑到汽车零部件的多样性和复合结构的复杂性，这种做法的经济效益不佳，且几乎无法实现自动化作业[149]。因此，报废汽车上车用塑料的宿命主要是留存在车辆破碎机打出的破碎残渣中。由于尚不具备先进的后破碎机技术能力，而且目前大众广泛关注金属可回收性，塑料垃圾通常以填埋方式处理，或者越来越普遍地采用具有余热回收功能的焚烧方式进行处理。尽管适用于高性能塑料的先进（化学）回收工艺目前在经济上仍不具可行性，但是越来越多的塑料生产商正积极探索和推广先进的回收技术（尤其是热解和气化技术）㊀。截至目前，塑料件所蕴含的材料价值大部分都丧失殆尽。为了从汽车行业获得再生塑料，我们需要进一步优化车用热塑性塑料的收集和拆解工艺，对破碎残渣进行科学归类，同时进一步扩大稳定的终端应用市场，以鼓励相关机构加大对材料回收的投资力度（例如通过设定回收物占比目标）。目前发展态势表明，由于塑料在汽车上的用量及比例逐年上升，而且塑料中含有化石燃料成分，与管理报废车辆产生的塑料垃圾相关的环境压力或将日趋沉重，从而引发更大规模的垃圾填埋和焚烧，并导致温室气体排放量增加。在整个系统层面，如果采用机械回收技术，每回收 1t 废塑料聚合物，相当于减排大约 1.1~3.6t 二氧化碳当量，能有效缓解气候风险[150]。

然而，仅仅依靠回收再利用技术和提高车辆和电池中回收物的占比，尚不足以解决与资源持续开采相关的环境问题。 回收再利用是循环经济中不可或缺的重要组成部分。它要求我们减少原生材料持续开采和加工所带来的负面影响，并应尽快实现材料闭环循环。但为了与气候目标保持一致，联合国政府间气候变化专门委员会在预测低排放发展（LED）情景时指出，为了实现将全球升温限制在 1.5℃ 的目标，到 2050 年，绝对原生材料消耗量必须比 2020 年下降近 20%[151]。《循环差距报告》指出，汽车行业可通过提高车辆的回收利用率和回收物占比来减少绝对原生材料消耗量——但要实现资源脱钩并进一步实现将全球升温限制在 1.5℃ 的目标，还需要提高汽车利用率和耐久性，完善汽车设计，并减少整体出行需求[152]。与这些目标大相径庭的是，数据表明，汽车的重量和尺寸呈日益增长势头：已上路行驶的新登记车辆的平均重量以每年 0.6% 的速度增长[153]。再加之汽车销量的持续增长——据美国能源信息署（EIA）预计，全球汽车保有量将于 2038 年达峰，到 2050 年，全球上路行驶的汽车数量将达到 22.1 亿辆[154]——即使针对新生产车辆设定极具雄心的回收利用率和回收物占比目标（目标设定为 70%，目前仅为 30%），也无法实现达成气候目标所需的绝对资源脱钩（图 5-41）。

㊀ 机械回收取决于多种因素，比如使用优质原料能够获得高质量回收物，然后再次用于汽车配件；化学回收技术能够持续生产出相当于原生聚合物的回收物。鉴于化学回收技术仍然处于相对初期的阶段，只有少量的规模化工厂在使用（这类工厂已经过了概念验证阶段，通过规模化运作获得了经济回报），以及鉴于政策和全价值链规模经济尚不明朗，因此化学回收技术还面临巨大的不确定性。

图 5-41　汽车原生材料预测和为了实现 IPCC 情景所必须脱钩的资源绝对量。SYSTEMIQ 根据国际能源署（2022）和国际清洁交通委员会（2021）数据进行的分析[155]

假设：汽车销售量和保有量数据来源于国际能源署 Global EV Data Explorer（2022）。作为参考权重因子的欧洲车辆平均重量数据来源于国际清洁交通委员会《2021—2022 年欧洲汽车市场统计数据》；为了实现 IPCC 的"低排放发展"情景，原材料绝对消耗量需减少近 20%。（2050 年之前的汽车保有量将达到 8.5 亿辆），因此可以作为假定目标（Grubler et al.2018）。循环成分比例假定如下：2010 年达到 20%，2021 年达到 30%，2030 年达到 50%，2050 年达到 70%。

　　为了缩小这一差距并降低 OEM 不跟进制定的日益雄心勃勃的回收物占比目标，所有循环手段——从延长寿命到通过共享出行提高车辆利用率都应得到支持和遵循。特别是，我们需要更有效地利用现有车辆及其制造材料，以减少未来对（原生）材料的需求。据国际资源专家委员会称，到 2050 年，包括汽车共享和拼车在内的共享模式有望在不改变消费者出行工具的同时，将七国集团的汽车总保有量降低 13% ~ 57%[156]。车辆使用率提高后，可以通过以下两种方式将汽车所有权与出行需求脱钩：一种是共享汽车，即车辆归集体所有，但个人通过租赁方式获得使用权；另一种是拼车，即车辆归个人所有，但通过共享服务提高使用率。尤其需要提高共享出行系统的使用率，解决当前叫车服务导致车辆保有量和产量不降反增的核心问题[157]。新车销售、原生材料使用和营收之间的紧密关联需要实现脱钩。去材料化的循环商业模式日益彰显出一种潜力，即在生产者责任制的推动下，将产品与数字化服务结合，以此抵消销量下降所导致的营收损失问题[158]。

5.2.9 路径九：捕集利用和封存

二氧化碳捕集利用与封存技术（CCUS）能够实现电力、钢铁等行业的近零排放，有效降低汽车全生命周期电力和钢铁相关的温室气体排放。负排放 CCUS 技术能够抵消汽车行业部分难减排的 CO_2，最终实现行业碳中和目标。本节主要介绍 CCUS 和相关负排放技术的发展现状、发展前景，分析 CCUS 技术降低电力、钢铁等行业碳排放的潜力，充分展现 CCUS 技术对于汽车行业碳中和的重要意义。

1. 二氧化碳捕集利用与封存对于汽车行业碳中和的重要意义

2021 年，全球新能源汽车行业发展势头强劲、潜力巨大、机遇空前，为化石燃料替代做出巨大贡献，有效降低了交通运输业温室气体排放。但面向碳中和目标，汽车行业在原材料获取、整车生产、回收利用环节仍有部分碳排放难以通过电动化、氢能化消除，而二氧化碳捕集利用与封存技术（Carbon Capture, Utilization and Storage，CCUS）能够降低或抵消这部分碳排放，进一步减少汽车行业碳排放。如果与生物质能、直接空气碳捕集等技术结合，CCUS 技术甚至能够实现二氧化碳负排放，产生大量碳汇，最终实现汽车行业碳中和目标。

CCUS 技术是指将 CO_2 从工业过程、能源利用或大气中分离后或直接加以利用或封存，以实现 CO_2 永久减排的过程，如图 5-42 所示。生态环境部环境规划院 2021 年调查结果显示，目前我国已投运或建设中的 CCUS 示范项目约为 40 个，捕集能力 300 万 t CO_2/年，地质利用和封存量 182.1 万 t CO_2/年；我国全境 CO_2 地质封存潜力约为 1.21 万亿 ~ 4.13 万亿 t CO_2[159]。综合考虑 CCUS 技术在电力系统、工业部门的应用及其负排放潜力，研究显示预计到 2050 年，中国通过 CCUS 的减排需求约为 6 亿 ~ 14.5 亿 t CO_2/年，2060 年 CCUS 减排需求为 10 亿 ~ 18.2 亿 t CO_2/年。在全球范围内，联合国政府间气候变化专门委员会（IPCC）在《全球升温 1.5℃特别报告》中指出，到 2030 年全球各路径 CCUS 的减排总量为 1 亿 ~ 4 亿 t CO_2/年，到 2050 年 CCUS 的减排总量为 30 亿 ~ 68 亿 t CO_2/年[160]。

中国高度重视 CCUS 发展，在《关于完整准确全面贯彻新发展理念做好碳达峰碳中和工作的意见》《2030 年前碳达峰行动方案》等多项重要政策规划中均重点提及推动CCUS技术研发和试点示范。国家科技部于2011年、2018年分别发布、更新《中国碳捕集、利用与封存技术发展路线图研究》[161,162]，总体愿景是构建低成本、低能耗、安全可靠的CCUS技术体系和产业集群，为化石能源低碳化利用提供技术选择，为应对气候变化提供技术保障，为经济社会可持续发展提供技术支撑。现阶段CCUS流程的成本主要集中在CO_2捕集环节，每吨二氧化碳捕集成本在100~480元，2060年有望降低至20~130元，有效支撑我国碳中和目标的实现[159]。

图5-42　CCUS技术环节[来源：中国21世纪议程管理中心（2021）]

电力和钢铁相关碳排放在汽车生命周期碳排放中占有重要位置，本部分内容将重点介绍电力、钢铁行业未来应用CCUS的减排潜力与发展趋势，以及CCUS负排放相关技术的应用前景。

2. CCUS实现低碳电力和低碳钢铁

在电力行业，国际能源署（IEA）在2020年发布的报告《CCUS在低碳发电系统中的作用》中指出，配备CCUS的火力发电厂将成为未来高度灵活的电力系统的重要组成部分[163]。据预测[164]，碳中和情景下CCUS技术对中国电力系统的减排贡献在4.3亿~16.4亿t。2019年《中国能源电力发展展望》指出，我国电力需求到2050年预计增长到每年12万亿~15万亿kW·h，即使火电占比大幅缩减至10%左右，每年仍有数亿吨CO_2需通过CCUS技术减排才能实现电力系统的净零排放。

在钢铁行业，减少产量、节能技术、废钢循环利用、新能源替代都可以减少钢铁生产的碳足迹。然而，这些减排措施无法完全消除钢铁行业的碳排放，因此有必要部署CCUS技术以实现碳中和背景下钢铁行业二氧化碳减排目标。在关于中国钢铁行业路径研究中，多项研究认为中国钢铁行业将在2030年左右开始广泛应用CCUS技术，并在2050年将CCUS技术的渗透比例提高到15%~35%。

《中国二氧化碳捕集利用与封存（CCUS）年度报告（2021）》梳理了10余项关于2025—2060年中国CCUS减排需求的预测，CCUS在中国电力和钢铁行业的减排量预测结果见表5-15。

表5-15 2025—2060年电力和钢铁行业CCUS二氧化碳减排需求潜力

（单位：亿t/年）

年份	2025	2030	2035	2040	2050	2060
电力-煤电	0.06	0.2	0.5~1	2~5	2~5	2~5
电力-气电	0.01	0.05	0.2~1	0.2~1	0.2~1	0.2~1
钢铁	0.01	0.02~0.05	0.1~0.2	0.2~0.3	0.5~0.7	0.9~1.1

随着CCUS技术的推广，电力和钢铁行业的碳排放量将显著下降，有效降低汽车全生命周期碳排放。根据CCUS技术在电力行业与钢铁行业的应用潜力，预计CCUS技术的应用对每度电和每吨钢铁排放因子降低的贡献见表5-16。2060年碳中和目标情景下，电力行业应用CCUS技术预计能够降低纯电动汽车全生命周期使用阶段约0.54t碳排放，见表5-16。

表5-16 CCUS技术应用对于降低电力和钢铁碳排放的贡献预测

参数		2025	2030	2035	2040	2050	2060	参考文献及依据
CCUS对碳排放因子降低贡献	电力/[t CO$_2$/(MW·h)]	0.0016	0.0038	0.0170	0.0395	0.0363	0.0349	根据CCUS在行业中减排量占比和碳排放因子现状推算得到
	钢铁/（t CO$_2$/t 粗钢）	0.0068	0.0085	0.0962	0.1257	0.2040	0.3297	根据CCUS在行业中减排量占比和碳排放因子现状推算得到
电力部门应用CCUS技术对降低纯电动汽车使用阶段碳排放的贡献	t CO$_2$/辆	0.0248	0.0590	0.2656	0.6179	0.5672	0.5445	参照《中国汽车低碳行动计划研究报告2021》，假设纯电动汽车平均使用寿命10年，年均行驶12500km，百公里电耗12.5kW·h

3. 负排放 CCUS 技术助力汽车行业碳中和

负排放技术能够从大气中回收二氧化碳，减缓气候变暖。实现负排放的方法包括造林/再造林、强化风化（矿物碳化）等方式，但目前最受关注的是直接空气碳捕集技术（Directaircapture and storage，DACCS）和生物质耦合 CCUS 技术（Bioenergy with carbon capture and storage，BECCS）。DACCS 是指直接对大气中低浓度 CO_2 进行捕集的技术，如图 5-43 所示；BECCS 是指利用植物生长过程吸收大气中的 CO_2，并用 CCUS 将吸收的 CO_2 进行永久封存的技术。

图 5-43　位于瑞士的 Climeworks 直接空气碳捕集装置

预计到 2060 年，中国每年仍有数亿吨电力、工业、交通行业排放的 CO_2 以及部分非 CO_2 温室气体难以实现减排，负排放技术能够直接从大气中回收 CO_2，抵消这部分碳排放，最终实现碳中和目标。DACCS 和 BECCS 两种负碳排放技术均有着装置灵活、可吸附分布式二氧化碳排放源的优势。根据《中国二氧化碳捕集利用与封存（CCUS）年度报告》的预测数据，我国 BECCS 技术的减排量在 2050 年预计达到 2 亿~5 亿 t CO_2/年，2060 年可达 3 亿~6 亿 t CO_2/年；DACCS 减排潜力在 2050 年预计达到 0.5 亿~1 亿 t CO_2/年，2060 年可达 2 亿~3 亿 t CO_2/年[159]。

汽车行业产业链长，涉及领域多，部分排放源零星分布，彻底减排难度大，预计最后将结合 DACCS 和 BECCS 等负排放技术实现碳中和。

4. 结论

CCUS 技术能够减少电力和钢铁相关的碳排放，有效降低汽车全生命周期的碳排放。预计在 2060 年碳中和情景下，CCUS 对于降低电力碳排放因子的贡献约为 0.0349t CO_2/MW·h，对于降低钢铁碳排放因子的贡献约为 0.3297t CO_2/吨粗钢。部分汽车行业难减排的温室气体能够通过 DACCS 和 BECCS 抵消，最终实现汽车行业碳中和目标。

5.2.10 路径十：汽车生态化转型

1. 背景信息

党的十九大报告指出，既要创造更多物质财富和精神财富以满足人民日益增长的美好生活需要，也要提供更多优质生态产品以满足人民日益增长的优美生态环境需要。2018 年 5 月 18 日，习近平总书记在全国生态环境保护大会上强调，加快解决历史交汇期的生态环境问题，必须加快建立健全以产业生态化和生态产业化为主体的生态经济体系。2021 年 4 月，中共中央办公厅、国务院办公厅印发的《关于建立健全生态产品价值实现机制的意见》提到，推进生态产业化和产业生态化，加快完善政府主导、企业和社会各界参与、市场化运作、可持续的生态产品价值实现路径。这一系列关于生态产品供给及其价值实现的重要部署和要求对汽车行业调整产业结构、转变生产方式，更好助力优质生态产品供给、助推碳中和目标实现提出了新的更高要求。

汽车产业的发展经历了"完全服务和服从于经济活动—先服务于经济活动再治理环境污染—服务于经济活动的同时考虑环境保护"等几个不同的阶段。在汽车产业完全服务和服从于经济活动的阶段，人类社会基本不考虑环境污染和生态破坏问题；汽车产业先服务于经济活动再治理环境污染的阶段仍然没有从根本上改变汽车的生产技术系统将生态效益纳入到产业发展中；现阶段，虽然在汽车新技术设计和生产时就开始考虑环境问题，包括材料的选择、燃料的选择等，一定程度上摒弃了先使用、先污染后治理的方式。但是客观来讲，目前汽车产业发展状况距离真正的系统化的汽车生态化还有一定距离。

产业"生态化"是指产业系统通过自身结构和功能的改造或调整，形成与自然和谐发展的过程。这个过程的内涵可以非常广泛多样，包含科学上、技术上和工程上的各种要素。这里所说的汽车生态化是指以汽车产品生产和经济社会可持续发展为目标，以节约资源和环境友好为根本基础，以人与自然和谐共生为行为准则，通过在汽车生产、分配、流通、消费、使用和报废与回收的各环节中建立绿色、低碳、可循环的流程化系统，最大限度地减少资源消耗和环境污染，并助力生态环境保护，以使自然生态系统提供更多优质生态产品，从而形成"产业发展—生态产品—生态健康"的良性循环。但是，目前仍然存在汽车生态化的内涵尚不清楚、其所产生的直接产品和衍生品特征尚不明晰、汽车生态化对碳中和与生态环境保护的贡献价值尚不知晓等问题。

在"双碳"目标背景和生态优先的大背景下，我们要培育经济高质量发展的新动力，深化生态产品供给侧结构性改革，不断丰富生态产品价值的实现路径，培育绿色转型发展的新模式，建立以产业生态化和生态产业化为主体的生态经济体系。汽车生态化是建立健全生态经济体系的重要组成部分，有利于让良好的生态环境成为经济社会可持续发展的有力支撑。这其中孕育着巨大的机遇，包括汽车生态化相关科学创新、技术革命、产业业态等方面，同时也面临着准确识别、精准核算、参与生态产品价值实现路径等挑战。

2. 未来预测

面向未来，应对百年未有之大变局和实现中华民族伟大复兴，我们必须立足新发展阶段，坚决贯彻"创新、协调、绿色、开放、共享"的新发展理念，努力构建"以国内大循环为主体、国内国际双循环相互促进"的新发展格局。汽车生态化提供了两种生态产品，一种是汽车本身的生态化，即提供了汽车这一类生态化的工业品，另一种是因汽车生态化而反哺自然生态系统的良性互动而提供的生态产品。第一种产品，我们比较容易理解，例如，汽车生产和使用过程的低碳化。第二种生态产品通常分为三大类：第一类是生态物质产品，包括食物、水资源、木材、生态能源及生物原材料；第二类是调节服务产品，主要有涵养水源、调节气候、固碳、生产氧气、保持土壤、净化环境、调蓄洪水、防风固沙等；第三类是文化服务产品，主要有休闲游憩、生态旅游、自然教育与精神健康等。

针对第一种生态化的汽车工业品，需要不断优化材料技术、生产技术和能源供给技术，争取 2025 年前后出现有明显突破的创新技术转折点，力争 2030 年前实现碳达峰的时候形成完整清晰的技术框架和性能特征，形成绿色产业体系，为 2060 年前实现碳中和做出应有的贡献。

针对第二种生态产品，优质生态产品来源于良好的生态系统，汽车生态化首先减轻了对自然生态的破坏和对环境的污染，有助于提供更多的生态物质产品、调节服务产品和文化服务产品；其次，汽车的生态化可以为自然生态系统腾出更多空间固定其他路径的碳排放和污染物，提供更多碳固定、水质净化、空气净化、气候调节等生态产品。还要通过生态产业化，开展生态资本化运营，将生态产品所蕴含的生态效益转化为经济效益，生态优势转化为经济优势。这就要求到 2025 年前后，针对汽车生态化初步建立比较科学的对自然生态产品贡献的价值核算体系，使部分由此形成的生态优势转化为经济优势。到 2035 年，全面建立完善的与汽车生态化相关的生态产品价值实现机制。比如，可以参照内蒙古森工集团的碳汇交易开展核算和价值实现研究。内蒙古森工集团经营的大兴安岭林区生态功能区面积 10.67 万 km^2，年均减排量 700 万 t 二氧化碳当量。2014 年内蒙古森工集团在全国碳汇交易市场率先启动林业碳汇项目试点工作，2017 年第一笔 40 万元林业碳汇成功交易。可以参照这一交易体系，核算汽车生态化过程中的碳汇贡献以及对生态产品供给的贡献价值，再设置相应交易指标，开拓新型生态产品交易市场。

3. 结论和建议

汽车生态化是以人与自然和谐共生为准则，通过建立绿色、低碳、可循环的系统，形成"产业发展—生态产品—生态健康"的良性循环过程。研究认为汽车生态化提供了两种生态产品，一种是汽车本身的生态化，即提供了汽车这一类生态化的工业品，另一种是因汽车生态化而促使自然生态系统提供的生态产品，这其中蕴含着丰富的生态产品价值。这些观点是对汽车生态化内涵外延的拓展和延伸。

但是，研究也发现目前关于汽车生态化的定义内涵尚不清楚、其所产生的直接产品和衍生品特征尚不明晰、汽车生态化对碳中和与生态环境保护的贡献价值尚不知晓。因此针对汽车生态化，研究提出如下目标：2025年出现有明显突破的创新技术，力争2030年前实现碳达峰的时候形成完整清晰的概念框架和性能特征，形成绿色产业。2025年，初步建立比较科学的针对汽车生态化对自然生态产品供给贡献的价值核算体系。到2035年，全面建立完善的与汽车生态化相关的生态产品价值实现机制。

为了实现这一系列目标，本研究提出如下政策建议：坚持以习近平生态文明思想为指导，深入践行"绿水青山就是金山银山"理念；进一步界定汽车生态化的定义与内涵，明晰其产品特征和分类；进一步构建汽车产业以产业生态化和生态产业化为主体的生态经济体系；开展针对汽车生态化对于生态产品供给贡献的价值核算，构建生态产品价值核算体系；将汽车生态化所贡献的固碳产品纳入碳市场交易体系。

参考文献

[1] 中国电力企业联合会. 中国电力行业年度发展报告2021[M]. 北京：中国建材出版社，2021.

[2] IEA. Consistent, accurate and timely energy data and statistics[Z]. 2021.

[3] 比亚迪. 比亚迪参与COP28倡议以实际行动助力为地球降温1℃[EB/OL]. (2023-12-12)[2024-05-15]. https://www.bydglobal.com/cn/news/2023-12-12/1617162195855.

[4] EV VOLUMES. Global EV Sales for 2021[Z]. 2022.

[5] 中国中央人民政府. 国务院办公厅关于印发新能源汽车产业发展规划（2021—2035年）的通知[Z]. 2020.

[6] 麦肯锡. 2021麦肯锡汽车消费者洞察：趋势引路破浪前行：加速全面转型领跑后疫情时代[Z]. 2021.

[7] 2021世界新能源汽车大会. 碳中和愿景下的新能源汽车全面市场化战略[Z]. 2021.

[8] 中国汽车工程学会，清华四川能源互联网研究院. 中国电动汽车充电基础设施发展战略与路线图研究（2021—2035）[Z]. 2021.

[9] IEA. World Energy Statistics and Balances[Z]. 2021.

[10] IEA. Greenhouse Gas Emissions from Energy[Z]. 2021.

[11] Department of Energy Statistics of China. China Energy Statistical Yearbook[M]. Beijing：China Statistics Press，2022.

[12] GACC. China Customs Database[Z]. 2021.
[13] IEA. Oil 2021 Analysis and Forcast to 2026[Z]. 2021.
[14] MASNADI M S, EI-HOUJEIRI H M, SCHUNACK D, et al. Well-to-refinery Emissions and Net-energy Analysis of China's Crude-oil Supply[J]. Nature Energy, 2018, 3: 220-226.
[15] IEA. World Energy Outlook 2018[Z]. 2018.
[16] SUN X, MENG F, LIU J, et al. Life Cycle Energy Use and Greenhouse Gas Emission of Lightweight Vehicle - a Body-in-white Design[J]. Journal of Cleaner Production, 2019, 220: 1-8.
[17] MASNADI M S, EI-HOUJEIRI H M, SCHUNACK D, et al. Global Carbon Intensity of Crude Oil Production[J]. Science, 2018, 361 (6405): 851-853.
[18] ARAMCO S. Manaing Our Footprint - Circular Carbon Economy[Z]. 2021.
[19] JING L, EI-HOUJEIRI H M, MONFORT J C, et al. Carbon Intensity of Global Crude Oil Refining and Mitigation Potential[J]. Nature Climate Change, 2020, 10: 526-532.
[20] FONG S C, TAO Z, CHUNLI B, et al. Powering the Future with Liquid Sunshine[J]. Joule, 2018, 2, (10): 1925-1949.
[21] SOLER A. Role of e-fuels in the European Transport System. Literature Review Report no. 14/19[Z]. 2020.
[22] The Royal Society. Sustainable Synthetic Carbon Based Fuels for Transport-Policy Briefing[R]. London: The Royal Society, 2019.
[23] European Commission. Renewable Energy-Recast to 2030 (RED II) [Z].
[24] FONG S C, TAO Z, CHUNLI B. Liquid Sunshine: Opportunites and Pathways to a Green Future for All-A Viable Energy Strategy for China (Chinese Academy of Sciences Report) [Z]. 2017.
[25] MALEWAR A. InceptiveMind[Z]. 2022.
[26] ELVIDGE C D, ZISKIN D, BAUGH K E, et al. A Fifteen Year Recard of Global Natural Gas Flaring Derived from Satellite Data[J]. Energies, 2009, 2 (3): 595-622.
[27] ZHANG Z, SHERWIN E D, BRANDT A R, Estimating Global Oilfield-sepcific Flaring with Uncertainty Using a Detailed Geographic Database of Oil and Gas Fields[J]. Environmental Research Letters, 2021, 16: 124039.
[28] EI-HOUJEIRI H M, MASNADI M S, VAFI K, et al. Oil Production Greenhouse Gas Emissions Estimator OPGEE v2.0a, User guide & technical documentation[Z] 2017.
[29] IEAGHG. Understanding the Cost of Retrofitting CO_2 Capture in an Integrated Oil Refinery. 2017/TR8[Z]. 2017.
[30] TENG H, PRADIP P, HUI W, et al. Hydrogen Carriers[J]. Nature Reviews Mate-

rials，2016，1：16059.

[31] UECKERDT F，BAUER C，DIRNAICHNER A，et al. Potential and Risks of Hydrogen-based E-fuels in Climate Change Mitigation[J]. Nature Climate Change，2021，11：384-393.

[32] LIU C M，SANDHU N K，MCCOY S T et al. A Life Cycle Assessment of Greenhouse Gas Emissions from Direct Air Capture and Fischer-tropsch Fuel Production[J]. Sustainable Energy & Fuels，2020，4：3129.

[33] ZANG G，SUN P，ELGOWAINY A，et al. Life Cycle Analysis of Electrofuels：Fischer-tropsch Fuel Production from Hydrogen and Corn Ethanol Byproduct CO_2[J]. Environmental Science & Technology，2021，6（55）：3888-3897.

[34] CHRISTENSEN A，PETRENKO C. CO_2-based Synthetic Fuel：Assessment of Potential European Capacity and Environmental Performance[Z]. 2017.

[35] 世界钢铁协会. 钢铁为世界添彩 [Z]. 2024.

[36] International Energy Agency. Iron and Steel Technology Roadmap[Z]. 2020.

[37] 世界钢铁协会. 气候变化与钢铁生产 [Z]. 2021.

[38] International Standard Organization. Environmental management-Life cycle impact assessment-Principles and frame-word：[S]. ISO 14040：2006.

[39] International Standard Organization. Environmental management-Life cycle impact assessment-Requirements and guidelines：ISO 14044：2006[S].

[40] International Standard Organization. Greenhouse gases — Part 1：Specification with guidance at the organization level for quantification and reporting of greenhouse gas emissions and removals：ISO 14064-1：2018[S].

[41] International Standard Organization. Greenhouse gases — Carbon footprint of products — Requirements and guidelines for quantification：ISO 14067：2018[S].

[42] 中华人民共和国国家质量监督检验检疫总局. 钢铁产品制造生命周期评价技术规范（产品种类规则）：GB/T 30052—2013[S]. 北京：中国标准出版社，2014.

[43] World Steel Association. 2020 Life cycle inventory study report[R].Brussels：WSA，2020.

[44] 刘涛，刘颖昊. 从生命周期评价视角看钢铁企业"煤改天然气"[J]. 冶金能源，2019，38（3）：5.

[45] WA S B，RRA B . Life cycle assessment of bio-based and fossil-based plastic：A review-ScienceDirect[Z]. 2020.

[46] 倪红. 塑料在汽车上的运用及汽车塑料零件成本构成浅析 [J]. 中国科技信息，2008（19）：132-133.

[47] 曹诺，万超，王玲，等. 废旧汽车中塑料的高值化回收利用 [J]. 环境技术，2021，39（3）：221-226.

[48] 吕吉平. 塑料在汽车轻量化中的应用 [J]. 合成树脂及塑料，2020，37（6）：87-

90，94.

[49] 薛俭，陈强强. 企业可持续发展能力评价研究综述 [J]. 中国经贸导刊（中），2021（2）：183-184.

[50] 宋俊彪. 吉林省节能环保企业可持续发展评价研究 [D]. 长春：长春工业大学，2018.

[51] 鞠茂伟，党超，张微微，王莹，等. 海洋微塑料无处不在 [J]. 世界环境，2020（2）：24-27.

[52] PWM Institute. An Introduction to Plastic Recycling. Plastic Waste Management Institute[Z]. 2019.

[53] RAMESH P，VINODH S. State of art review on Life Cycle Assessment of polymers[J]. International journal of sustainable engineering，2020，13（6）：411-422.

[54] 陈亮，刘玫，黄进. GB/T 24040—2008《环境管理 生命周期评价原则与框架》国家标准解读 [J]. 标准科学，2009（2）：76-80.

[55] CHEN Y D，CUI Z J，CUI X W，et al. Life cycle assessment of end-of-life treatments of waste plastics in China[J]. Resources，Conservation & Recycling，2019，146：348-357.

[56] 侯欣彤，田驰，韩振南，等. 基于自主生命周期软件对原镁生产的碳足迹评价 [J]. 辽宁化工，2020，49（12）：1522-1528.

[57] 张伟伟. 有色金属工业碳排放现状与实现碳中和的途径 [J]. 有色冶金节能，2021，37（2）：1-3.

[58] 李光霁，刘新玲. 汽车轻量化技术的研究现状综述 [J]. 材料科学与工艺，2020，28（5）：47-61.

[59] 范子杰，桂良进，苏瑞意. 汽车轻量化技术的研究与进展 [J]. 汽车安全与节能学报，2014，5（1）：1-16.

[60] 吕吉平. 塑料在汽车轻量化中的应用 [J]. 合成树脂及塑料，2020，37（6）：87-90，94.

[61] 马玲. 汽车碳纤维增强塑料翼子板的设计及性能研究 [J]. 塑料工业，2019，47（1）：156-158，162.

[62] 袁蔚景，涂杰松，李银华，等. 回收工艺对再生铝合金性能影响述评 [J]. 有色金属科学与工程，2021，12（5）：18-29.

[63] 陈杰，王渠东，彭涛，等. 有色金属固态回收技术的研究进展 [J]. 材料导报，2009，23（11）：77-80，89.

[64] 赵娟. 废塑料回收利用的研究进展 [J]. 现代塑料加工应用，2020，32（4）：60-63.

[65] FREDI G，DORIGATO A. Recycling of bioplastic waste：A review[J]. Advanced Industrial and Engineering Polymer Research，2021，4（3）：159-177.

[66] BORRELLE S B，RINGMA J，LAW K L，et al. Predicted growth in plastic waste

exceeds efforts to mitigate plastic pollution[J]. Science, 2020, 369 (6510): 1515-1518.

[67] COATES G W, GETZLER Y D Y L. Chemical recycling to monomer for an ideal, circular polymer economy[J]. Nature Reviews Materials, 2020, 5 (7): 501-516.

[68] 倪吉, 杨奇. 实现碳中和, 对化工意味着什么[J]. 中国石油和化工, 2020 (11): 26-31.

[69] YIN S, TULADHAR R, SHEEHAN M, et al. A life cycle assessment of recycled polypropylene fibre in concrete footpaths[J]. Journal of Cleaner Production, 2016, 112 (JAN.20PT.4): 2231-2242.

[70] KOULOUMPIS V, PELL R S, CORREA-CANO M E, et al. Potential trade-offs between eliminating plastics and mitigating climate change: An LCA perspective on Polyethylene Terephthalate (PET) bottles in Cornwall[J]. Science of The Total Environment, 2020, 727: 138681.

[71] HARDING K G, DENNIS J S, BLOTTNITZ H V F, et al. Environmental analysis of plastic production processes: Comparing petroleum-based polypropylene and polyethylene with biologically-based poly-β-hydroxybutyric acid using life cycle analysis[J]. Journal of Biotechnology, 2007, 130 (1): 57-66.

[72] XIE M, LI L, QI Q, et al. A comparative study on milk packaging using life cycle assessment: from PA-PE-Al laminate and polyethylene in China[J]. Journal of Cleaner Production, 2011, 19 (17-18): 2100-2106.

[73] 王洪涛, 杜鹃花. 再生循环的生命周期建模方法与案例研究[Z]. 2017.

[74] DAVIDSON M G, FURLONG R A, MCMANUS M C. Developments in the Life Cycle Assessment of Chemical Recycling of Plastic Waste-A Review[J]. Journal of Cleaner Production, 2021, 293: 126163.

[75] ERIKSEN M K, DAMGAARD A, BOLDRIN A, et al. Quality Assessment and Circularity Potential of Recovery Systems for Household Plastic Waste[J]. Journal of Industrial Ecology, 2019, 23 (1): 156-168.

[76] DR INA V, MICHAEL J F. Jenks. Beyond Mechanical Recycling: Giving New Life to Plastic Waste[J]. Angewandte Chemie International Edition, 2020, 59 (36): 15402-15423.

[77] ROSA A, RECCA G, SUMMERSCALES J, et al. Bio-based versus traditional polymer composites. A life cycle assessment perspective[J]. Journal of Cleaner Production, 2014, 74 (1): 135-144.

[78] BROGAARD L K, DAMGAARD A, JENSEN M B, et al. Evaluation of life cycle inventory data for recycling systems[J]. Resources Conservation and Recycling, 2014, 87 (87): 30-45.

[79] 交通运输部. 加快建设交通强国报告(2022) [M]. 北京: 人民交通出版社, 2023.

[80] 交通运输部公路局. 公路新型基础设施建设与公路数字化调研报告 [R]. 2021.
[81] 交通运输部公路局. 公路工程行业 BIM 技术应用问卷调查报告 [R]. 2021.
[82] 交通运输部规划研究院. "十四五"数字交通发展规划中期调研研究报告 [R]. 2023.
[83] MORGAN STANLEY. Shared Mobility on the Road of the Future[Z]. 2016.
[84] 中国汽车工程学会. 节能与新能源汽车技术路线图 2.0[Z]. 2020.
[85] 中国智能网联汽车产业创新联盟. 中国智能网联汽车发展路线图 2.0[Z]. 2020.
[86] ADLER M W, PEER S, SINOZIC T. Autonomous, Connected, Electric Shared vehicles (ACES) and public finance: an explorative analysis[J]. Transportation Research Interdisciplinary Perspectives, 2019 (2): 100038.
[87] 中国公路学会. 车路协同自动驾驶技术发展路线图研究报告 [Z]. 2021.
[88] SHARP D. Sharing cities for urban transformation: narrative, policy and practice[J]. Urban policy and research, 2018, 36 (4): 513-526.
[89] MAGINN P J, BURTON P, LEGACY C. Disruptive urbanism? Implications of the 'sharing economy' for cities, regions, and urban policy[J]. Taylor & Francis, 2018: 393-398.
[90] GREENBLATT J B, SHAHEEN S. Automated vehicles, on-demand mobility, and environmental impacts[J]. Current sustainable/renewable energy reports, 2015, 2 (3): 74-81.
[91] MARTINEZ L M, VIEGAS J M. Assessing the impacts of deploying a shared self-driving urban mobility system: An agent-based model applied to the city of Lisbon, Portugal[J]. International Journal of Transportation Science and Technology, 2017, 6 (1): 13-27.
[92] International Transport Forum. Shared Mobility Simulations for Lyon[Z]. 2020.
[93] Mckinsey. Shared mobility: Where it stands, where it'sheaded[Z]. 2021.
[94] 新能源汽车国家大数据联盟. 中国新能源汽车大数据研究报告（2020）[M]. 北京: 社会科学文献出版社, 2020.
[95] PANGBOURNE K. Disrupting Mobility: Impacts of Sharing Economy and Innovative Transportation in Cities. Lecture Notes in Mobility, G. Meyer, S. Shaheen (Eds.), Springer, Cham (2017): Elsevier, 2019.
[96] SHAHEEN S, COHEN A, JAFFEE M. Innovative mobility: Carsharing outlook[Z], 2018.
[97] LU M J, TAIEBAT M, XU M, et al. Multiagent Spatial Simulation of Autonomous Taxis for Urban Commute: Travel Economics and Environmental Impacts[J]. Journal of Urban Planning and Development, 2018, 144 (4): 04018033-1-04018033-12.
[98] CAI H, WANG X, ADRIAENS P, et al. Environmental benefits of taxi ride sharing in Beijing[J]. Energy, 2019, 174: 503-508.

[99] KIM D, KO J, PARK Y. Factors affecting electric vehicle sharing program participants' attitudes about car ownership and program participation[J]. Transportation Research Part D-Transport and Environment, 2015, 36: 96-106.

[100] 杨敬增, 等."双碳"形势下的汽车拆解园区化建设[J].再生资源与循环经, 2022（15）: 15-18.

[101] 中汽中心.汽车资源综合利用碳排放影响研究进展介绍[Z]. 2021.

[102] 郭达清.废钢对实现"双碳"目标作用重大[N].中国冶金报. 2022-1-13.

[103] 黄艰生, 卢剑峰.报废汽车有价组分回收利用技术综述[J].冶金管理, 2019（24）: 53-55.

[104] 池莉, 张琪, 刘正, 等.报废汽车中金属资源种类及利用效益研究[C]// 中国环境科学学会 2021 年科学技术年会——环境工程技术创新与应用分会场论文集（三）：北京：工业建筑杂志社有限公司, 2021: 497-499, 524.

[105] 张琪, 池莉, 刘正.报废汽车非金属材料资源化利用研究[J].再生资源与循环经济, 2021, 14（2）: 27-30.

[106] 余林峰, 杨斌, 陈铭.报废汽车零部件回收再利用的价值潜力[J].机械设计与制造, 2021（1）: 32-35, 40.

[107] 张宇平.报废汽车拆解处理及资源回收技术研究进展[J].资源再生, 2011（5）: 38-42.

[108] 曹辉.中国报废汽车回收拆解行业发展现状趋势[Z]. 2021.

[109] International Energy Agency. Energy Technology Perspectives[Z]. 2020.

[110] IEA. Net Zero by 2050[Z]. 2021.

[111] Bloomberg New Energy Finance. Global EV Outlook 2021[Z]. 2021.

[112] PATRICK P. Hydrogen technology is unlikely to play a major role in sustainable road transport[Z]. 2022.

[113] Ricardo Energy & Environment. Determining the environmental impacts of conventional and alternatively fuelled vehicles through LCA[Z]. 2020.

[114] Transport & Environment. How clean are electric cars? T&E's analysis of electric car lifecycle CO_2 emissions[Z]. 2020.

[115] Ricardo Energy & Environment. Determining the environmental impacts of conventional and alternatively fuelled vehicles through LCA[Z]. 2020.

[116] Transport & Environment. How clean are electric cars? T&E's analysis of electric car lifecycle CO_2 emissions[Z]. 2020.

[117] Global Battery Alliance. A Vision for a Sustainable Battery Value Chain in 2030: Unlocking the Full Potential to Power Sustainable Development and Climate Change Mitigation. Published by World Economic Forum[Z]. 2019.

[118] International Transport Forum. Good to go? Assessing the Environmental Performance of New Mobility[Z]. 2020.

[119] Global Battery Alliance. A Vision for a Sustainable Battery Value Chain in 2030： Unlocking the Full Potential to Power Sustainable Development and Climate Change Mitigation. Published by World Economic Forum[Z]. 2019.

[120] Agora Verkehrswende. Klimabilanz von Elektroautos[Z]. 2019.

[121] UNEP International Resource Panel（IRP）. Global Resources Outlook 2019[Z]. 2019.

[122] POTOČNIK J OKATZ J. The benefits of a circular economy for effective climate action and society[Z]. 2021.

[123] UNEP International Resource Panel. Global Resources Outlook 2019[Z]. 2019.

[124] UNEP International Resource Panel. Global Resources Outlook 2019[Z]. 2019.

[125] Circular Cars Initiative. Paving the way： EU policy action for automotive circularity[Z]. 2021.

[126] European Union. Regulation（EU）2019/631 of the european parliament and of the council of 17 April 2019 setting CO_2 emission performance standards for new passenger cars and for new light commercial vehicles，and repealing Regulations（EC）No 443/2009 and（EU）No 510/2011[Z]. 2019.

[127] Marklines. China's technology roadmap： Targets for energy saving and new energy vehicles in 2030. EVs，PHVs to account for up to 50% of vehicle sales; focusing on lightweight material development[Z]. 2017.

[128] Intergovernmental Panel on Climate Change. Climate Change 2022： Impacts，Adaptation and Vulnerability[Z]. 2022.

[129] World Economic Forum. Raising Ambitions： A new roadmap for the automotive circular economy[Z]. 2021.

[130] Circle Economy. The Circularity Gap Report 2022[Z]. 2022.

[131] Circle Economy. The Circularity Gap Report 2022[Z]. 2022.

[132] World Auto Steel. Recycling[Z]. 2022.

[133] Material Economics. The Circular Economy： A Powerful Force for Climate Mitigation[Z]. 2018.

[134] SYSTEMIQ. ReShaping Plastics： Pathways to a circular，climate neutral plastics system in Europe[Z]. 2022.

[135] Umweltbundesamt. Effectively tackling the issue of millions of vehicles with unknown whereabouts. European priority measure： establishing leakage-proof vehicle registration systems[Z]. 2020.

[136] Circular Economy Initiative Deutschland. Resource-Efficient Battery Life Cycles. Driving Electric Mobility with the Circular Economy[Z]. 2020.

[137] 工信部.《新能源汽车废旧动力蓄电池综合利用行业规范条件》(行业俗称"白名单")企业申报值 [Z]. 2022.

[138] IEA. Global EV Outlook 2021[Z]. 2021.

[139] European Recycling Industries' Confederation. Metal Recycling Factsheet[Z]. 2020.

[140] World Economic Forum. How steel is proving a critical component in transport's journey to net zero[Z]. 2021.

[141] World Auto Steel. Recycling[Z]. 2020.

[142] Material Economics. The Circular Economy：A Powerful Force for Climate Mitigation[Z]. 2018.

[143] Material Economics. The Circular Economy：A Powerful Force for Climate Mitigation[Z]. 2018.

[144] European Recycling Industries' Confederation. Metal Recycling Factsheet[Z]. 2020.

[145] Material Economics. The Circular Economy：A Powerful Force for Climate Mitigation[Z]. 2018.

[146] European Commission. A European Strategy for Plastics in a Circular Economy[Z]. 2018.

[147] SYSTEMIQ. ReShaping Plastics：Pathways to a circular, climate neutral plastics system in Europe[Z]. 2022.

[148] SPI. The Plastics Industry Trade Association. Plastic Market Watch：Automotive. Automotive Recycling-Devalued is now revalued[Z]. 2016.

[149] SYSTEMIQ. ReShaping Plastics：Pathways to a circular, climate neutral plastics system in Europe[Z]. 2022.

[150] European Commission. Joint Research Centre. Environmental effects of plastic waste recycling[Z]. 2021.

[151] GRUBLER A at el. A low energy demand scenario for meeting the 1.5 ℃ target and sustainable development goals without negative emission technologies[Z]. 2018.

[152] Circle Economy. The Circularity Gap Report 2022[Z]. 2022.

[153] The International Council on Clean Transportation. European vehicle market statistics：Pocketbook 2021/22[Z]. 2021.

[154] US Energy Information Agency. EIA projects global conventional vehicle fleet will peak in 2038[Z]. 2021.

[155] IEA. Global EV Data Explorer[Z]. 2022.

[156] IRP. Resource efficiency and climate change[Z]. 2020.

[157] Intergovernmental Panel on Climate Change. Climate Change 2022：Impacts，Adaptation and Vulnerability[Z]. 2022.

[158] SYSTEMIQ. XaaS：Everything-as-a-Service. How businesses can thrive in the age of climate change and digitalization[Z]. 2021.

[159] 蔡博峰，李琦，张贤，等. 中国二氧化碳捕集利用与封存（CCUS）年度报告（2021）——中国 CCUS 路径研究 [R]. 北京：生态环境部环境规划院，中国科学

院武汉岩土力学研究所，中国 21 世纪议程管理中心，2021.

[160] IPCC. Special report on global warming of 1.5[Z]. 2018.

[161] 科学技术部社会发展科技司，中国 21 世纪议程管理中心. 中国碳捕集利用与封存技术发展路线图（2011）[M]. 北京：科学出版社，2011.

[162] 科学技术部社会发展科技司，中国 21 世纪议程管理中心. 中国碳捕集利用与封存技术发展路线图（2019）[M]. 北京：科学出版社，2019.

[163] IEA，Special Report on Carbon Capture Utilization and Storage – CCUS in clean energy transition[Z]. 2020.

[164] 张贤，李凯，马乔，等. 碳中和目标下 CCUS 技术发展定位与展望 [J]. 中国人口·资源与环境，2021，31（9）：29-33.

CHAPTER 6

第 6 章　未来汽车行业碳减排潜力分析

6.1　汽车产品生命周期碳减排效果分析

在前文所述的低碳转型路径基础上，本节对不同燃料类型的乘用车和商用车未来全生命周期碳排放进行了预测，预测过程中分别考虑了电力清洁化、车辆电动化（使用能效提升）、燃料脱碳化、材料低碳化和生产数字化这五个转型路径下的减排效果，捕集利用和封存与前几个路径合并展示结果未单独列出，交通智慧化和出行共享化这两个路径将在下一节车队的减排结果中展示，生态碳汇化由于数据不足在此未做量化分析。

根据前文所建立的三个未来预测情景——基准情景、汽车行业 2060 年前碳中和情景与汽车行业 2050 年前碳中和情景，分别分析了乘用车和商用车在单车层面未来的生命周期、车辆周期以及燃料周期碳排放情况并进行了各减碳路径下的减碳潜力分析。由于减碳措施之间存在耦合影响，例如电力清洁化（或燃料脱碳化）与使用能效提升两项措施施加的先后顺序不同，计算得到的两项措施产生的减排收益会有所不同，本节按照电力清洁化（或燃料脱碳化）、使用能效提升、材料低碳化、生产数字化的顺序进行评价。

6.1.1 乘用车产品生命周期碳减排效果

（1）不同燃料类型乘用车碳足迹预测

在基准情景、汽车行业 2060 年前碳中和情景和汽车行业 2050 年前碳中和情景这三种减排情景下，汽油乘用车、柴油乘用车、常规混乘用车、插电混乘用车、纯电动乘用车和氢燃料乘用车六种燃料类型车 2025 年、2030 年、2050 年、2060 年的单位行驶里程生命周期碳排放数值预测如图 6-1 所示。三种减排情景下，六种燃料类型的乘用车均显示出明显的减排效果，但由于内燃机的特性，汽油乘用车、柴油乘用车和常规混乘用车的减排效果在 2050 年后降幅很小。

图 6-1 乘用车碳足迹预测

据 2021—2060 年的单位行驶里程生命周期碳排放数据，减排效果按照氢燃料乘用车、纯电动乘用车、插电混乘用车、柴油乘用车、汽油乘用车、常规混乘用车的顺序依次降低。其中，氢燃料乘用车减排效果最为明显，基准情景、汽车行业 2060 年前碳中和情景和汽车行业 2050 年前碳中和情景下单位行驶里程碳排放分别降低 90%、93% 和 94%；其次是纯电动乘用车，基准情景、汽车行业 2060 年前碳中和情景和汽车行业 2050 年前碳中和情景下单位行驶里程碳排放分别降低 83%、89% 和 93%，但对于减碳潜力接近氢燃料乘用车的纯电动乘用车而言，其减碳难度远低于氢燃料乘用车，这是由于制氢储氢工艺进步的难度远高于改善电力结构而带来的电力清洁化效果；常规混乘用车减排效果最小，基准情景、汽车行业 2060 年前碳中和情景和汽车行业 2050 年前碳中和情景下单位行驶里程碳排放分别降低 42%、47% 和 49%；同时汽油乘用车在基准情景、汽车行业 2060 年前碳中和情景和汽车行业 2050 年前碳中和情景下减排效果分别降低 43%、47% 和 49%。未来碳足迹减排空间较大的是氢燃料乘用车和纯电动乘用车，而减排空间较小的是常规混乘用车和汽油乘用车。

据 2060 年的单位行驶里程碳足迹数据，碳排放强度依次按照柴油乘用车、汽油乘用车、常规混乘用车、插电混乘用车、氢燃料乘用车、纯电动乘用车的顺序依次降低。其中，纯电动乘用车碳排放强度最低，基准情景、汽车行业 2060 年前碳中和情景和汽车行业 2050 年前碳中和情景下单位行驶里程生命周期碳排放仅为 26.8gCO$_2$e/km、18.2gCO$_2$e/km 和 11.1gCO$_2$e/km，这是由纯电动乘用车燃料周期碳排放低且还将迅速降低决定的；柴油乘用车碳排放强度最高，基准情景、汽车行业 2060 年前碳中和情景和汽车行业 2050 年前碳中和情景下单位行驶里程碳足迹分别为 179.6gCO$_2$e/km、166.7gCO$_2$e/km 和 160.4gCO$_2$e/km；同时汽油乘用车在基准情景、汽车行业 2060 年前碳中和情景和汽车行业 2050 年前碳中和情景下单位行驶里程碳足迹分别为 158.8gCO$_2$e/km、147.4gCO$_2$e/km 和 147.4gCO$_2$e/km。2060 年，碳足迹较大的是汽油乘用车和柴油乘用车，而碳排放具备明显低碳优势的是纯电动乘用车。

另外，如图 6-1 所示，通过比较六种燃料类型乘用车，可以发现燃油乘用车（汽油乘用车、柴油乘用车、常规混乘用车）与氢燃料乘用车的碳足迹在未来存在一定的交叉，而纯电动乘用车始终为碳排放量最低的车型，是未来最低碳的发展方向。细化分析发现，在基准情景下，2030 年后，数年内氢燃料乘用车碳足迹将逐步低于燃油乘用车；在汽车行业 2060 年前碳中和情景下，2030 年，氢燃料乘用车碳足迹便可下降到和燃油乘用车中较为低碳的常规混乘用车相当的水平；在汽车行业 2050 年前碳中和情景下，2030 年后，数年内氢燃料乘用车碳足迹将全面低于燃油乘用车。

由此可见，从碳足迹角度来看，纯电动乘用车在全部燃料类型的乘用车中拥有着绝对的低碳排放优势，而氢燃料乘用车随制氢工艺的低碳化发展逐步建立碳排放优势，在 2025—2050 年间可以逐步完成对燃油乘用车（汽油乘用车、柴油乘用车、常规混乘用车）的赶超。

（2）不同燃料类型乘用车车辆周期碳排放预测

在基准情景、汽车行业 2060 年前碳中和情景和汽车行业 2050 年前碳中和情景这三种减排情景下，汽油乘用车、柴油乘用车、常规混乘用车、插电混乘用车、纯电动乘用车和氢燃料乘用车六种燃料类型车 2025 年、2030 年、2050 年、2060 年的单位行驶里程车辆周期碳排放数值预测如图 6-2 所示。

图 6-2 乘用车车辆周期碳排放预测

据 2021 年—2060 年的单位行驶里程车辆周期碳排放数据，基准情景下减排效果按照柴油乘用车、汽油乘用车、氢燃料乘用车、插电混乘用车、常规混乘用车、纯电动乘用车的顺序依次降低，其中，柴油乘用车减排效果最为明显，车辆周期碳排放降低 75%，纯电动乘用车减排效果最小，车辆周期碳排放降低 70%；汽车行业 2060 年前碳中和情景下减排效果按照纯电动乘用车、插电混乘用车、氢燃料乘用车、柴油乘用车、汽油乘用车、常规混乘用车的顺序依次降低，其中，纯电动乘用车减排效果最为明显，车辆周期碳排放降低 80%，常规混乘用车减排效果最小，车辆周期碳排放降低 77%；汽车行业 2050 年前碳中和情景下减排效果按照纯电动乘用车、插电混乘用车、氢燃料乘用车、汽油乘用车、柴油乘用车、常规混乘用车的顺序依次降低，其中，纯电动乘用车减排效果最为明显，车辆周期碳排放降低 88%，柴油乘用车减排效果最小，车辆周期碳排放降低 78%。

据 2060 年的单位行驶里程车辆周期碳排放数据，基准情景下车辆周期碳排放强度按照插电混乘用车、柴油乘用车、氢燃料乘用车、纯电动乘用车、常规混乘用车、汽油乘用车的顺序依次降低，其中，插电混乘用车车辆周期碳排放强度最高，达到 27.7gCO$_2$e/km，汽油乘用车车辆周期碳排放强度最低，达到 18.8gCO$_2$e/km；汽车行业 2060 年前碳中和情景下车辆周期碳排放强度按照柴油乘用车、插电混乘用车、氢燃料乘用车、常规混乘用车、汽油乘用车、纯电动乘用车的顺序依次降低，其中，柴油乘用车车辆周期碳排放强度最高，达到 23.0gCO$_2$e/km，纯电动乘用车车辆周期碳排放强度最低，达到 16.1gCO$_2$e/km；汽车行业 2050 年前碳中和情景下车辆周期碳排放强度按照柴油乘用车、氢燃料乘用车、插电混乘用车、常规混乘用车、汽油乘用车、纯电动乘用车的顺序依次降低，其中，柴油乘用车车辆周期碳排放强度最高，达到 21.7gCO$_2$e/km，纯电动乘用车车辆周期碳排放强度最低，达到 9.9gCO$_2$e/km。

综上所述，各类型乘用车 2021—2060 年间车辆周期碳排放呈稳步下降状态且下降趋势基本一致，除氢燃料乘用车外没有明显的差异，下降幅度在 70%~88% 之间，原因是各燃料类型乘用车车辆周期采取的减排措施基本一致且大部分由材料端贡献，氢燃料乘用车独有的氢燃料电池系统材料端碳减排贡献相对明显。

（3）不同燃料类型乘用车燃料周期碳排放预测

在基准情景、汽车行业 2060 年前碳中和情景和汽车行业 2050 年前碳中和情景这三种减排情景下，汽油乘用车、柴油乘用车、常规混乘用车、插电混乘用车、纯电动乘用车和氢燃料乘用车六种燃料类型车 2025 年、2030 年、2050 年、2060 年的单位行驶里程燃料周期碳排放数值预测如图 6-3 所示。

图 6-3 乘用车燃料周期碳排放预测

据 2021—2060 年的单位行驶里程燃料周期碳排放数据，基准情景下减排效果按照纯电动乘用车、氢燃料乘用车、插电混乘用车、柴油乘用车、汽油乘用车、常规混乘用车的顺序依次降低，其中，纯电动乘用车减排效果最为明显，燃料周期碳排放降低 96.1%，这是由于电力清洁化即使在基准情景下发展也能达到较高的水平从而帮助纯电动乘用车实现较大的减排，常规混乘用车减排效果最小，燃料周期碳排放降低 26.6%；汽车行业 2060 年前碳中和情景和汽车行业 2050 年前碳中和情景下减排效果按照氢燃料乘用车、纯电动乘用车、插电混乘用车、柴油乘用车、汽油乘用车、常规混乘用车的顺序依次降低，其中，氢燃料乘用车减排效果最为明显，燃料周期碳排放降低 99% 左右，其次是纯电动乘用车，燃料周期碳排放降低 98% 左右，非常接近氢燃料乘用车的水平，这是由于在汽车行业 2060 年前碳中和情景和汽车行业 2050 年前碳中和情景下，制氢储氢工艺的进步使得原本燃料周期碳排放较大的氢燃料乘用车的减排效果超过纯电动乘用车，常规混乘用车减排效果最小，燃料周期碳排放分别降低 31% 和 33%。

据 2060 年的单位行驶里程燃料周期碳排放数据，基准情景、汽车行业 2060 年前碳中和情景和汽车行业 2050 年前碳中和情景下燃料周期碳排放强度均按照柴油乘用车、汽油乘用车、常规混乘用车、插电混乘用车、氢燃料乘用车、纯电动乘用车的顺序依次降低，其中，柴油乘用车燃料周期碳排放强度最高，分别达到 153.6gCO$_2$e/km、143.7gCO$_2$e/km、138.7gCO$_2$e/km，纯电动乘用车燃料周期碳排放强度最低，分别达到 3.1gCO$_2$e/km、2.0gCO$_2$e/km、1.2gCO$_2$e/km。

综上所述，燃料周期整体碳排放变化趋势与图 6-1 所示碳足迹变化趋势类似。2021—2060 年，对燃油乘用车（汽油乘用车、柴油乘用车、常规混乘用车），因不同情景设置表现出不同的下降速度，但整体一直处在碳排放相对较高的水平，这是受内燃机的发展潜力所限，而插电混乘用车和纯电动乘用车长期处在碳排放相对较低的水平，尤其是纯电动乘用车一直处于绝对的低碳地位，这是由电力清洁化带来的稳定低碳发展决定的。较为特殊的是氢燃料乘用车，由于制氢工艺的快速发展，氢燃料乘用车燃料周期碳排放将在各类情境中迅速低于燃油乘用车，并在 2050 年前低于插电混乘用车，且于 2060 年接近纯电动乘用车的排放水平。

（4）纯电动乘用车生命周期碳减排潜力分析

经过以上对比发现，纯电动乘用车在生命周期、车辆周期和燃料周期的不同情景下均有出色的表现，结合前文车队研究对纯电动乘用车未来占比更加看好的情形，我们选择对纯电动乘用车进行三种情景下的生命周期碳减排潜力分析。

纯电动乘用车生命周期碳减排潜力分析如图 6-4 和图 6-5 所示。对纯电动乘用车减排贡献最大的因素为电力清洁化，2030 年在不同情景中减排贡献在 18%～40% 之间，2060 年在不同情景中减排贡献稳定在 48%～49%，这是由于随着电网结构的清洁化，电力碳排放水平已稳定到很低的水平；2030 年在不同情景中使用能效提升对纯电动乘用车的碳减排贡献在 2%～7%，2060 年在不同情景中减排贡献稳定在 1% 左右，这是由于使用能效与电力清洁化两者共同作用于纯电动乘用车燃料周期的碳减排，且随着电力清洁化的程度加大，使用能效提升的减排效果趋于降低，因此在不同减排措施中，使用能效提升的作用最不明显；材料低碳化对纯电动乘用车的碳减排也很重要，可降低纯电动乘用车 14%～25% 的碳排放；随着新能源技术的发展，纯电动乘用车生产数字化对纯电动乘用车碳减排的作用也越加明显，降幅在 5%～19%；在各因素的共同作用下，纯电动乘用车生命周期碳排放在 2060 年最多可降低至 2021 年水平的 7%。

图 6-4　纯电动乘用车 2030 年生命周期碳减排潜力

第6章 未来汽车行业碳减排潜力分析

c) 汽车行业2050年前碳中和情景

图 6-4 纯电动乘用车 2030 年生命周期碳减排潜力（续）

a) 基准情景

b) 汽车行业2060年前碳中和情景

图 6-5 纯电动乘用车 2060 年生命周期碳减排潜力

c）汽车行业2050年前碳中和情景

图 6-5　纯电动乘用车 2060 年生命周期碳减排潜力（续）

6.1.2　商用车生命周期碳减排效果

1. 不同燃料类型轻型货车未来生命周期碳排放预测

（1）不同燃料类型轻型货车全生命周期碳排放预测

图 6-6 为不同燃料类型轻型货车全生命周期碳排放量预测。如图 6-6 所示，燃油轻货（汽油轻货、柴油型货、常规混轻货）2021—2060 年全生命周期碳排放总量呈稳步下降趋势，下降幅度在 33%～97%，其中对于基准情景、汽车行业 2060 年前碳中和情景与汽车行业 2050 年前碳中和情景，汽油轻货碳排放降低 35%、60%、72%，柴油轻货碳排放降低 52%、70%、79%，常规混轻货碳排放降低 46%、66%、76%。纯电动轻货与氢燃料轻货全生命周期碳排放量呈快速下降趋势，下降幅度超过 90%，其中对于基准情景、汽车行业 2060 年前碳中和情景与汽车行业 2050 年前碳中和情景，纯电动轻货碳排放降低 92%、94%、95%，氢燃料轻货碳排放降低 93%、96%、97%。

另外，如图 6-6 所示，通过比较五种燃料类型轻型货车，可以发现燃油轻货（汽油轻货、柴油型货、常规混轻货）与氢燃料轻货的全生命周期单位周转量在未来存在一定的交叉与重合。随制氢工艺碳排放水平的降低，氢燃料轻型货车在后期逐渐显现出碳排放优势，而纯电动轻型货车始终为碳排放量最低的车型，仍为未来最低碳的发展方向。细化分析发现，在基准情景下，2030 年左右，氢燃料轻货全生命周期单位周转量碳排放可逐步低于柴油轻货、汽油轻货与常规混轻货；在汽车行业2060年前碳中和情景下，2025—2030年，氢燃料轻货全生命周期单位周转量碳排放可低于柴油轻货，在2030年后可低于汽油轻货与常规混轻货；在汽车行业2050年前碳中和情景下，2023—2025年，氢燃料轻货全生命周期单位周转量碳排放可低于柴油轻货，2025—2030年，可低于汽油轻货，2030年后可低于常规混轻货。

图 6-6 轻型货车全生命周期碳排放预测

由此可见，从全生命周期单位周转量碳排放角度而言，纯电动轻货在全部燃料类型的轻型货车中拥有着绝对的低碳排放优势，而氢燃料轻货随制氢工艺的低碳化逐步建立碳排放优势，在2030—2050年间可以逐步完成对传统燃油轻货（汽油轻货、柴油轻货、常规混轻货）的替代。

（2）不同燃料类型轻型货车车辆周期碳排放预测

图6-7为不同燃料类型轻型货车车辆周期碳排放量预测。如图6-7所示，各燃油类型轻型货车2021—2060年车辆周期碳排放总量呈稳步下降趋势，下降幅度在65%~78%之间，下降趋势几乎处于平行状态，无不同车型的交叉点，原因是各燃料类型轻型货车车辆周期采取的减排措施相同，减排量的区别仅与不同燃料类型轻型货车减排措施的分担率有关。

图6-7 轻型货车车辆周期碳排放预测

(3) 不同燃料类型轻型货车燃料周期碳排放预测

图 6-8 为不同燃料类型轻型货车燃料周期碳排放量预测。如图 6-8 所示，燃料周期整体碳排放变化趋势与图 6-6 所示全生命周期碳排放变化趋势类似。对于燃油轻货（汽油轻货、柴油轻货、常规混轻货），2021—2060 年，因不同情景设置表现出不同的下降速度，其主要原因与使用能效提升、燃料脱碳化程度等参数不同的设置水平有关。对于纯电动轻型货车与氢燃料轻型货车，在 2050 年之前，其燃料周期碳排放水平一直保持较快的下降速度，这与我国绿色电力的快速发展有关，2050 年后我国电力碳排放已经达到一个较低的水平，下降速度放缓，相对应的燃料周期碳排放下降速度放缓。

图 6-8 轻型货车燃料周期碳排放预测

（4）纯电动轻型货车生命周期碳减排潜力分析

经过以上对比发现，纯电动轻型货车在生命周期、车辆周期和燃料周期的不同情境下均有出色的表现，结合前文车队研究对纯电动轻型货车未来占比更加看好的情形，我们选择对纯电动轻型货车进行三种情景下的生命周期碳减排潜力分析。

纯电动轻型货车生命周期碳减排潜力分析如图 6-9 和图 6-10 所示。对纯电动轻型货车减排贡献最大的因素为电力清洁化，2030 年在不同情景中减排贡献在 29%～67% 之间，2060 年在不同情景中减排贡献稳定在 79%～81%，这是由于随着电网结构的清洁化，电力碳排放水平已稳定到很低的水平；使用能效的提升对纯电动轻型货车的碳减排作用有限，2030 年在不同情景中使用能效提升对纯电动轻型货车的碳减排贡献在 5%～15%，2060 年在不同情景中减排贡献稳定在 1%，这是由于使用能效提升与电力清洁化两者共同作用于纯电动轻型货车燃料周期的碳减排，且随着电力清洁化的程度加大，使用能效提升的减排效果趋于降低，因此在不同减排措施中，使用能效提升的作用有限；随着材料低碳化发展，纯电动轻型货车使用低碳材料对纯电动轻型货车碳减排的作用在 4%～9%；生产数字化的减排贡献在纯电动轻型货车整个生命周期中占比只有 2%～4%，影响非常小，这是由于轻货整体碳排放较高，生产环节对它的影响有限；在各因素的共同作用下，纯电动轻型货车生命周期碳排放在 2060 年最多可降低至 2021 年水平的 5%。

a) 基准情景

图 6-9　纯电动轻型货车 2030 年生命周期碳减排潜力

第6章 未来汽车行业碳减排潜力分析

b) 汽车行业2060年前碳中和情景

2021年 100 → 电力清洁化 56 → 使用能效提升 7 → 材料低碳化 5 → 生产数字化 2 → 2030年 30

c) 汽车行业2050年前碳中和情景

2021年 100 → 电力清洁化 67 → 使用能效提升 5 → 材料低碳化 5 → 生产数字化 3 → 2030年 21

图 6-9　纯电动轻型货车 2030 年生命周期碳减排潜力（续）

a) 基准情景

2021年 100 → 电力清洁化 79 → 使用能效提升 1 → 材料低碳化 8 → 生产数字化 4 → 2060年 8

图 6-10　纯电动轻型货车 2060 年生命周期碳减排潜力

b) 汽车行业2060年前碳中和情景

c) 汽车行业2050年前碳中和情景

图 6-10　纯电动轻型货车 2060 年生命周期碳减排潜力（续）

2. 中型单体车产品生命周期碳减排效果

（1）不同燃料类型中型单体车碳足迹预测

在对不同燃料类型的中型单体车碳足迹进行预测时，发现每种燃料类型的车辆都呈现出稳步下降的趋势，如图 6-11 所示。然而，以化石能源为燃料的车型（包括柴油中型单体车、常规混中型单体车和天然气中型单体车）的碳排放下降幅度不超过 50%，其主要原因归咎于内燃机的理论热效率在达到一定程度后无法继续提升。而在新能源车型中，纯电动中型单体车的生命周期单位周转量碳排放一直是最低的选项，同样，随着制氢工艺清洁化的推进，预计到 2060 年，氢燃料中型单体车碳足迹降幅将达到 85%。

（2）不同燃料类型中型单体车车辆周期碳排放预测

图 6-12 展示的是不同燃料类型的中型单体车车辆周期碳排放预测结果，这些数据与全生命周期的结果保持一致，呈现逐年下降的趋势。具体来说，

纯电动和氢燃料电池中型单体车的下降趋势较为显著，预计到 2060 年，这两种车型的车辆周期碳排放将分别减少 76% 和 71%。然而，尽管新能源类型车辆在减少碳排放方面表现出色，纯电动及氢燃料中型单体车在 2020—2060 年的车辆周期碳排放却始终高于传统燃料类型车辆。这主要是由于新能源汽车特有的零部件部分，特别是锂离子动力蓄电池及氢燃料系统，其碳排放水平相对较高。

图 6-11 中型单体车碳足迹预测

图 6-12 中型单体车车辆周期碳排放预测

（3）不同燃料类型中型单体车燃料周期碳排放预测

图 6-13 展示的是中型单体车燃料周期碳排放预测结果，由图可知，2023 年氢燃料车燃料周期碳排放最高，随着制氢工艺的清洁化及电网清洁化水平的推进及发展，纯电动及氢燃料车于 2060 年将成为最具减排潜力的车型，其 2060 年减排潜力相较 2023 年达到了 98% 及 96%。

3. 重型牵引车产品生命周期碳减排效果

（1）不同燃料类型重型牵引车碳足迹预测

图 6-14 描绘了不同燃料类型的重型牵引车在整个生命周期内的碳排放

预测，显示了每种车辆类型碳排放量的逐年下降趋势。具体到燃料类型，使用化石能源的车型——包括柴油、常规混合动力以及天然气驱动的重型牵引车——展现出较为缓和的下降趋势。在新能源车型中，氢燃料重型牵引车的碳排放下降速率最为显著。尽管该车型在 2023 年的碳排放水平是最高的，但预计到 2060 年将实现高达 99% 的降幅，成为同期碳排放最低的车型之一。与此同时，纯电动重型牵引车虽然在 2023 年的碳排放高于天然气车和常规混合动力车，但随着电力生产的清洁化，它的碳排放将快速降低，在 2030 年前成为碳排放最低的车型，并一直保持到 2060 年，其生命周期减排潜力达到 95%。

图 6-13 中型单体车燃料周期碳排放预测

图 6-14　重型牵引车碳足迹预测

　　图中还揭示了一个重要现象：氢燃料车由于当前制氢技术尚不清洁，导致其在 2023 年的碳排放远高于其他车型。然而，随着制氢技术的进步和碳排放的减少，氢燃料车的优势逐渐显现，大约在 2040 年前后超越了柴油车、常规混合动力车及天然气车，并在 2060 年进一步接近纯电动车。这一转变强调了清洁能源技术和工艺进步在推动低碳运输方面的重要性。这样的分析不仅展示了各类车型的碳足迹变化趋势，也突出了技术创新对于实现汽车行业长远气候目标的关键作用。此外，这也提示了政策制定者和行业决策者在推进低碳交通工具发展策略时，需要重视技术突破和清洁能源的应用。

（2）不同燃料类型重型牵引车车辆周期碳排放预测

图 6-15 展示的是重型牵引车车辆周期碳排放预测结果。由图可知，2023 年，纯电动车型为车辆周期碳排放最高车型，随着材料低碳化及能源清洁化进程推进，其车辆周期碳排放呈现大幅度下降，降幅达 70%。同中型单体车相似，新能源类型车辆车辆周期碳排放始终高于传统燃料类型车辆，主要由于动力蓄电池及氢燃料电池系统碳排放较高。

图 6-15 重型牵引车车辆周期碳排放预测

（3）不同燃料类型重型牵引车燃料周期碳排放预测

图 6-16 展示的是不同燃料类型重型牵引车燃料周期碳排放预测结果。氢燃料车燃料周期碳排放在 2023 年显著高于其他燃料类型。然而，随着制氢工

艺向更清洁的方向转型，预计到2040—2050年期间，氢燃料将实现重大突破，其碳排放量将降至足以低于柴油、常规混合动力及天然气等燃料类型，从而成为具有明显减排优势的燃料选择。这一趋势与整体生命周期评估的结果相吻合，展现了氢燃料在未来清洁能源体系中的重要潜力。

图 6-16 重型牵引车燃料周期碳排放预测

4. 重型自卸车产品生命周期碳减排效果

（1）不同燃料类型重型自卸车碳足迹预测

图 6-17 展示了不同燃料类型的重型自卸车在整个生命周期内的碳排放预测，显示了每种车辆类型碳排放量的稳步下降趋势。2023 年天然气驱动的重型自卸车在各燃料类型中具有最低的碳排放水平。随着电力和制氢工艺的清洁化进展，氢燃料车和纯电动重型自卸车的碳减排优势逐渐明显。在当前政

策情景下，柴油车和天然气车的碳减排潜力相对较小，预计到 2060 年其碳排放量将比 2021 年下降约 45%。而新能源车辆，特别是纯电动重型自卸车和氢燃料车，预计其减排潜力可达到 87% 和 92%。在加强的政策情景下，这一数字可进一步提升至 90% 和 95%。这一分析不仅揭示了各类车型的碳足迹变化趋势，还突显了清洁能源技术和政策支持在推动低碳运输方面的重要性。这为政策制定者和行业决策者提供了宝贵的信息，指导他们在推进低碳交通工具发展策略时，应重视技术突破和清洁能源的应用。

图 6-17 重型自卸车碳足迹预测

（2）不同燃料类型重型自卸车车辆周期碳排放预测

图 6-18 展示的是不同燃料类型重型自卸车车辆周期碳排放预测结果。由图可得，氢燃料类型车辆和纯电动车基本呈现一致的下降趋势，其 2060 年车辆周期碳排放较 2023 年下降达 69%。

图 6-18　重型自卸车车辆周期碳排放预测

（3）不同燃料类型重型自卸车燃料周期碳排放预测

图 6-19 展示了不同燃料类型重型自卸车燃料周期的碳排放预测结果。这些结果与全生命周期分析的趋势一致，揭示了氢燃料在 2023 年的碳排放量是其他燃料类型的数倍。然而，随着制氢工艺变得更加清洁，预计到 2040—

2050 年，氢燃料的碳排放将降至足以使其低于柴油、常规混合动力和天然气等燃料类型，从而成为具有明显减排优势的选择。尽管如此，纯电动始终保持最低的碳排放水平，是碳减排效果最佳的燃料选项。

图 6-19　重型自卸车燃料周期碳排放预测

5. 公交车产品生命周期碳减排效果

（1）不同燃料类型公交车全生命周期碳排放预测

图 6-20 展示了不同燃料类型公交车全生命周期单位周转量碳排放预测，由图可见，四种燃料类型公交车碳排放随时间逐步降低。以化石燃料作为燃料类型的公交车（柴油公交车、插电混公交车）2023—2060 年碳排放总量稳

步下降，下降幅度在 40% 以上，其中对于现有基准情景、汽车行业 2060 年前碳中和情景与汽车行业 2050 年前碳中和情景，柴油公交车碳排放降低 43%、64%、74%，插电混公交车碳排放降低 47%、65%、74%。纯电动公交车与氢燃料公交车全生命周期碳排放量呈快速下降趋势，下降幅度约 90%，其中对于基准情景、汽车行业 2060 年前碳中和情景与汽车行业 2050 年前碳中和情景，纯电动公交车碳排放降低 90%、91%、93%，氢燃料公交车碳排放降低 89%、92%、94%。

图 6-20 公交车全生命周期单位周转量碳排放预测

通过比较四种燃料类型公交车，可以发现氢燃料公交车与柴油公交车、插电混公交车均有交叉，随制氢工艺、氢能来源结构的优化，氢燃料公交车表现出极大的碳减排优势，其减排优势主要表现在 2040 年以后，而在本预测中，未得到氢燃料公交车生命周期单位碳排放量低于纯电动公交车的情况，纯电动公交车仍为未来最低碳的发展方向。由此可见，从全生命周期单位碳排放角度而言，纯电动公交车在全部燃料类型的公交车中仍是最为低碳的选择，而氢燃料公交车随制氢工艺的低碳化逐步建立优势，在 2030 年开始可以逐步替代以化石能源为燃料的公交车，在 2050 年之后，具备与插电混公交车与纯电动公交车角力的能力。

（2）不同燃料类型公交车车辆周期碳排放预测

图 6-21 所示为不同燃料类型公交车车辆周期碳排放预测，由图可知，各

图 6-21 公交车车辆周期单位周转量碳排放预测

燃油类型公交车 2023—2060 年车辆周期碳排放量呈稳步下降趋势，降幅在 60%~75% 之间，下降趋势较为平均。在现有基准情景、汽车行业 2060 年前碳中和情景与汽车行业 2050 年前碳中和情景下，对于车辆周期碳排放，柴油公交车降低 71%、74%、75%，插电混公交车降低 69%、72%、74%，纯电动公交车降低 70%、73%、75%，氢燃料公交车降低 64%、66%、68%。氢燃料公交车车辆周期碳排放量降低幅度低的原因主要是储氢罐等部件应用到大量的碳纤维等材料，这部分材料减排路径尚不明晰。

（3）不同燃料类型公交车燃料周期碳排放预测

图 6-22 所示为不同燃料类型公交车燃料周期碳排放预测，由图可知，柴

图 6-22　公交车燃料周期单位周转量碳排放预测

油公交车、插电混公交车 2021—2060 年，逐年下降趋势较不明显，其主要原因是化石燃料本身不具备足够的低碳潜力，以化石能源为燃料的公交车，其燃料周期的碳减排主要来自油耗的降低，而内燃机效率随时间提升潜力不大。纯电动公交车与氢燃料公交车的燃料周期碳排放量随时间降低最为明显，2021—2060 年，在基准情景、汽车行业 2060 年前碳中和情景与汽车行业 2050 年前碳中和情景下，二者的碳排放分别降低 96%、97%、98% 与 93%、97%、98%，两种燃料类型公交车的预测减碳幅度基本持平。

（4）纯电动公交车生命周期碳减排潜力分析

经过以上对比发现，纯电动公交车在生命周期、车辆周期和燃料周期的不同情境下均有出色的表现，结合前文车队研究对纯电动公交车未来占比更加看好的情形，我们选择对纯电动公交车进行生命周期碳减排潜力分析。

纯电动公交车生命周期碳减排潜力分析如图 6-23 和图 6-24 所示。对纯电动公交车减排贡献最大的因素为电力清洁化，2030 年在不同情景中减排贡献在 28%~56% 之间，2060 年在不同情景中减排贡献稳定在 72%~75%，这是由于随着电网结构的清洁化，电力碳排放水平迅速降低并在 2060 年稳定到较低的水平；使用能效提升对纯电动公交车的碳减排作用有限，2030 年在不同情景中使用能效提升对纯电动公交车的碳减排贡献在 7% 左右，2060 年在不同情景中减排贡献稳定在 1%~2%，这是由于使用能效提升与电力清洁化两者共同作用于纯电动公交车燃料周期的碳减排，且随着电力清洁化程度的加大，使用能效提升的减排效果趋于降低；随着材料低碳化发展，使用低碳材料对纯电动公交车碳减排的作用在 6%~16%；生产数字化的减排贡献在纯电动公交车整个生命周期中占比只有不到 1%，影响不大，这是由于纯电动公交车整体碳排放较高且集中在燃料周期，生产环节对它的影响有限；在各因素的共同作用下，纯电动公交车生命周期碳排放于 2060 年可降低至 2021 年水平的 8%。

a) 现有基准情景

项目	数值
2023年	100.0
电力清洁化	28.8
使用能效提升	7.6
材料低碳化	6.8
生产数字化	0.1
2030年	56.7

b) 汽车行业2060年前碳中和情景

项目	数值
2023年	100.0
电力清洁化	47.7
使用能效提升	7.5
材料低碳化	7.8
生产数字化	0.2
2030年	36.8

c) 汽车行业2050年前碳中和情景

项目	数值
2023年	100.0
电力清洁化	56.7
使用能效提升	7.5
材料低碳化	8.9
生产数字化	0.2
2030年	26.7

图 6-23 纯电动公交车 2030 年生命周期碳减排潜力

图 6-24 纯电动公交车 2060 年生命周期碳减排潜力

6.1.3 小结

1）乘用车碳排放：未来各时间段纯电动乘用车在各类型乘用车的生命周期碳排放中将一直处于最低水平，但氢燃料乘用车会在 2021—2050 年呈现极大的减排潜力并在 2060 年达到接近纯电动乘用车碳排放的水平，纯电动与氢燃料乘用车将成为最具低碳属性的车型。

2）商用车碳排放：未来，纯电动商用车始终具备最低的碳排放，所以纯电动轻型货车和公交车或将获得市场进一步认可，但 2025—2050 年氢燃料商用车也将逐步建立碳减排优势，碳排放逐步低于传统燃油车成为仅次于纯电动商用车的低碳选择。由于工作环境的需要，氢燃料重型货车将具备良好的发展前景。

3）减排潜力分析：无论是纯电动车还是氢燃料车在基准情景下，对减排潜力影响最大的因素还是燃料的低碳化，即电力清洁化程度的提高及中国制氢工艺的低碳化将成为生命周期碳排放降低最大的助力，而生产过程采取的低碳措施达成的碳减排效果较小。

6.2 汽车车队生命周期碳减排效果分析

基于第 5 章所述各类减排路径，通过对不同燃料类型、不同车型级别的汽车产品进行生命周期分析，可以从单车产品层面量化不同情景下碳足迹的变化趋势。由于我国汽车保有量高、燃料类型多、车辆类型多、能耗水平不同、电力碳排放因子不同等因素，仅从产品层面分析，难以充分评价我国汽车行业是否能够达成碳达峰、碳中和的目标。为了探索汽车行业在未来的碳减排路径，本研究应用中国汽车生命周期评价车队模型（CALCM-Fleet），量化分析了不同情景下我国汽车行业的碳排放趋势。

6.2.1 汽车保有量预测

基于相关研究，乘用车和商用车的保有量增长驱动因素有所不同，因此采用不同的预测方式。对于乘用车，一般认为保有量的增长主要与人口、居民收入水平、城镇化率等因素相关，因此本研究中乘用车保有量的预测采用基于 Gompertz 曲线的千人保有量模型。对于商用车，其中载货汽车主要受经济活动需求驱动，本节采用弹性系数模型预测货车保有量趋势；载客汽车主要由居民出行需求决定，其随着地铁、高铁、空运等其他交通方式的发展，公交客车的保有量增长幅度有限，且已出现下降趋势，本节按照历史公交客车与人口总量的关系线性外推，具体方式在 3.3 节中有所介绍。我国宏观数据的预测，包括国内生产总值、我国人口总量、城镇化率等参数参考联合国人口属及相关机构研究报告。

对于未来各年的汽车销量情况，本研究在计算得到未来各年汽车保有量以及未来各年的车辆报废情况后，通过每年的保有量和报废量倒推计算每年各种车型的销量情况，具体方法如第 3 章所述。每年各类汽车报废情况根据不同类型车辆的生存曲线计算，生存曲线根据历年车龄数据以及留存情况计算得到。对于乘用车与商用车，由于车辆的用途有所不同，因此生存规律也有区别，本研究根据历史数据分别计算了乘用车、商用车的生存规律，其中，对于商用车细分为公交客车、轻型货车、中型货车、重型货车四类。对于相同车辆类型，假设不同燃料类型的车辆生存规律相同。不同类型车辆的生存曲线如图 6-25 所示。

图 6-25　不同类型车辆的生存曲线

根据模型计算结果，未来我国汽车保有量增长空间仍然很大。从总量上看，汽车保有量呈先增后减的趋势，前期人均汽车拥有水平较低，保有量增长速度较快，后期随着汽车人均拥有水平趋于饱和，保有量增速放缓，到2050年左右达到峰值5.4亿辆左右，随后呈小幅下降趋势。从车辆种类来看（图6-26），乘用车仍占我国汽车保有量的主要部分，主导汽车保有总量的变化趋势，与汽车保有量增长趋势较为一致，但乘用车保有量受人均拥有水平的影响更大，保有量达峰时间较汽车整体有所提前，预计于2045年前后达到峰值4.8亿辆左右。

图 6-26 乘用车保有量预测

我国商用车保有量的趋势如图 6-27 所示，商用车在我国汽车保有量中的占比较小，由于商用车中主要以货车为主，其保有量增长趋势与乘用车有所不同，受我国经济增长影响更大，从商用车保有总量来看，直到 2060 年商用车保有量均呈增长趋势。到 2030 年，我国商用车保有量预计将达 0.4 亿辆，到 2060 年我国商用车保有量预计将达 0.9 亿辆。

图 6-27 商用车保有量预测

6.2.2 能源结果预测

我国石油资源主要依赖进口，汽车领域是石油产品的主要消费端之一。

大力发展新能源汽车在应对气候问题的同时，能够缓解我国对于石油资源的依赖，保障我国的能源安全。而新能源汽车的增加产生额外的电力需求，在可再生能源发电的大趋势下，这将对我国的电力系统产生一定压力。本研究根据对未来汽车保有量的预测，结合对于汽车使用能效、行驶里程的情景设定，计算了未来汽车领域的能源需求。

基于保有量的预测结果，分别计算了三种情景下我国未来汽车行驶阶段的能源需求，如图6-28所示。从能源需求总量来看，在三种情景下，未来我国汽车领域的能源需求均在峰值附近波动，到2030年开始出现下降趋势。在

图6-28 未来我国汽车行驶阶段能源需求预测

基准情景、汽车行业 2060 年前碳中和情景以及汽车行业 2050 年前碳中和情景下，2030 年汽车能源需求总量分别为 11.2×10^{12}MJ、10.9×10^{12}MJ、10.5×10^{12}MJ。到 2060 年，基准情景下能源需求总量为 7.3×10^{12}MJ，汽车行业 2060 年前碳中和情景下能源需求总量下降至 6.9×10^{12}MJ，汽车行业 2060 年前碳中和情景中将下降至 6.5×10^{12}MJ。从能源类型来看，在现有情景下，未来汽车领域的主要能源需求仍为化石能源，到 2030 年，汽柴油的需求占总能源需求的 87.0% 左右，到 2060 年由于新能源汽车的比例提升，汽柴油需求量占比下降至 16.1%。在汽车行业 2060 年前碳中和情景中，前期能源需求仍以汽柴油为主，随着新能源汽车的提升，汽柴油的占比大幅降低，到 2060 年，汽柴油占总能源需求的 14.2%，电力和氢燃料分别占比 27.3% 和 58.5%。在汽车行业 2050 年前碳中和情景中，汽柴油的需求量大幅下降，到 2060 年汽柴油的需求量仅占总能源需求的 8.5% 左右，电力的需求量提升至 28.6%，氢燃料的需求量最大，达到 62.9%。

乘用车主要的能源需求为汽油，短期内能源需求还将不断上涨，由于乘用车领域电动化程度更深，达峰后能源需求下降幅度较大，如图 6-29 所示。在现有基准情景中，乘用车能源需求总量预计于 2025 年达峰，峰值为 6.9×10^{12}MJ，达峰时对汽油的需求占总能源需求的 95.5% 以上，达峰后能源需求总量不断下降，到 2060 年能源需求总量下降至 2.1×10^{12}MJ 左右，较峰值下降 69.6%，其中对汽油的需求下降至 25.8%，对电力的需求上升至 62.4%。在汽车行业 2060 年前碳中和情景中，乘用车能源消耗总量预计于 2024 年达峰，峰值能耗为 6.8×10^{12}MJ，对汽油的需求占总能源需求的 96.2%，2060 年，乘用车能源需求总量将下降至 1.9×10^{12}MJ，较峰值能耗下降 72.2%，其中对汽油的需求已下降至 24.5%，对电力的需求上升至 65.2%，对氢燃料的需求上升至 10.3%。在汽车行业 2050 年前碳中和情景中，乘用车能源需求总量同样于 2024 年达峰，能耗峰值约为 6.8×10^{12}MJ，对汽油的需求占总能源需求的比例为 96.1%，到 2060 年，能源需求总量将下降至 1.5×10^{12}MJ，较基准情景下降 26.2%，将峰值下降 77.2%，对汽油的需求占总能源需求的比例约为 11.9%，对于电力的需求上升至 78.5%，对于氢燃料的需求占 9.6%。

a) 基准情景

b) 汽车行业2060年前碳中和情景

c) 汽车行业2050年前碳中和情景

图 6-29　未来我国乘用车行驶阶段能源需求预测

与乘用车相比，商用车车辆类型更多，前中期主要能量需求以柴油为主，在不同情景中能源需求的变化趋势不同，但总体上变化幅度不大。如图 6-30 所示，由于商用车电动化程度有限，能源需求下降空间较低，并未出现明显的能耗峰值。在现有情景中，未来商用车能源消耗总量将呈先下降后上涨的趋势，到 2030 年商用车能源需求达到 4.6×10^{12}MJ，其中对于柴油的需求占 77.2%，到 2060 年商用车能源需求上升至 5.2×10^{12}MJ，较 2030 年能耗总量上升 12.7%，柴油占比下降至 11.4%，氢燃料约占 63.3%。汽车行业 2060 年前碳中和情景中，未来在 2024—2050 年期间，能耗水平基本保持稳定，到 2050 年后，随着氢燃料电池商用车在保有量中的占比大幅提升，能耗需求总量有所上涨，到 2060 年，商用车能源需求总量达 5.0×10^{12}MJ，较基准情景下降 3.9%，由于氢燃料电池商用车比例的提升，对氢燃料的需求占比上升至 76.8%。汽车行业 2050 年前碳中和情景中，到 2060 年能源需求总量下降至 4.9×10^{12} MJ，氢燃料占总能源需求的 79.3%，此外，对电力的需求占 13.1%，对柴油的需求下降至 6.9%。

图 6-30 未来我国商用车行驶阶段能源需求预测

6.2.3 碳排放结果预测

汽车是我国交通领域的主要碳排放源，根据我国汽车行业碳排放的历史发展趋势，参考发达国家的发展经验，道路交通将是我国达成"双碳"目标的关键领域之一。此外，我国每年汽车产量长期位居世界第一，虽然相比汽车行驶阶段由于汽车的生产组装产生的碳排放较低，但从全生命周期角度来看，汽车的生产涉及大量上游原材料、零部件行业，其中不乏钢铁、有色金属、化工等高能耗、高碳排的行业。汽车行业全生命周期的碳减排，能够从需求端促进其他上游行业的碳减排。本研究采用中国汽车车队全生命周期评估模型计算了三种情景下汽车行业全生命周期碳排放的趋势。

通过模型计算，三种情景下未来我国汽车行业生命周期碳排放趋势如图 6-31 所示。在现有的情景设定条件下，汽车领域全生命周期碳排放均能实现在 2030 年前达峰的目标，但在不借助负碳技术的条件下，实现 2060 年前碳中和仍存在一定挑战。在基准情景下，汽车领域全生命周期碳排放预计于 2025 年达峰，峰值碳排放为 13.5 亿 t CO_2e，随后开始逐年下降，到 2060 年，碳排放下降至 3.6 亿 t CO_2e，较峰值碳排放下降 73.7%。在汽车行业 2060 年前碳中和情景中，汽车行业全生命周期碳排放已在 2021 年达峰，峰值碳排放为 13.4 亿 t CO_2e，到 2060 年全生命周期碳排放将下降至 2.7 亿 t CO_2e，较基准情景下降 28.7%。在汽车行业 2050 年前碳中和情景中，汽车行业生命周期碳同样预计于 2021 年达峰，随着新能源汽车比例的提升，生命周期碳排放将大幅降低，到 2060 年汽车行业生命周期碳排放将下降至 2.2 亿 t CO_2e，较基准情景下降 43.5%。

图 6-31　我国汽车行业生命周期碳排放趋势

从全生命周期碳排放的来源来看,随着新能源汽车的比例提升,汽车领域的碳排放中车辆周期碳排放占比将逐步提升,如图 6-32 所示。在基准情景下,虽然汽车的销量有所增长,但燃料周期碳排放的下降幅度高于车辆周期碳排放的下降幅度,因此车辆周期的碳排放占比不断上升,到 2060 年车辆周期碳排放上升至约 60.0%。在汽车行业 2060 年前碳中和情景中,随着新能源汽车在保有量中的占比不断提升,车辆周期碳排放占全生命周期碳排放的比例有所上升,到 2060 年占比约为 70.4%。在汽车行业 2050 年前碳中和情景中,新能源汽车燃料周期的碳减排收益将进一步放大,车辆周期碳排放占比不断提升,到 2060 年车辆周期碳排放已占生命周期总量的 76.6%。

a) 基准情景

b) 汽车行业2060年前碳中和情景

c) 汽车行业2050年前碳中和情景

图 6-32 我国汽车领域全生命周期碳排放构成变化趋势

就乘用车而言，不同情景下全生命周期碳排放均能够实现2030年前达峰的目标，如图6-33所示。在基准情景下，乘用车车队生命周期碳排放于2025年实现达峰，峰值碳排放为8.8亿t CO_2e，达峰后碳排放将持续下降，到2060年下降至1.8亿t CO_2e 左右的碳排放。在汽车行业2060年前碳中和情景中，乘用车车队生命周期碳排放达峰时间将提前到2023年，碳排放峰值为8.5亿t CO_2e 左右，随着乘用车车队电动化比例的提升，预计到2060年乘用车车队生命周期碳排放将下降至1.4亿t左右。在汽车行业2050年前碳中和情景中，碳排放峰值同样在2023年达到，随着各类减排措施的强化，碳排放在达峰后快速下降，到2060年乘用车全生命周期碳排放总量为1.2亿t左右。

图6-33 我国乘用车车队生命周期碳排放趋势

从生命周期碳排放来源来看，由于乘用车车队电动化程度更高，车队生命周期碳排放朝车辆周期转移的趋势更加明显，如图6-34所示。在基准情景中，随着新能源乘用车的占有率不断升高，车辆周期碳排放占比于2026年达到最低点后开始不断升高，到2060年，乘用车车辆周期碳排放占生命周期碳排放的83.6%。在汽车行业2060年前碳中和情景中，乘用车车辆周期碳排放在全生命周期的占比在2025年达到最低值29.4%，随后随着新能源乘用车的比例提升而逐步升高，到2060年，车辆周期碳排放占比将占乘用车生命周期碳排放的91.7%。在汽车行业2050年前碳中和情景中，乘用车车辆周期碳排放在全生命周期中的占比同样于 2025 年左右达到最低点，到 2060 年，车辆周期占比将上升至全生命周期的 94.1%。

a) 基准情景

b) 汽车行业2060年前碳中和情景

c) 汽车行业2050年前碳中和情景

图 6-34 我国乘用车车队全生命周期碳排放构成变化趋势

图 6-35 进一步拆分了乘用车车队生命周期、燃料周期、车辆周期中各燃料类型的碳排放贡献。总体上，三类碳排放的主要排放源逐渐从传统燃料乘用车向新能源乘用车过渡，车辆周期过渡更快，燃料周期过渡有所滞后。在基准情景中，到 2060 年，新能源乘用车车队生命周期碳排放占乘用车碳排放总量的 89.0%；燃料周期仍以传统燃料乘用车为主，到 2060 年新能源乘用车燃料周期碳排放仅占燃料周期总排放的 39.4%；从 2028 年起，新能源乘用车车辆周期碳排放将占乘用车车辆周期碳排放总量的 50% 以上，到 2060 年新能

源乘用车车辆周期碳排放占比将达 99% 以上。在汽车行业 2060 年前碳中和情景中，新能源乘用车生命周期碳排放于 2040 年起在全生命周期中占主导地位，到 2060 年新能源汽车全生命周期碳排占总排放的 95.3%。从燃料周期角度来看，传统燃料乘用车仍在未来大部分时间内占主导地位，到 2060 年新能源乘用车燃料周期碳排放占总量的 56.2%；受新能源车渗透率影响，自 2026 年起，新能源乘用车车辆周期碳排放即超过传统燃料乘用车车辆周期碳排放。在汽车行业 2050 年前碳中和情景中，自 2036 年起，新能源乘用车在乘用车全生命周期碳排放中的占比超过 50%；燃料周期上，新能源乘用车于 2051 年起开始成为主要排放源，到 2060 年，由于保有量中传统燃料乘用车大量退役，新能源汽车在燃料周期的碳排放占比将超过 60.0%；车辆周期上，传统燃料乘用车自 2047 年起在乘用车车辆周期中的占比已不足 5%。

图 6-35 不同燃料类型乘用车碳排放占比情况

由于商用车车辆种类较多，不同情景下商用车车队全生命周期碳排放的预测结果差异性较大，如图6-36所示。在基准情景中，到2030年，商用车车队生命周期碳排放约为4.7亿t CO_2e，到2060年，商用车车队全生命周期碳排放将下降至1.6亿t CO_2e。在汽车行业2060年前碳中和情景中，到2030年，商用车车队生命周期碳排放约为4.0亿t CO_2e，到2060年，商用车车队全生命周期碳排放将下降至1.2亿t CO_2e，较基准情景下降31.7%。在汽车行业2050年前碳中和情景中，到2060年，商用车车队全生命周期碳排放将下降至0.9亿t CO_2e，较基准情景下降46.1%。

图6-36 我国商用车车队全生命周期碳排放趋势

与乘用车相比，未来商用车车队生命周期碳排放主要仍来自燃料周期，如图6-37所示。在基准情景中，随着商用车保有量的增加，商用车燃料周期碳排放在全生命周期碳排放中的占比逐步提升，到2030年约占17.6%，到2060年达到36.2%。在汽车行业2060年前碳中和情景中，由于新能源商用车占比的提升，车辆周期碳排放在全生命周期碳排放中的占比有所提升，到2030年车辆周期碳排放占比将达到18.2%，到2060年车辆周期碳排放占比将达到47.1%。在汽车行业2050年前碳中和情景中，商用车车辆周期碳排放占比逐步提升并在2057年左右超过燃料周期所占比例，到2060年，随着新能源商用车占比的提升，车辆周期碳排放占比提高至57.2%。

a) 基准情景

b) 汽车行业2060年前碳中和情景

c) 汽车行业2050年前碳中和情景

图 6-37 我国商用车车队全生命周期碳排放构成变化趋势

如图 6-38 所示，从不同燃料类型商用车对于商用车车队整体全生命周期、燃料周期、车辆周期的碳排放贡献来看，前期及中期柴油车为主要的碳排放源，由于车辆周期受当年销量影响较大，2023 年之前商用车车辆周期碳排放不同燃料占比有较大波动，在中期及中后期，主要排放源将过渡为常规混商用车，在后期根据情景设置的不同，新能源商用车产生的碳排放有着不同程度的体现。在基准情景中，新能源商用车生命周期碳排放以及燃料周期碳排放在商用车车队的碳排放总量中的占比变化趋势基本一致，其中燃料周期在全生命周期中的占比更低，到 2060 年新能源商用车生命周期以及燃料周期在商用车车队生命周期以及燃料周期碳排放总排放中的占比分别为 69.6%

与55.1%，到2060年，新能源商用车车辆周期碳排放总量占商用车车队车辆周期碳排放总量的95.2%。在汽车行业2060年前碳中和情景中，在生命周期碳排放方面，新能源汽车在后期的碳排放占比有所提升，到2060年，新能源商用车全生命周期碳排放占商用车车队碳排放总量的78.3%；从燃料周期看，新能源商用车逐渐过渡为商用车燃料周期的主要排放源，到2060年，新能源商用车燃料周期碳排放占车队燃料周期碳排放总量的61.7%；在车辆周期碳排放方面，新能源商用车从2031年开始成为商用车车队车辆周期的主要碳排放源，到2060年，新能源商用车车辆周期碳排放占比达到96.9%。在汽车行业2050年前碳中和情景中，新能源商用车将在后期成为商用车车队的主要碳排放源，在全生命周期碳排放方面，新能源商用车于2040年生命周期碳排放超过传统燃料商用车，到2060年，新能源商用车全生命周期碳排放占车队总排放的85.8%；在燃料周期方面，新能源商用车燃料周期碳排放有所提升，到2060年占比达69.3%；从车辆周期碳排放来看，新能源商用车于2030年即超越传统燃料商用车，成为商用车车队车辆周期第一大排放源，到2060年，新能源商用车车辆周期碳排放将占车队车辆周期碳排放总量的98.2%。

图6-38 不同燃料类型商用车车队碳排放占比情况

6.2.4 减排效果评估

6.2.3 节根据 CALCM-Fleet 模型，结合情景设置，分别计算了未来乘用车、商用车全生命周期、燃料周期以及车辆周期的碳排放趋势。本小节将以 2030 年、2060 年两个关键年份作为时间节点，分析不同转型路径对于汽车行业碳减排贡献。不同减排措施之间可能存在耦合影响，例如电力碳排放因子降低与车辆电动化两项措施之间存在一定的耦合关系，为了区分不同影响因素对于汽车行业碳减排的贡献程度，本研究采用对数均值迪氏分解法（Logarithmic Mean Divisia Index, LMDI）对不同驱动因素的影响程度进行分解。

如图 6-39 所示，根据核算结果，2023 年我国汽车行业全生命周期碳排放总量为 12.8 亿 t CO_2e。在基准情景、汽车行业 2060 年前碳中和情景以及汽车行业 2050 年前碳中和情景中，2030 年碳排放分别为 13.2 亿 t CO_2e、11.5 亿 t CO_2e、11.2 亿 t CO_2e。在基准情景下，汽车保有量的增长是碳排放增长的主要驱动因素，增加了约 3.9 亿 t CO_2e 的碳排放，材料低碳化和出行共享化贡献了最多的碳减排量，均为 1.0 亿 t CO_2e。在汽车行业 2060 年前碳中和情景中，保有量增长导致的碳排放下降至 3.5 亿 t CO_2e 左右，材料低碳化贡献了最大的碳减排量，约为 1.2 亿 t CO_2e，其次是出行共享化，约为 1.1 亿 t CO_2e，燃料低碳化的碳减排贡献提升至 0.8 亿 t CO_2e。在汽车行业 2050 年前碳中和情景中，保有量增长导致的碳排放下降至 3.4 亿 t CO_2e 左右，材料低碳化和出行共享化贡献了最多的碳减排量，均为 1.3 亿 t CO_2e。

a) 基准情景　　b) 汽车行业2060年前碳中和情景　　c) 汽车行业2050年前碳中和情景

图 6-39　2030 年各减排路径对于汽车车队生命周期的碳减排贡献

如图 6-40 所示，在基准情景、汽车行业 2060 年前碳中和情景以及汽车行业 2050 年前碳中和情景中，2060 年碳排放分别为 3.6 亿 t CO_2e、2.7 亿 t CO_2e、2.2 亿 t CO_2e。在基准情景下，汽车保有量的增长仍是碳排放增长的主要驱动因素，但相比 2030 年，贡献程度大幅减少，约为 1.0 亿 t CO_2e 的碳排放，车辆电动化贡献了最大的碳减排量，约为 5.4 亿 t CO_2e，出行共享化贡献了约 1.9 亿 t CO_2e。在汽车行业 2060 年前碳中和情景中，保有量增长导致的碳排放下降至 0.8 亿 t CO_2e 左右，车辆电动化贡献了最大的碳减排量，约为 4.6 亿 t CO_2e，其次是出行共享化，约为 1.6 亿 t CO_2e。在汽车行业 2050 年前碳中和情景中，保有量增长导致的碳排放下降至 0.7 亿 t CO_2e 左右，车辆电动化贡献了最多的碳减排量，约为 4.4 亿 t CO_2e，其次为出行共享化，约为 1.4 亿 t CO_2e。

a) 基准情景　　b) 汽车行业2060年前碳中和情景　　c) 汽车行业2050年前碳中和情景

图 6-40　2060 年各减排路径对于汽车车队生命周期的碳减排贡献

如图 6-41 所示，根据核算结果，2023 年我国乘用车车队生命周期碳排放总量为 8.6 亿 t CO_2e。在基准情景、汽车行业 2060 年前碳中和情景以及汽车行业 2050 年前碳中和情景中，2030 年碳排放分别为 8.6 亿 t CO_2e、7.4 亿 t CO_2e、7.1 亿 t CO_2e。在基准情景下，乘用车保有量的增长是碳排放增长的主要驱动因素，增加了约 2.7 亿 t CO_2e 的碳排放，材料低碳化贡献了最多的碳减排量，约为 0.9 亿 t CO_2e，其次是车辆电动化，约为 0.7 亿 t CO_2e。在汽车行业

2060年前碳中和情景中，保有量增长导致的碳排放下降至2.5亿t CO_2e左右，材料低碳化贡献了最大的碳减排量，约为1.0亿t CO_2e，其次是车辆电动化，约为0.9亿t CO_2e。在汽车行业2060年前碳中和情景中，保有量增长导致的碳排放下降至2.4亿t CO_2e左右，材料低碳化贡献了最大的碳减排量，约为1.1亿t CO_2e，其次是车辆电动化与出行共享化，均为0.9亿t CO_2e。

a) 基准情景　　　　b) 汽车行业2060年前碳中和情景　　　　c) 汽车行业2050年前碳中和情景

图6-41　2030年各减排路径对于乘用车车队生命周期的碳减排贡献

如图6-42所示，在基准情景、汽车行业2060年前碳中和情景以及汽车行业2050年前碳中和情景中，2060年碳排放分别为1.8亿t CO_2e、1.4亿t CO_2e、1.2亿t CO_2e。在基准情景下，车辆电动化贡献了最大的碳减排量，约为3.9亿t CO_2e，出行共享化贡献了约1.0亿t CO_2e。在汽车行业2060年前碳中和情景中，车辆电动化贡献了约为3.3亿t CO_2e碳减排量，其次是材料低碳化与出行共享化，均为0.9亿t CO_2e。在汽车行业2050年前碳中和情景中，车辆电动化同样贡献了最多的碳减排量，约为3.2亿t CO_2e，其次为材料低碳化，约为0.9亿t CO_2e。

如图6-43所示，根据核算结果，2023年我国商用车车队生命周期碳排放总量为4.1亿t CO_2e。在基准情景、汽车行业2060年前碳中和情景以及汽车行业2050年前碳中和情景中，2030年碳排放分别为4.5亿t CO_2e、3.9亿t CO_2e、3.9亿t CO_2e。在基准情景下，商用车保有量的增长是碳排放增长的主要驱动因素，增加了约1.1亿t CO_2e的碳排放，车辆电动化在这个阶段并没有减排贡献，反而增加了 0.1 亿 t CO₂e 的碳排放，能效提升和出行共享化贡献了最多的碳减排量，均为 0.3 亿 t CO₂e。在汽车行业 2060 年前碳中和情景中，保有量增长导致的碳排放下降至 1.0 亿 t CO₂e 左右，车辆电动化导致了 0.1 亿 t CO₂e 的碳排放增长，出行共享化贡献了最大的碳减排量，约为 0.4 亿 t CO₂e，其次是燃料脱碳化和能效提升，均为 0.3 亿 t CO₂e。汽车行业 2050 年前碳中和情景与 2060 年碳中和情景的情况基本一致，保有量增长导致的碳排放约为 1.0 亿 t CO₂e 左右，出行共享化贡献了最大的碳减排量，约为 0.4 亿 t CO₂e。

图 6-42　2060 年各减排路径对于乘用车车队生命周期的碳减排贡献

图 6-43　2030 年各减排路径对于商用车车队生命周期的碳减排贡献

如图6-44所示，在基准情景、汽车行业2060年前碳中和情景以及汽车行业2050年前碳中和情景中，2060年碳排放分别为1.6亿t CO$_2$e、1.2亿t CO$_2$e、0.9亿t CO$_2$e。在基准情景下，汽车保有量的增长仍是碳排放增长的主要驱动因素，相比2030年，贡献程度基本不变，约为1.1亿t CO$_2$e，车辆电动化贡献了最大的碳减排量，约为1.5亿t CO$_2$e，出行共享化贡献了约0.8亿t CO$_2$e。在汽车行业2060年前碳中和情景中，保有量增长导致的碳排放为0.9亿t CO$_2$e左右，车辆电动化贡献了最大的碳减排量，约为1.3亿t CO$_2$e，其次是燃料脱碳化，约为0.8亿t CO$_2$e。在汽车行业2050年前碳中和情景中，保有量增长导致的碳排放约为0.8亿t CO$_2$e，车辆电动化贡献了最多的碳减排量，约为1.3亿t CO$_2$e，其次为燃料脱碳化，约为0.9亿t CO$_2$e。

a) 基准情景　　b) 汽车行业2060年前碳中和情景　　c) 汽车行业2050年前碳中和情景

图6-44　2060年各减排路径对于商用车车队生命周期的碳减排贡献

6.2.5　小结

通过以上分析可以看出，未来我国汽车领域保有量增长空间较大，如不加以有效控制，汽车领域产生的碳排放将快速增长，从而影响我国"双碳"目标的达成。本节基于各项转型路径设计了基准情景、汽车行业2060年前碳中和情景、汽车行业2050年前碳中和情景三种减排情景，采用CALCM-

Fleet 模型对汽车行业未来的碳排放趋势进行了分析。结果表明，未来汽车领域碳排放能够在 2030 年前实现全生命周期碳排放达峰，峰值碳排放在 13.5 亿 t CO_2e 左右。长期来看，实现 2060 年前净零排放仍存在一定压力，需要从生命周期各个阶段采取减排措施，并推进不同路径协同转型。短期来看，燃料脱碳化、材料低碳化以及出行共享化能够提供最大的减排效益，是实现汽车车队生命周期碳减排的有效途径。长期来看，车辆电动化是实现汽车行业碳减排最重要的措施。

第 7 章 "双碳"目标下汽车行业面临的机遇

7.1 国内碳排放管理机制逐步完善

7.1.1 碳排放管理政策法规日新月异

汽车产业作为国民经济的重要支柱产业，产业链长、关联度高、带动性强，在实现我国"双碳"目标的过程中扮演了至关重要的角色。引导汽车上下游产业链持续有效降碳，不仅对于汽车产业的绿色发展至关重要，更是我国推进生态文明建设、实现可持续发展的关键一环。随着 2021 年《关于完整准确全面贯彻新发展理念做好碳达峰碳中和工作的意见》和《2030 年前碳达峰行动方案》的发布以来，我国的碳管理政策体系建设加速推进，现已建立碳达峰碳中和 "1+N" 政策体系，各类碳排放管理政策法规相继出台，为汽车产业的绿色低碳发展提供了明确的方向和指引。

2022 年 4 月，国家发展改革委、国家统计局与生态环境部印发《关于加快建立统一规范的碳排放统计核算体系实施方案》，系统部署我国碳排放统计核算体系建设的重点任务，为"双碳"目标实现提供坚实的数据支撑。

2022年10月，市场监管总局等九部门联合印发《建立健全碳达峰碳中和标准计量体系实施方案》，统筹推进碳达峰碳中和标准计量体系建设。2023年10月，市场监管总局印发《关于统筹运用质量认证服务碳达峰碳中和工作的实施意见》，统筹推进碳达峰碳中和认证制度体系建设，为"双碳"目标实现提供科学公正、准确高效的质量认证技术服务。2023年10月，生态环境部与市场监管总局印发《温室气体自愿减排交易管理办法（试行）》，保障全国温室气体自愿减排交易市场有序运行。2023年11月，国家发展改革委等五部门印发《关于加快建立产品碳足迹管理体系的意见》，提出加快提升我国重点产品碳足迹管理水平。2024年2月，国务院印发《碳排放权交易管理暂行条例》，首次以行政法规的形式明确了碳排放权市场交易制度。2024年6月，生态环境部等15部门联合印发《关于建立碳足迹管理体系的实施方案》，明确碳足迹管理体系的建设目标、实现路径和重点任务。

新出台的各类碳管理政策法规为汽车行业碳排放管理提供了有力的政策保障和指导方向，更为行业内部各环节的碳排放核算、标准制定、认证监管、碳市场交易等领域提供了明确的方向和路径，进一步强化行业机构与企业工作开展力度，推动产业链在内外双循环下高质量发展，助力我国汽车行业朝着更为绿色低碳可持续的发展道路迈进。

7.1.2　汽车碳排放标准体系日益完善

标准作为国家基础性制度的重要方面，在支撑汽车减碳过程中发挥了基础性、引领性作用。相比于国外发达国家在汽车碳排放标准法规的制订方面"起步早"、经验丰富，早年间我国政府、行业机构、企业在开展碳核算、碳管理等工作常面临着"无标可依"的困境。2021年4月，全国汽车标准化技术委员会成立汽车绿色碳中和标准工作组，对汽车碳排放相关标准体系和重点标准进行研讨。自此，我国汽车碳排放标准体系建设拉开序幕。

2023年4月，国家标准委、国家发展改革委等11个部门发布《碳达峰碳中和标准体系建设指南》，提出我国要加快构建结构合理、层次分明、适应经济社会高质量发展的碳达峰碳中和标准体系。2024年2月，工业和信息化部印发《工业领域碳达峰碳中和标准体系建设指南》，提出了包括基础通用、核算与核查、技术与装备、监测、管理与评价等五大类标准的标准体系，以及未来工业领域碳达峰碳中和标准体系的建设目标。2024年5月，生态环境部等15部门发布《关于建立碳足迹管理体系的实施方案》，提出建立健全碳足迹管理体系，优先聚焦锂电池、新能源汽车等重点产品，制定发布核算规则标准。

截至2024年2月，我国工业领域碳达峰碳中和现行和在研的国标、行标共计166项。其中，汽车行业相关标准共计7项，这些标准均聚焦于企业碳排放以及重点产品碳足迹的核算。碳排放核算与核查标准是汽车行业摸清自身碳排放家底的基石，也是汽车行业碳减排工作的基础切入点，在汽车行业低碳转型中具有重要作用。加强碳排放统计核算能力建设，深化核算方法研究，建立统一规范的碳核算体系，是企业进行产品碳足迹统计核算、目标设定、减排方案评估、减排成果量化的重要前提。此外，汽车产品碳足迹的标识标志标准，汽车行业碳排放、碳减排量、产品环境信息等信息披露与报告要求相关标准，低碳燃料匹配发动机燃烧和整车技术等产业链协同降碳标准，道路车辆企业/产品的碳排放监测标准，以及道路车辆等重点产品的低碳评价标准等领域也均被纳入工业领域碳达峰碳中和标准体系建设的重点方向。政府、行业机构及企业等正加大对这些关键领域的研究力度，推动我国汽车碳排放标准体系日益完善。

随着我国汽车碳排放标准体系的不断健全，汽车行业在推进碳排放管理工作中面临的"无标可依"的困境逐步得到缓解，显著地提升了行业的碳核算能力。这将有助于汽车行业建立规范高效的碳排放核算体系和数据管理体系，确保碳排放数据的准确性和可靠性。同时，推动汽车行业企业提高碳排放管理能力，制定更为合理和科学的碳排放行动方案，为行业的可持续发展奠定坚实基础。

7.1.3 供应链碳数据完整度大幅提高

全面、真实、准确的供应链碳数据是汽车行业开展碳管理工作的基石。上游数据缺失是核算碳排放的关键难题，需要企业开展行动，统一供应链各阶段的碳排放数据，建立较为全面的基础数据库来支撑核算体系。然而，汽车产业链涉及主体多、流程长、环节多、复杂度高、协同难度大，导致碳足迹数据收集困难，数据准确性和规范性难以保证。

近年来，随着汽车行业对供应链碳数据重视程度的提升，全行业共同推动全供应链的统一协调，努力构建完善的碳排放数据体系，并取得了显著成果。**一方面，供应链碳数据收集能力显著增强，具体场地数据体系基本建成。**2021年12月23日，中国工业碳排放系统（CICES）上线，成功为汽车行业碳足迹场地数据收集工作"破局"。CICES通过规范统一计算方法、报送规范、报送平台与培训体系，有效建设中国本土的产品碳足迹具体场地数据体系，确保了碳排放数据形式和内容在全产业链的一致性，提升了汽车行业供应链碳数据的流通性和可靠性。截至2024年4月底，已有18家整车企业和2300余家供应链企业积极应用CICES开展数据收集工作，入库产品数目已突破30000款，基本建成我国汽车行业具体场地数据体系。

另一方面，产业链上下游协作逐渐紧密，碳数据互信互通持续推进。2024年2月28日，汽车工业节能与绿色发展评价中心率先向汽车产业链发起"道路车辆产品碳足迹数据发展倡议"。该倡议旨在通过核算方法互认、核算结果互信、审核数据互通、搭建信息共享平台、共建低碳技术库、共建数据库、提升低碳竞争力七方面内容，提升行业上下游碳足迹数据互信互通程度，并努力推动产品碳足迹核算方法的跨行业互认。目前，该倡议定期召开月度交流会，积极推动电力、钢铁、有色金属、石化、塑料、橡胶等领域碳管理工作的互信互通。

随着汽车行业的共同努力，汽车供应链碳数据完整度大幅提高，显著提升了企业碳管理水平，促进了汽车产业链上下游协同降碳进程，加速实现我国汽车碳排放数据的可核算、可回溯、可流通、可信任。这为企业进行产品碳足迹的精准统计与核算、科学设定减排目标、全面评估减排方案以及量化减排成果等工作提供有力支持，为汽车行业实现绿色低碳转型战略注入强劲动力。

7.1.4 碳排放信息公示制度初步建立

汽车的碳足迹涵盖材料生产、整车制造、车辆使用、维修保养、报废回收等生命周期阶段。全生命周期视角下的碳排放管理已成为实现"双碳"目标的重要一环。碳信息披露已经成为行业内的国际热点工作之一，各利益相关方对企业信息披露的要求越来越严格，企业也更为关注如何建成信息公开体系以应对各利益相关方的监督。

随着汽车行业产品碳核算方法的优化和企业碳足迹管理能力的提升，汽车行业碳排放信息公示的基础日益坚实。2023年2月9日，我国首个汽车产业链碳公示平台（CPP）正式发布上线，这是全球首个针对汽车全产业链的碳足迹信息公示平台，旨在完善中国汽车碳数据，推动碳数据国际互认，跑赢以"碳排放"为核心的国际贸易新赛道。CPP覆盖整车、零部件、车用材料三类产品碳足迹信息，包含产品碳足迹、碳减排量等十余项信息。截至2024年4月底，中国汽车产业链碳公示平台已公示61家车企，6200余款车型碳足迹，其中包含汽油车4211款，纯电动车1457款，其余为插电混车、常规混车以及少量柴油车，已涵盖市售主流车型。

碳标识可以直观地展示产品的低碳属性，是国内外推进低碳减排的重要措施之一。生态环境部在开展碳标识研究及试点应用中，提出CPP开展对道路车辆产品碳足迹标识的试点推广，力争实现汽车产业链"百家企业、千种产品"试点示范，从而推动汽车产品低碳消费、促进汽车产业低碳生产，以及支撑汽车产品应对碳贸易壁垒。目前，CPP已上线碳足迹等级标识模块，为已公示的每款销售型号车型赋予碳足迹等级标识。按照相应规则，车型碳足迹等级按照燃料类型的不同，分别划分为5级，分别是1级"低碳+"、2级"低碳-"、3级"中等"、4级"高碳-"和5级"高碳+"。

在2024年4月25日正式拉开帷幕的2024北京国际汽车展览会上，上汽通用五菱星光全系型号、长城魏牌蓝山智驾版，将荣获的"一级低碳等级标识"（最优级）首次亮相发布，同批获得"一级低碳标识"的还有理想MEGA车型。此次两家品牌借鉴以往年检标识及燃油标识的张贴方式，将其张贴在展车车窗玻璃、风窗玻璃等位置，以直观的数字等级将车型的低碳技术实力呈现给消费者，彰显出企业践行绿色低碳发展的责任担当，引起消费者驻足关注。

基于全生命周期视角的整体产品碳足迹信息公示及碳标识应用，有力推动了我国汽车行业低碳生态的构建，促使企业加速碳排放核算工作，完善汽车碳排放数据，支撑我国汽车碳排放管理体系的建立。这不仅是促进绿色低碳消费和推动绿色低碳生产的重要举措，更是提升我国汽车产品国际低碳竞争力的关键手段。

7.2 国际市场竞争带来新的发展机遇

7.2.1 碳壁垒政策倒逼汽车产业深度脱碳

当前国际绿色竞争形势下，竞争重点已经由单一的温室气体排放量向覆盖全生命周期的产品碳足迹指标进行转移，国际碳管理政策对产品碳足迹的数据要求日益严格，供应链碳数据将逐渐成为企业进入国际市场和品牌供应链的必备条件，汽车产品碳足迹已成为产业竞争新高地。

以欧盟为首的发达国家经济体正在加速制定碳足迹政策法规，构筑以碳足迹为核心的贸易壁垒，将对我国汽车产品走出去产生极大影响。一是提出碳足迹限制性政策。《欧盟电池与废电池法》于2023年8月正式生效，法规中明确将在2026年8月提出碳足迹限值，2028年2月后不满足限值要求的新能源电池产品及搭载新能源电池的汽车产品将无法进入欧盟市场。二是进行差异化补贴。法国于2023年9月实施新的电动车补贴规定，对进入其市场的电动车进行基于整车碳足迹的"环境评分"，未达标车辆将不再享受最高7000欧元的补贴优惠。三是提升碳排放成本及合规风险。欧盟通过《碳边境调节机制》政策，向汽车产品所用主要材料钢、铝征收"碳税"，提升我国汽车产品出口成本，通过《企业可持续发展报告指令》政策，提升我国汽车企业供应链合规风险。四是保障欧盟本土低碳竞争力。通过《关键原材料法》《净零工业法》等保障性政策以提高本土低碳技术研发，为新能源汽车产业打造稳健的供应链，并降低本土汽车产品碳排放。

美国发布多项政策对新能源汽车产业链条进行资金支持，促进美国汽车制造业回流。一是提供低碳资金支持。美国发布《美国清洁能源法》《美国基础设施投资和就业法案》，对低排放的清洁电力、清洁燃料、电动车等提供更多的财政支持和税收激励。二是实施本土限制。美国在部分激励政策中添加了本土生产等限制性条款，例如美国《降低通胀法案》中，对电池组件生产地点及关键矿物开采、加工、回收地点提出了要求，不满足美国本土生产将无法获得新能源汽车补贴。

国际碳壁垒政策在带来巨大挑战的同时，也加速了我国汽车行业低碳转型的变革。为破除新能源汽车出口面临的碳壁垒，需要全行业通力协作，实施体系化的碳管理方案，加速汽车产业深度脱碳，推动整体产业向更加环保、可持续的方向迈进，实现碳减排和经济增长的双赢局面。

7.2.2 整车碳足迹低碳竞争力提升

碳足迹已是我国汽车产品出口的贸易壁垒，降低碳足迹已经成为我国汽车产品打入国际市场、提升竞争力的关键所在。为了顺应这一全球趋势，中国自主品牌的汽车企业积极拥抱低碳理念。**当前，中国自主品牌的汽车产品已经展示出较为竞争力的低碳表现。**根据中国产业链碳公示平台（CPP）2024年第一季度报告公示的碳足迹数据（图7-1），我国自主品牌车型平均碳足迹处于行业中部水平，其中自主品牌新能源车型平均碳足迹为192.17gCO$_2$e/km，低于行业平均值（198.34gCO$_2$e/km），优于日系以及德系、英系和瑞典的欧洲品牌车型，低碳优势明显。此外，韩系和法系的新能源车型平均碳足迹较低，可能与其车型较少，且多为中小型车型有关。

系别	碳足迹
瑞典	263.35
英系	243.06
德系	227.92
新能源车型均值	198.34
日系	197.85
自主	192.17
美系	190.81
韩系	172.41
法系	171.51

图 7-1　不同系别新能源车型碳足迹均值（单位：gCO$_2$e/km）

数据来源：CPP 平台。

在未来，随着我国能源的绿色转型和整体产业结构的升级，我国整车的碳足迹低碳竞争力将进一步提升。此外，随着新能源技术的持续创新与广泛应用，我国汽车行业正加快向低碳技术和材料的转型步伐。这些都将有效降低我国整车产品的碳足迹，进一步提升我国汽车产品在全球市场的低碳竞争力和市场准入能力，为应对未来全球竞争奠定了坚实基础。

7.2.3 国际碳足迹自主话语权加强

当前，全球绿色贸易壁垒不断提升，国际竞争形势日益严峻。因此，建立我国在国际碳足迹方面的自主话语权，推动我国汽车产品的低碳国际竞争力提升，显得尤为重要。2024年5月，生态环境部等15部门联合印发《关于建立碳足迹管理体系的实施方案》，明确提出将"推动产品碳足迹规则国际互信"作为四大重点任务之一，提出要积极应对国际涉碳贸易政策，推动产品碳足迹规则国际对接，推动与共建"一带一路"国家产品碳足迹规则交流互认，积极参与国际标准规则制定。

近年来，随着我国持续参与碳足迹国际对话交流，我国汽车行业的国际碳足迹自主话语权逐渐加强。**一方面，深度参与UN/WP.29框架下国际汽车碳足迹标准制定。**联合国世界车辆法规协调论坛（UN/WP.29）是联合国欧洲经济委员会（UN/ECE）下的永久性工作组，是开展全球汽车技术法规协调统一工作的主要组织，负责制定发布全球统一汽车技术法规（GTR），在促进道路交通安全、环境保护和贸易互通方面发挥了重要作用。2022年5月，在UN/WP.29污染与能源组工作组（GRPE）下，由日韩等国牵头成立了汽车生命周期评价非正式工作组（A-LCA IWG），以推动编制汽车产品碳足迹核算标准。在C-WP.29组织框架下，中国环科院作为GRPE对口单位积极参与A-LCA IWG工作，以扩大在汽车整车产品碳足迹核算标准制定的中方话语权。在A-LCA IWG下，中国是工作组SG3（车辆生产阶段小组）、SG5（报废再生阶段小组）联合主席。通过UN/WP.29，我国积极与欧盟委员会联合研究中心（JRC）、国际标准化组织（ISO）等关键机构之间保持联动，并围绕电池碳足迹开展有效国际对话，形成国际标准法规互联互通机制。

另一方面，积极共建"一带一路"国家汽车碳足迹标准研究与示范应用。

随着"一带一路"倡议的不断推进，以及我国汽车产品技术、品牌与服务的持续进步，中国汽车企业产品出口、面向共建"一带一路"国家投资建厂正进入高速增长期。在此背景下，科学有效地推动中国汽车企业"绿色化"出海，实现低碳标准衔接与碳数据国际互认显得尤为重要。中国汽车技术研究中心有限公司联合"一带一路"绿色发展国际联盟等相关单位，共同开展面向"一带一路"，特别是东盟国家的汽车碳足迹标准研究与示范应用。研究制定"一带一路"汽车生命周期碳排放核算团标和核算认证规范，促进中国与共建国家低碳汽车标准互联互通，推动中国汽车产业绿色化出海。

在未来，我国将继续推动建立碳足迹国际对话机制，进一步加强碳足迹话语体系的建设与国际舞台发声，在国际规则框架下，构建具备自主话语权、符合当下产业发展现状的碳足迹规则标准，以参加全球规则制订，有力支撑我国绿色低碳产品"走出去"。

CHAPTER 8

第 8 章 面向碳中和的汽车行业低碳发展战略要点与政策保障

8.1 汽车行业低碳发展的政策措施

8.1.1 汽车低碳发展标准体系建设

汽车行业作为温室气体排放的大户之一，尽快开展碳达峰和碳中和目标规划和实施是未来的必然选择。实施碳达峰和碳中和规划，需要首先摸清碳排放家底，摸清家底离不开碳排放量化核算标准，量化核算离不开对碳排放的计量和监测，同时核算结果也需要对外进行交流公布并进行核查、评价评估，并有针对性地进行减排和抵消，这些工作都离不开标准的指导。汽车行业有必要建立统一规范的碳排放管理基础、碳排放计量监测、碳排放核算及报告、碳核查、标识、公示、评估评价等相关方面的标准体系，引导汽车行业各个主体企业开展组织层面和产品层面的碳排放核算、公示、减排措施和碳中和措施的推进，对于汽车全产业链齐头并进、协调推进汽车行业碳中和工作具有重要的支撑作用。目前，我国陆续发布了一系列碳达峰碳中和相关顶层设计文件，国家层面、工业领域均已发布碳达峰碳中和标准体系，为汽车行业开展碳达峰碳中和标准体系建设指明了方向。

2021年10月，中共中央、国务院印发了《国家标准化发展纲要》，明确提出了"建立健全碳达峰、碳中和标准"的相关要求，指出"加快节能标准更新升级，抓紧修订一批能耗限额、产品设备能效强制性国家标准，提升重点产品能耗限额要求，扩大能耗限额标准覆盖范围，完善能源核算、检测认证、评估、审计等配套标准。加快完善地区、行业、企业、产品等碳排放核查核算标准。制定重点行业和产品温室气体排放标准，完善低碳产品标准标识制度。完善可再生能源标准，研究制定生态碳汇、碳捕集利用与封存标准。实施碳达峰、碳中和标准化提升工程"。

同时，2021年10月，中共中央、国务院发布了《关于完整准确全面贯彻新发展理念做好碳达峰碳中和工作的意见》，明确提出了完善标准计量体系的相关要求，指出"建立健全碳达峰、碳中和标准计量体系。加快节能标准更新升级，抓紧修订一批能耗限额、产品设备能效强制性国家标准和工程建设标准，提升重点产品能耗限额要求，扩大能耗限额标准覆盖范围，完善能源核算、检测认证、评估、审计等配套标准。加快完善地区、行业、企业、产品等碳排放核查核算报告标准，建立统一规范的碳核算体系。制定重点行业和产品温室气体排放标准，完善低碳产品标准标识制度。积极参与相关国际标准制定，加强标准国际衔接"。

2021年10月，国务院办公厅印发了《国务院关于印发2030年前碳达峰行动方案的通知》（国发〔2021〕23号），明确提出"建立统一规范的碳排放统计核算体系"相关要求，指出"加强碳排放统计核算能力建设，深化核算方法研究，加快建立统一规范的碳排放统计核算体系。支持行业、企业依据自身特点开展碳排放核算方法学研究，建立健全碳排放计量体系。推进碳排放实测技术发展，加快遥感测量、大数据、云计算等新兴技术在碳排放实测技术领域的应用，提高统计核算水平。积极参与国际碳排放核算方法研究，推动建立更为公平合理的碳排放核算方法体系。"，同时，要求"健全法律法规标准。构建有利于绿色低碳发展的法律体系，推动能源法、节约能源法、电力法、煤炭法、可再生能源法、循环经济促进法、清洁生产促进法等制定修订。加快节能标准更新，修订一批能耗限额、产品设备能效强制性国家标准和工程建设标准，提高节能降碳要求。健全可再生能源标准体系，加快相关领域标准制定修订。建立健全氢制、储、输、用标准。完善工业绿色低碳标准体系。建立重点企业碳排放核算、报告、核查等标准，探索建立重点产品全生命周期碳足迹标准。积极参与国际能效、低碳等标准制定修订，加强国际标准协调。"

2023年4月，国家标准委等11个部门印发了《碳达峰碳中和标准体系建设指南》，明确提出"碳达峰碳中和标准体系包括基础通用标准子体系、碳减排标准子体系、碳清除标准子体系和市场化机制标准子体系等4个一级子体系"，指出"坚持突出重点。加快完善基础通用标准。聚焦重点领域和重点行业，加强节能降碳标准制修订。及时将碳达峰碳中和技术创新成果转化为标准，以科技创新推动绿色发展。"

2024年2月，工业和信息化部办公厅印发了《工业领域碳达峰碳中和标准体系建设指南》，明确提出"工业领域碳达峰碳中和标准体系框架包括基础通用、核算与核查、技术与装备、监测、管理与评价等五大类标准"，指出"加强标准化工作的统筹规划和顶层设计，大力构建适应工业发展的标准体系，加快推进工业领域碳达峰碳中和急需标准制定，积极参与国际标准化活动，进一步提升标准对工业领域碳达峰碳中和工作的引领、规范和支撑作用。"

1. 国内外温室气体量化核算标准

对于汽车行业来说，要制定碳达峰碳中和实施路线，实现汽车企业和汽车产品的低碳发展，首要的是对自身的碳排放总量进行核算，摸清碳排放的家底，从企业组织层面和产品层面核算碳足迹，对碳排放较高的生产环节或产品部件、材料推进重点节能减排措施，最后对无法进行减排的地方，通过碳信用等其他碳抵消手段实现中和。碳排放量化核算是碳减排量计算、碳交易的基础，与碳排放相关的工作。例如碳交易、碳税、低碳评价、碳标签、碳信息披露等，都是建立在依据标准规范、正确核算碳排放的基础上，碳排放的管理应满足可测量、可报告、可核查（Monitoring, Reporting and Verification，MRV）的基本原则。

目前，国际权威组织如政府间气候变化专门委员会（Intergovernmental

Panel on Climate Change，IPCC）、国际标准化组织（International Organization for Standardization，ISO）、世界资源研究所（World Resources Institute，WRI）和世界可持续发展工商理事会（World Business Council for Sustainable Development，WBCSD）、英国标准协会（British Standards Institution，BSI）等均已发布相关的碳排放量化核算标准。

碳排放量化核算标准根据不同的核算对象，从层次上主要包括国家层面、城市层面、企业层面、项目层面和商品、服务层面等。不同的核算对象，适用的碳排放核算方法也不一样，目前主要的碳排放核算方法有自上而下的投入产出法和自下而上的过程分析法。投入产出法主要适用于宏观层面的国家、产业部门、地区等核算对象，根据统计数据得到整体能源消耗量，乘以碳排放因子即可获得整体的碳排放总量，计算过程简单，系统完整性好，但是无法区分内部碳排放的个体细微差异性。过程分析法主要适用于微观层面的企业、组织、商品、服务等对象，核算过程详细具体，但是周期阶段和边界划分较为复杂。不同层次核算对象的核算标准、核算结果的目的也不相同。总体来讲，目前国际上发布实施的国家层面、城市层面、组织企业层面、项目层面和产品/服务层面的碳排放量化核算标准主要见表 8-1。

表 8-1 国际碳排放量化核算标准

	对象机构	IPCC	ISO/TC207/SC7	WRI/WBCSD：GHG protocol	BSI
自上而下	国家层面	国家温室气体清单指南	—	—	—
	城市层面	—	—	城市核算和报告	PAS 2070:2013
自下而上	组织企业层面	—	ISO 14064-1:2018	企业核算和报告标准 范围 2 指南 企业价值链（范围 3）核算和报告标准	—
	项目层面	—	ISO 14064-2:2019	项目核算标准	—
	产品/服务层面	—	ISO 14067:2018	产品生命周期核算和报告	PAS 2050:2011

（1）国家/区域/城市层面

国家的碳排放核算标准主要是 IPCC 发布的《2006 年 IPCC 国家温室气体清单指南（2019）》。城市层面碳排放核算标准主要包括《GHG 协议：城市核算标准》、PAS 2070:2013《城市温室气体排放评估规范》，同时，我国发布了《省级温室气体清单编制指南（试行）》等。国家、地区和地方层面的碳排放量化核算称为温室气体清单编制，用于统计一个区域内的年度排放总量，核算结果用于国际履约或中央对地方政府的督查。国家和地区、地方碳中和目标是基于国家、地区和地方特定时间段内碳排放总量而言的。

（2）组织层面

组织层面的核算标准主要包括 ISO 14064-1：2018《温室气体 第 1 部分：组织层面上对温室气体排放和清除的量化和报告的规范及指南》《温室气体协议：企业核算和报告标准》《GHG 协议：范围 2 指南》《GHG 协议：企业价值链（范围 3）核算和报告标准》等。

目前，我国在温室气体核算方面初步构建了多个行业的量化核算标准规范。国家发改委陆续发布了 24 个行业企业的温室气体核算方法，主要包括 2013 年 10 月发布的《首批 10 个行业企业温室气体排放核算方法与报告指南（试行）的通知》（发改办气候〔2013〕2526 号）、2014 年 12 月发布的《第二批 4 个行业企业温室气体排放核算方法与报告指南（试行）的通知》（发改办气候〔2014〕2920 号）和 2015 年 7 月发布的《第三批 10 个行业企业温室气体核算方法与报告指南（试行）的通知》（发改办气候〔2015〕1722 号），见表 8-2。

表 8-2 国家发改委陆续发布的 24 个行业温室气体核算标准

序号	发布批次	名称
1	首批 10 个行业企业温室气体排放核算方法与报告指南（试行）	1.《中国发电企业温室气体排放核算方法与报告指南（试行）》
2		2.《中国电网企业温室气体排放核算方法与报告指南（试行）》
3		3.《中国钢铁生产企业温室气体排放核算方法与报告指南（试行）》
4		4.《中国化工生产企业温室气体排放核算方法与报告指南（试行）》
5		5.《中国电解铝生产企业温室气体排放核算方法与报告指南（试行）》
6		6.《中国镁冶炼企业温室气体排放核算方法与报告指南（试行）》
7		7.《中国平板玻璃生产企业温室气体排放核算方法与报告指南（试行）》
8		8.《中国水泥生产企业温室气体排放核算方法与报告指南（试行）》
9		9.《中国陶瓷生产企业温室气体排放核算方法与报告指南（试行）》
10		10.《中国民航企业温室气体排放核算方法与报告格式指南（试行）》

（续）

序号	发布批次	名称
11	第二批4个行业企业温室气体排放核算方法与报告指南（试行）	1.《中国石油和天然气生产企业温室气体排放核算方法与报告指南（试行）》
12		2.《中国石油化工企业温室气体排放核算方法与报告指南（试行）》
13		3.《中国独立焦化企业温室气体排放核算方法与报告指南（试行）》
14		4.《中国煤炭生产企业温室气体排放核算方法与报告指南（试行）》
15	第三批10个行业企业温室气体核算方法与报告指南（试行）	1.《造纸和纸制品生产企业温室气体排放核算方法与报告指南（试行）》
16		2.《其他有色金属冶炼和压延加工业企业温室气体排放核算方法与报告指南（试行）》
17		3.《电子设备制造企业温室气体排放核算方法与报告指南（试行）》
18		4.《机械设备制造企业温室气体排放核算方法与报告指南（试行）》
19		5.《矿山企业温室气体排放核算方法与报告指南（试行）》
20		6.《食品、烟草及酒、饮料和精制茶企业温室气体排放核算方法与报告指南（试行）》
21		7.《公共建筑运营单位（企业）温室气体排放核算方法和报告指南（试行）》
22		8.《陆上交通运输企业温室气体排放核算方法与报告指南（试行）》
23		9.《氟化工企业温室气体排放核算方法与报告指南（试行）》
24		10.《工业其他行业企业温室气体排放核算方法与报告指南（试行）》

同时，SAC/TC 548（全国碳排放管理标准化技术委员会）也陆续开展了多个行业的碳排放量化核算标准，例如 GB/T 32150—2015《工业企业温室气体排放核算和报告通则》以及 GB/T 32151.1~47 发电企业、电网企业、镁冶炼企业等 40 余个行业的组织碳排放量化核算标准，量化核算的结果可用于碳排放权交易。汽车行业尚未发布组织层面碳排放量化核算标准，在研行业标准共 3 项，包括 QC/T《温室气体排放核算与报告要求 动力蓄电池制造企业》、QC/T《温室气体排放核算与报告要求 发动机制造企业》、QC/T《温室气体排放核算与报告要求 报废机动车回收拆解企业》。

企业层面的碳核算与评价分析有多种对象，主要包括企业自身运营层面、全价值链层面的碳排放核算。企业碳核查、碳交易主要是核算企业组织层面年度碳排放总量，只包含企业内部的直接排放（范围1）以及企业外购的电力和蒸汽生产过程中的碳排放（范围2），在企业碳交易、碳减排量核证工作中采用此类核算方法。如果需要通过低碳供应链机制和生产者责任延伸机制等方式，发挥企业社会责任，带动企业上下游全产业链协同开展碳减排工作，则需要考虑企业全价值链的碳排放，核算范围还包括企业范围 3 的碳排放，即企业上游采购和下游产品使用、报废所产生的碳排放等。

（3）产品/服务层面

产品层面的碳足迹量化核算，主要基于生命周期评价进行核算，目前涉及产品碳足迹量化核算方面的标准主要包括 ISO 14067:2018《温室气体　产品碳足迹　量化要求和指南》《温室气体协议：产品生命周期核算和报告标准》及 PAS 2050:2011《商品和服务生命周期温室气体排放评价规范》、日本发布的 TSQ 0010《产品碳足迹技术规范》、欧盟的《产品环境足迹种类规则指南》等。PAS 2050 是第一个产品碳足迹核算标准，也是 ISO 14067 正式出台前应用最广的产品碳足迹评价规范。PAS 2050 根据生命周期评价（LCA）技术方法和原则对各种商品和服务（统称产品）在生命周期内的温室气体排放评价要求做了明确规定。ISO 14067 旨在根据温室气体在生命周期里排放和清除的量化结果来评估一种产品对全球变暖的潜在影响。两者的适用范围相同，都是商品和服务；实施方式也相同，既适用于从商业到消费者的评价，包括产品在整个生命周期内所产生的排放，即"从摇篮到坟墓"的方法，也适用于从商业到商业的评价，包括直到输入到达一个新的组织之前所释放的温室气体排放（包括所有上游排放），即"从摇篮到大门"的方法。ISO 14067 与 PAS 2050 一脉相承，在碳足迹量化技术上基本保持一致或是可协调的，但对产品碳足迹的沟通制定了更加明确的要求，以提高碳足迹量化和报告的透明度，实现全球范围的碳足迹数据比较。

目前，我国陆续发布了一系列产品层面的碳足迹核算标准，主要集中在电子电器、通信等行业，包括 SJ/T 11717—2018《产品碳足迹　产品种类规则　液晶显示器》、SJ/T 11718—2018《产品碳足迹　产品种类规则　液晶电视机》、YD/T 3048.2—2016《通信产品碳足迹评估技术要求　第 2 部分：以太网交换机》、YD/T 3048.1.1—2016《通信产品碳足迹评估技术要求　第 1 部分：移动通信手持机》、DB11/T 1860—2021《电子信息产品碳足迹核算指南》等。汽车行业尚未发布产品层面的碳足迹核算标准，在研行业标准共 4 项，包括 QC/T《温室气体　产品碳足迹量化方法与要求　道路车辆产品》、QC/T《温室气体　产品碳足迹量化方法与要求　乘用车》、QC/T《温室气体　产品碳足迹量化方法与要求　动力蓄电池》、QC/T《温室气体　产品碳足迹量化方法与要求　发动机》。

产品层面的碳足迹核算主要核算生命周期全过程的碳排放总量，不仅包含范围 1 和范围 2，还包含原料供应链生产过程的排放和产品下游使用、再生利用过程产生的碳排放，即范围 3 的碳排放。产品碳足迹核算结果主要用于低碳技术的研发和相似产品技术路线优劣对比评价，或者针对同类产品碳足迹在不同企业之间或国内外的差异而征收碳税，进而引导产品的整个供应链开展碳减排措施，引导社会选购碳足迹更低的产品，进而推进全社会不断强化减排动力。

（4）项目层面

项目层面碳减排核算标准主要包括 ISO 14064-2：2019《温室气体　第 2 部分：项目层次上对温室气体减排和清除增加的量化监测和报告指南》《GHG 协议：项目核算标准》等。

在项目层面的碳减排量化核算和报告方面，我国发布了 GB/T 33760—2017《基于项目的温室气体减排量评估技术规范　通用要求》、GB/T 33755—2017《基于项目的温室气体减排量评估技术规范　钢铁行业余能利用》和 GB/T 33756—2017《基于项目的温室气体减排量评估技术规范生产水泥熟料的原料替代项目》，目前还在制定中的标准包括《基于项目的温室气体减排量评估技术规范　废气废水处理及废渣回收》等，用于开展减排项目的开发和中国核证自愿减排量交易等工作。

项目层面的碳减排量化核算，主要是通过基准情景下的碳排放量，减去实施项目的碳排放量来核算项目实施后的减排量，用于核证自愿减排交易、清洁发展机制等相关用途，鼓励自愿性的碳减排投入。

2. 国内外温室气体核查方面的标准

温室气体的排放，数据必须精确可靠，能经受第三方的检验。目前，国际上关于核查的标准规范主要包括 ISO 14064-3:2019《温室气体　第 3 部分　温室气体声明的核查与审定指南规范》、ISO 14065:2020《核查和审定环境信息的机构的一般原则和要求》，对核查和审定机构以及核查和审定行为进行了规范。

2021 年 3 月，我国生态环境部印发了《企业温室气体排放报告核查指南（试行）》，对纳入碳排放权交易的重点排放企业的碳排放报告进行核查。

同时，我国认证行业发布了一系列不同行业碳排放核查相关行业标准，主要包括 RB/T 261—2018《陶瓷企业温室气体排放核查技术规范》、RB/T 260—2018《水泥企业温室气体排放核查技术规范》、RB/T 259—2018《平板玻璃企业温室气体排放核查技术规范》、RB/T 258—2018《乙烯企业温室气体排放核查技术规范》、RB/T 257—2018《甲醇企业温室气体排放核查技术规范》、RB/T 256—2018《合成氨企业温室气体排放核查技术规范》、RB/T 255—2018《电石企业温室气体排放核查技术规范》、RB/T 254—2018《发电企业温室气体排放核查技术规范》、RB/T 253—2018《电网企业温室气体排放核查技术规范》、RB/T 252—2018《化工企业温室气体排放核查技术规范》、RB/T 251—2018《钢铁企业温室气体排放核查技术规范》、RB/T 211—2016《组织温室气体排放核查通用规范》等。同时，TC 548 全国碳排放管理标委会正在制定《工业企业碳排放核查通用指南》《温室气体—用于对温室气体审定和核查机构的资格认证或其他形式认可的要求》《温室气体审定核查组及审定核查员资质条件要求》等国家标准，对第三方审核核查机构、人员和行为进行规范。目前，汽车行业关于碳排放核查方面的标准尚处于空白，正在组织研究过程中。

3. 国内碳排放信息披露方面的标准

温室气体排放信息披露是确保实现温室气体排放总量控制目标和顺利开展碳交易、推动企业碳减排的重要前提和根本保障。研究表明，通过明确法律制度保障、完善信息披露路径、加强监管等措施，可以有效建立温室气体排放信息披露制度。2021 年 5 月，生态环境部印发了《环境信息依法披露制度改革方案》，2021 年 12 月，生态环境部发布了《企业环境信息依法披露管理办法》，提出了企业发布环境信息披露的相关要求，但是对于温室气体方面的披露要求还不够细致，披露的内容、格式等相关要求还不够明确。我国陕西、四川、江西等省份以企业碳排放或能耗为门槛标准建立了重点企业（事业）分阶段披露温室气体排放信息的制度，规定了披露内容、途径、时限等。TC 548 全国碳排放管理标委会正在制定《企业碳排放管理信息披露要求与指南》。而对于汽车企业、汽车产品层面的碳排放信息披露标准，SAC/TC 114 全国汽车标准化技术委员会正在制定《道路车辆 温室气体管理通用要求 第 2 部分：产品碳足迹标识》。

4. 国内外汽车生命周期及各阶段碳排放评价约束方面的标准

对汽车企业、汽车产品的碳排放，在量化核算的基础上，进行低碳评价，或者分阶段设置限值进行约束管控，是实现汽车企业和汽车产品低碳发展的重要引导工具。对于汽车企业组织层面碳排放总量、单位产品生产过程碳排放强度、汽车整车使用阶段碳排放强度、产品生命周期碳排放总量和强度等多个方面都可以制定相关的限额，或开展低碳评价，对碳排放总量或强度进行约束管控。

（1）汽车企业组织层面碳排放总量约束方面

我国部分地区开展了汽车制造企业的碳排放权交易试点，设置了碳排放的年度配额，可视为汽车企业组织层面碳排放的约束规范，通过地方碳排放权交易市场，通过市场机制来对汽车企业组织层面碳排放总量进行管控。

（2）汽车产品生产制造阶段的碳排放强度管控方面

目前，我国开展了汽车行业标准《汽车产品单位产量综合能耗计算方法》的研制，标准已经发布实施。该标准规范主要围绕汽车整车生产阶段单位产品能耗进行量化核算，核算范围包括汽车企业直接生产系统、辅助生产系统和附属生产系统的总能耗，除以产品的总产量，得到单位产品的综合能耗。未来可在此基础上，研究设置单位整车产品能耗的限额或者先进值等方式引导整车制造环节的低碳发展，降低单位整车产品生产制造阶段的碳排放强度。但是该标准未考虑不同能源类型对碳排放的影响。目前 TC 548 正在制定《单位产品（服务）碳排放限额编制通则》《城市轨道交通单位产品温室气体排放限额》等，未来汽车行业也需要制定汽车产品单位产量碳排放核算及限额标准规范。

（3）汽车使用阶段碳排放强度方面（燃料经济性或尾气排放限值及测试方法）

针对机动车的碳排放管理，国际上普遍的实践是先开展大气污染物减排，然后逐步开展节能、减碳工作，各国和地区的碳排放管理政策见表 8-3。机动车使用阶段二氧化碳减排工作最早起源于燃油经济性管控。早在 20 世纪 70 年代，美国和日本出于用户节能需求、车辆技术发展和保障能源安全等方面考虑，开展了燃油经济性管控。欧盟在 20 世纪 90 年代开展了相关工作。随着全球气候变暖问题日益得到重视，在 2010 年前后，欧盟和美国又分别出台了机动车二氧化碳排放法规，逐步形成了较为完善的二氧化碳排放和燃油经济性、大气污染物协同管控的国际管理经验。目前，国内外机动车二氧化碳排放管理模式不尽相同，有的直接控制碳排放，有的通过油耗间接控制碳排放，有的两者都控制。

表 8-3　各国和地区的碳排放管理政策

管理政策	国家 / 地区			
	美国	日本	欧盟	中国
管控类型	燃油经济性、CO_2	燃油经济性	CO_2	燃料消耗量
限值基础	脚印面积（轮距乘以轴距）	整备质量	整备质量	整备质量
评价方法	企业平均燃油经济性 + 企业平均 CO_2 排放量	企业平均燃油经济性	企业平均 CO_2 排放量	企业平均燃料消耗量 + 单车限值
处罚方式	罚款	罚款	罚款	停止生产

1）欧盟方面。2009 年，欧洲议会和欧盟委员会发布 Regulation（EC）443/2009 乘用车和轻型商用车二氧化碳排放标准（以下简称"欧盟 CO_2 法规"），由欧盟委员会牵头，各成员国全面参与，2012 年正式启动监管。该法规要求 2015 年欧盟范围内新登记乘用车 CO_2 平均排放量须达到 130g/km 的目标，在 2020 年之前达到新型乘用车 CO_2 平均排放量低于 95g/km 的目标。2014 年法规修正后确定 2021 年 CO_2 平均排放量目标为 95g/km，相当于比 2007 年降低 40%。2019 年，欧盟通过 Regulation（EU）2019/631 乘用车和轻型商用车二氧化碳排放标准，替代 Regulation（EC）443/2009，并于 2020 年 1 月起正式实施。2024 年 4 月，欧盟对该法规完成了修订，为欧盟市场新售乘用车和轻型商用车制定了更严格的 CO_2 排放标准。新法规要求以 2021 年为基准，2030—2034 年新售乘用车和轻型商用车的平均 CO_2 排放目标值分别减少 55% 和 50%；2035 年开始，新售乘用车和轻型商用车的平均 CO_2 排放目标值减少 100%。欧盟 CO_2 法规中规定车辆的二氧化碳排放数据均需由第三方测试机构测试和提供。针对测试工况，2021 年为分水岭，2021 年前测试工况为新欧洲标准行驶循环（NEDC），从 2021 年起，采用全球统一轻型车辆排放测试规程（WLTP）。此外，为了减少实验室与实际道路排放数据之间的差异，欧盟委员会使用车载燃料和 / 或能耗监测设备（OBFCM）定期收集新车的实际二氧化碳排放和燃料或能源消耗数据。

2）**美国方面**。2010 年，美国环境保护署（Environmental Protection Agency, EPA）根据《清洁空气法案》第 202（a）条首次为轻型汽车制定了温室气体排放标准，限制了乘用车和轻型货车排放的温室气体，以每英里排放克数（g/mile）表示。早在 1975 年，美国国家公路交通安全管理局（National Highway Traffic Safety Administration, NHTSA）根据《能源政策与保护法案》为乘用车和轻型货车设定了燃料效率标准（CAFE），以每加仑行驶的英里数（mile/USgal）表示，并发展成为某一特定年份生产的汽车车队所达到的平均燃料经济性标准。

2012 年，美国 EPA 和 NHTSA 发布了《2017 车型年及以后的轻型车温室气体排放和企业平均燃料经济性标准》（以下简称"美国 GHG 与 CAFE 标准"）。EPA 公布了 2017—2025 年轻型汽车的 GHG 排放标准，负责管理汽车使用阶段的 GHG 排放；NHTSA 负责管理 CAFE，制定了 2017—2021 年的燃料经济性标准，并预测了 2022—2025 年的标准。GHG 与 CAFE 标准作用在于使燃料效率平均每年提高约 5%，到 2025 年整个车队的平均燃料效率达到 46.7mile/USgal。

2018 年 9 月，NHTSA 和 EPA 提议修订已有的 GHG 与 CAFE 标准，研究制定涵盖 2021 年至 2026 年的新标准。2020 年 4 月，《2021—2026 车型年乘用车和轻型货车更安全、更实惠的节能（SAFE）车辆规则》（以下简称"SAFE 法规"）发布，于 2021 年正式实施。SAFE 法规冻结了 2021 年之后的标准目标要求，即 2021 年以后的 CO_2 排放目标值维持在 2021 年的水平不变。2024 年 3 月，《2027 年车型年及以后轻型和重型车辆多种污染物排放标准》发布，规定了 2027—2032 车型年轻型和中型车辆各年度逐年加严的温室气体排放要求，与 2026 车型年比较，到 2032 年轻型车辆的温室气体排放（2032 年温室气体排放目标值 $85gCO_2e$/mile）将降低将近 50%，中型车辆温室气体排放（2032 年温室气体排放目标值 $274gCO_2e$/mile）将降低将近 44%。

3）**中国方面**。我国自 2001 年正式启动机动车燃料消耗量标准体系研究和制定工作，先后制定实施了 5 个阶段的油耗标准，建立起相对完善的"单车限值＋企业平均目标值"的汽车节能标准体系，推动实现我国不断提升的汽车节能发展目标。目前，我国针对汽车整车产品碳排放强度方面的标准法规，

第8章
面向碳中和的汽车行业低碳发展战略要点与政策保障

主要包括各种燃料类型汽车燃料消耗量的试验方法、限值和能耗标识以及基础的工况、折算和循环外技术等方面的标准规范，其中有汽柴油车燃料消耗量限值标准 4 项，试验方法标准有 4 项，能耗标识标准 1 项，基础通用方面标准 8 项，以及混合动力汽车燃料消耗量试验方法标准 2 项，替代燃料汽车燃料消耗量试验方法标准 2 项，纯电动汽车电量消耗量试验方法、限值和标识标准合计 4 项。燃料电池汽车燃料消耗量试验方法标准 1 项。我国汽车节能标准体系（碳强度约束评价管控标准规范）如图 8-1 所示。

图 8-1 我国汽车节能标准体系（碳强度约束评价管控标准规范）

我国自 2005 年起对乘用车燃料消耗实施管理，至 2020 年，我国乘用车燃料消耗管理经历了四个阶段的发展，目前已进入第五阶段。其中涉及低碳约束类的标准法规主要包括各阶段燃料消耗量限值类标准，见表 8-4。

表 8-4 我国乘用车燃料消耗量标准法规

序号	阶段	时间	标准编号	标准名称
1	第一阶段	2005 年 07 月 01 日	GB 19578—2004	乘用车燃料消耗量限值
2	第二阶段	2008 年 07 月 01 日		
3	第三阶段	2012—2016 年	GB 27999—2011	乘用车燃料消耗量评价方法及指标
4	第四阶段	2016—2020 年	GB 19578—2014	乘用车燃料消耗量限值
			GB 27999—2014	乘用车燃料消耗量评价方法及指标
5	第五阶段	2021 年至今	GB 27999—2019	乘用车燃料消耗量评价方法及指标

我国也发布了一系列尾气排放限值和试验方法方面的标准，主要包括国1、国2、国3、国4、国5、国6等排放限值，目前实施的是国6排放标准。但是目前我国的尾气排放标准，主要对常规污染物规定相应的限值，对甲烷、氧化亚氮等温室气体通过常规污染物含量限制的方式进行约束，并未对尾气中的二氧化碳温室气体进行管控。同时，对制冷剂泄漏等温室气体排放也未能纳入相关的核算和管控范围。

另外，交通行业发布了营运客车、货车能效和二氧化碳排放强度等级评定标准，包括JT/T 1249—2019《营运客车能效和二氧化碳排放强度等级及评定方法》、JT/T 1248—2019《营运货车能效和二氧化碳排放强度等级及评定方法》，通过这些标准，对营运的客车、货车等车辆的能效和二氧化碳排放强度等级进行评定。

从管理类别看，欧盟最早开始进行汽车的碳排放管理，美国早期注重汽车燃料效率并进行管理，后期实施碳排放与燃料经济性并行管理。从管理阶段来看，欧美目前主要以车辆行驶阶段的直接碳排放管理为主，并在标准研究过程中综合考虑了汽车生命周期的碳排放。未来，欧盟有计划将法规的管理阶段扩大到汽车的全生命周期，而且目前已经通过多种管理政策进行汽车全生命周期碳排放的直接和间接管控。国内外汽车碳排放标准对比见表8-5。

表8-5 国内外汽车碳排放标准对比分析

国家/地区	欧盟	美国	中国
标准名称	乘用车和轻型商用车二氧化碳（CO_2）排放标准	轻型车温室气体排放（GHG）和企业平均燃料经济性（CAFE）标准	乘用车燃料消耗量限值，轻型商用车辆燃料消耗量限值
主管部门	欧盟委员会	美国环境保护署（EPA），美国国家公路交通安全管理局（NHTSA）	工业和信息化部
现行标准	Regulation（EC）2023/851	2027车型年及以后轻型和重型车辆多种污染物排放标准	GB 19578—2021，GB 20997—2015
法律依据	建立欧洲共同体条约	能源政策和保护法（EPCA），清洁空气法（CAA）	无

（续）

国家/地区	欧盟	美国	中国
车型范围	整备质量在 3500kg 以下的乘用车和轻型商用车	整备质量在 8500lb（约 3855.5kg）以下的乘用车和轻型货车	乘用车（M1 类）和轻型商用车（最大设计车速大于或等于 50km/h 的 N1 类和整备质量在 3500kg 以下的 M2 类）
管理类别	二氧化碳	燃料消耗和温室气体	燃料消耗
边界范围	车辆行驶阶段	车辆行驶阶段	车辆行驶阶段
目标值	以 2021 年为基准，2030 年至 2034 年新售乘用车和轻型商用车的平均二氧化碳排放目标值分别减少 55% 和 50%	2032 年轻型车辆温室气体排放目标值 85gCO$_2$e/mile，中型车辆温室气体排放目标值 274gCO$_2$e/mile	2025 年乘用车下降至 4L/100km，对应 CO$_2$ 排放约为 95g/km
处罚机制	每超标 1g/km，每辆车罚款 95 欧元	CAFE：每低于标准 0.1mile/USgal，每辆车罚款 5.5 美元；GHG：停止销售并处罚金	负积分为抵偿的企业暂停公告申请，纳入失信企业名单并公示

我国目前尚未建立专门的机动车使用阶段碳排放相关的标准及管理体系，二氧化碳排放主要通过控制机动车燃料消耗量间接控制，甲烷、氧化亚氮等短寿命温室气体以大气污染物的形式，通过污染物排放标准管理。对于空调制冷剂 HFCs 则通过国际履约的形式进行管理。

现有油耗标准仅能对机动车二氧化碳排放进行间接管控，并无法实现对甲烷、氧化亚氮以及氢氟碳化物等非二氧化碳温室气体的监管。而欧盟和美国已将甲烷、氧化亚氮以及氢氟碳化物等与二氧化碳一并纳入机动车温室气体管控范围，对车辆尾气排放、车用空调制冷剂等均实施了全方位管控。未来汽车使用阶段的碳排放，应在目前现有的汽车节能、尾气排放等标准的基础上，建立全面的使用阶段碳排放限值和试验方法标准体系。

（4）汽车使用阶段碳排放总量控制方面

汽车整车产品单位里程碳排放强度是汽车整车产品的一种碳排放潜能，而使用阶段的碳排放总量，还与汽车使用阶段行驶里程、行驶时间等因素相关。目前部分地区将道路运输企业纳入了地方碳排放权交易市场，对运输企业的年度碳排放总量进行约束，未来围绕使用阶段，还需要建立实际碳排放总量的管控标准方法，如通过制定汽车使用阶段，车辆拥有主体的年度碳排放总量核算标准，用以支持将道路运输企业年度碳排放纳入碳排放权交易，或通过碳普惠机制，将个人车主碳排放建立碳账户并纳入碳交易等措施，来减少汽车行驶阶段的实际碳排放总量。目前，发改委发布了《陆上交通运输企业温室气体排放核算方法与报告指南》，北京市发布了地方标准《二氧化碳排放核算方法与报告要求　道路运输业》，道路运输企业和个人车主的碳排放核算及管控方面的国家标准尚处于空白。

（5）汽车产品全生命周期碳排放总量/强度控制方面

目前围绕汽车整车产品、零部件产品生命周期碳足迹总量控制、碳强度控制的标准法规尚处于空白。欧盟电池法针对动力蓄电池生命周期碳足迹设置了三个阶段的要求，第一阶段标示碳足迹量化标签，第二阶段标示碳排放等级标签，第三阶段需要声明符合相关的生命周期碳足迹限额的要求。未来，欧盟有计划将 CO_2 排放法规的管理阶段从使用阶段扩大到汽车的全生命周期，而且目前已经通过多种管理政策进行汽车全生命周期碳排放的直接和间接管控。联合国 WP29/GRPE 工作组筹备成立了车辆 LCA 碳足迹非正式工作组，将围绕整车生命周期碳足迹核算及管控构建全球汽车技术法规体系。我国关于汽车整车、部件产品生命周期碳足迹标识方面标准正在研究中，相关限额标准尚处于空白。

5. 国内外碳中和实施及认证规范标准

英国标准协会（British Standards Institution，BSI）发布的 PAS 2060: 2010《碳中和论证规范》是全球第一个提出碳中和论证的标准，2014 年发布了新版本 PAS 2060: 2014《碳中和论证规范》。该标准提出了碳中和的证明过程、标的物的碳排放测定与证实、碳足迹量化、碳中和承诺、碳减排、碳抵消、碳中和声明和维持碳中和状态等相关规范化要求。国际标准化组织 ISO/TC207/SC7 环境管理标委会温室气体管理分标委碳中和工作组，启动了碳中和 ISO 14068 标准研究，ISO 14068-1：2023 已发布，提供了一种实现和证明碳中和的标准化方法，适用于主体（即组织）和产品（如货物和服务），明确了实现碳中和的原则、路径和框架。

2019 年，生态环境部发布了《大型活动碳中和实施指南（试行）》，对大型活动碳中和基本要求和原则、碳中和流程、承诺和评价等内容进行了规定。

2021年北京市发布了地方标准DB11/T 1861—2021《企事业单位碳中和实施指南》，对北京范围内企事业单位碳中和的实施流程、准备阶段、实施阶段、评价阶段和声明阶段进行了规定。

目前汽车行业还未发布碳中和实施指南标准规范，汽车企业对于碳中和大多处于观望阶段，因此，尽快开展碳中和实施指南研究，对汽车行业碳中和实施主体实体、标的物、实施流程、碳足迹量化、碳减排、碳抵消、碳中和声明、碳信息披露等方面进行明确规范，对汽车行业开展组织、产品等层面碳中和的实施、认定工作进行指导。

6. 汽车行业碳排放标准化实施主体和对象标的物分析

根据GB/T 4754—2017《国民经济行业分类》，汽车行业是汽车制造企业的集合，主要包括汽车整车（汽柴油、新能源）、汽车发动机、改装汽车、低速汽车、电车、汽车车身及挂车、汽车零部件及配件等制造企业。对于汽车行业来说，汽车制造企业是汽车企业自身运营、企业全价值链和汽车产品生命周期碳排放削减的责任主体，需要对自身碳排放、上下游价值链碳排放和产品的生命周期碳足迹进行量化核算，并针对性地建立减排措施，最终实现企业运营层面、全价值链层面和产品生命周期层面的碳中和。因此汽车碳排放标准化的实施主体种类主要包括整车制造企业、动力蓄电池等各类零部件制造企业。

同时，随着生产者责任延伸制度的实施，汽车企业也负责自身产品在使用及报废回收、再生利用等环节的资源、能源和环境问题。因此汽车行业碳排放标准化实施主体还涵盖道路运输企业、个人车主、报废汽车回收拆解企业、零部件再制造企业、动力蓄电池梯次利用企业和再生利用企业等汽车资源综合利用企业。不同的企业类型企业碳排放源和核算边界也各不相同。同时，还需要建立碳排放核查、评价等相关标准，以便对核算结果进行认可，因此标准的实施主体还包括第三方核查认证机构等，需要针对性建立汽车整车企业和各类型零部件生产企业、资源综合利用企业、第三方核查认证企业为标准化实施主体的汽车碳排放管理标准体系。

明确了汽车行业碳排放管理标准化的实施主体，还需要进一步明确标准化对象，也就是需要明确标准化实施主体对什么标的物进行碳排放量化核算、核查、减排等工作。汽车行业碳排放管理标准化的对象，主要从汽车企业组织层面和汽车产品层面（整车、零部件和材料产品）开展碳排放的核算、核查和减排工作。同时，还可以通过积极开发碳减排项目，降低自身碳排放，并用于核证自愿减排量的交易，补贴自身的减排成本。当前阶段汽车行业可重点从组织层面和产品层面作为标准化对象，构建碳排放管理标准体系。

汽车行业的产品种类繁多，包括乘用车、客车、货车、挂车以及各类型的零部件产品，包括新品零部件产品、回用件产品、再制造件产品、梯次利用产品和再生利用材料产品等。因此各类整车产品和零部件产品碳足迹的核算边界也各不相同，也需要针对性建立汽车各类型整车产品和各类型零部件产品的碳足迹量化核算标准。

综上，汽车行业根据碳排放管理标准化对象标的物的不同，重点研究汽车企业组织层面和汽车产品层面的碳排放管理标准。企业组织层面的碳排放，可以分别核算自身运营范围和全价值链范围的碳排放；对于汽车产品，可以根据产品类型不同核算不同边界的碳排放。对于 B-B 类产品，可以核算"摇篮-大门"或"大门-大门"边界范围的部分碳足迹，B-C 的产品，可以核算"摇篮-坟墓"边界的生命周期碳足迹，也可以对各个阶段的部分碳足迹进行分解并分别制定各阶段的碳足迹限额，分阶段分步骤开展产品生命周期各环节的碳减排工作。汽车行业碳排放管理标准化实施主体和对象标的物见表 8-6。

表 8-6　汽车行业碳排放管理标准化实施主体和对象标的物

标准化实施主体	整车制造企业、汽车零部件制造企业、汽车资源综合利用企业、第三方核查认证机构等	
标准化对象标的物	汽车企业组织层面	汽车产品层面
	整车制造企业、车身及挂车制造企业、动力蓄电池制造企业、驱动电机制造企业、车轮制造企业、轮胎制造企业、车身部件制造企业、内饰部件制造企业、汽车玻璃制造企业、铅酸蓄电池制造企业、回收拆解企业、再制造企业、梯次利用企业、再生利用企业等	整车产品（乘用车、客车、货车）、车身及挂车产品、动力蓄电池产品、驱动电机产品、车轮产品、轮胎产品、车身部件产品、内饰部件产品、汽车玻璃产品、铅酸蓄电池产品、回用件产品、再制造产品、梯次利用产品、再生利用产品等
核算边界范围	自身运营：范围1、范围2 全价值链：范围1、范围2、范围3	B-B 产品：摇篮-大门、大门-大门 B-C 产品：摇篮-坟墓
核算结果用途	企业碳排放权交易、低碳企业评价、碳排放信息披露、企业碳中和认证等	产品碳足迹标识、低碳产品评价、产品碳税、产品碳中和认证等

除了汽车企业组织层面和汽车产品层面的碳排放量化核算标准，汽车作为一个移动的用能设备，也是交通行业重要的碳排放来源。汽车产品使用的汽油、柴油、天然气、电力等能源，相当于汽车上的一个零部件，其在生产过程中和使用过程中也会产生碳排放。同时，汽车使用过程中不断添加的洗涤液、冷却液、更换的零部件也需要纳入汽车整车生命周期碳足迹的核算范围。因此汽车整车产品生命周期碳足迹的核算，需要综合考虑车辆周期、燃料周期碳足迹的总和。关于汽车燃料生产阶段的碳足迹，可以由能源行业进行核算和开展减排工作，汽车使用阶段消耗燃料和电力的碳足迹，可以通过交通行业制定碳减排目标等方式来约束使用阶段的碳足迹。

7. 汽车行业碳中和标准体系框架

汽车行业碳中和标准体系，首先是建立汽车行业碳排放量化核算标准，明确核算的对象、核算范围、核算边界，只有核算出各个对象标的物的碳排放量，才能基于行业平均水平或整体减排目标开展碳减排的管理工作。

其次，除了碳排放量化核算标准，还需要制定基础通用类的标准，如汽车碳排放管理术语和定义，界定汽车企业层面和汽车产品层面、燃料层面、项目层面碳排放量化核算、减排、碳中和所需要的专业术语定义。同时，需要开展汽车生命周期评价方法、汽车行业碳中和实施指南等基础标准的研究，指导汽车企业开展组织层面和产品生命周期评价及碳中和实施工作。

碳排放核算量化的结果需要进行对外交流、公示，因此还需要制定汽车产品碳足迹标识、汽车企业碳排放信息披露等相关标准，指导企业将组织层面碳排放信息、减排措施向社会公示，并通过在产品上粘贴碳标签，将产品的碳足迹进行量化公开，接受客户和社会的监督、选购，同时为后续建立低碳企业、低碳产品的评价和限额提供基础数据支撑。

碳排放管理需要遵循 MRV 原则，建立碳排放的监测体系，开展碳排放监测方法、监测设备等监测标准的研究。通过核算标准编制核算报告，并通过建立汽车行业组织层面碳核查和产品碳足迹核查规范标准，以便第三方机构或地方政府依据标准对汽车行业开展碳核查和认证工作。

同时，得到碳排放核算过程数据和碳排放总量数据后，可以开展低碳评价和限额工作，同时针对性地开展碳减排措施，如企业使用清洁能源，产品使用低碳材料、再生材料，提升生产能效和产品能效等技术路径，也可以开展相关减排技术路径标准的研究，指导企业开展低碳减排措施的规范化实施。

最后，汽车行业组织层面、产品层面如何开展碳中和以及如何证明是否实现了碳中和，也需要建立相关的标准，引导汽车企业开展碳中和的实施和认证工作。

综上所述，汽车行业面向碳中和目标的标准体系可以涵盖基础通用类、碳排放监测类、量化核算及报告类、碳排放核查类、碳排放评价约束类、碳减排技术类等几个方面的标准。汽车行业碳中和标准体系框架如图8-2所示。相关标准进展见表8-7。

图8-2 汽车行业碳中和标准体系框架

表8-7 汽车行业碳中和标准进展

序号	计划号	标准名称	标准类别	当前进展
1	20232444-T-339	道路车辆 温室气体管理通用要求 第1部分：术语和定义	基础通用	起草中
2	20232445-T-339	道路车辆 温室气体管理通用要求 第2部分：产品碳足迹标识	基础通用	起草中
3	2022-1964T-QC	温室气体排放核算与报告要求 动力蓄电池制造企业	量化核算及报告	已报批
4	2023-1450-QC	温室气体排放核算与报告要求 发动机制造企业	量化核算及报告	起草中
5	2023-1450-QC	温室气体排放核算与报告要求 报废机动车回收拆解企业	量化核算及报告	起草中
6	2022-1965T-QC	温室气体 产品碳足迹量化方法与要求 道路车辆产品	量化核算及报告	已报批

（续）

序号	计划号	标准名称	标准类别	当前进展
7	2022-1966T-QC	温室气体 产品碳足迹量化方法与要求 乘用车	量化核算及报告	已报批
8	2022-1967T-QC	温室气体 产品碳足迹量化方法与要求 汽车动力蓄电池	量化核算及报告	已报批
9	2023-1452-QC	温室气体 产品碳足迹量化方法与要求 发动机	量化核算及报告	起草中
10	2023-1136-QC	电动汽车运行碳减排量评估方法	量化核算及报告	起草中
11	20232571-T-469	基于项目的温室气体减排量评估技术规范 动力电池梯次利用	量化核算及报告	起草中

汽车产业是我国国民经济的支柱产业，产业链长，覆盖面广。尽管汽车零部件制造、整车制造环节碳排放总量不算多，但是汽车相关上下游产业链导致的碳排放量不容忽视。我国实现碳达峰碳中和的时间短、任务重，需要尽快建立汽车行业碳中和标准体系，指导企业开展碳排放监测、量化核算摸底排查工作，同时依据标准规范开展碳排放信息披露、碳标签标识工作，并接受第三方碳核查认证。在积累汽车企业和汽车产品碳排放数据的基础上，研究制定汽车低碳企业、低碳产品的评价标准，设立企业碳排放限额和产品碳足迹限额标准，以及探索通过碳排放权交易、碳税等经济手段促进汽车行业上下游全产业链更低成本、更高效、更快速地实施碳减排工作。

同时，汽车产品作为道路交通的用能设备，所使用的燃料、电力的碳减排工作需要能源行业协调配合，开发清洁能源、低碳燃料、生物质燃料、二氧化碳合成燃料、碳中和燃料等，以便实现汽车使用过程的碳减排，同时也保证了能源行业自身能源产品层面生命周期碳足迹的减排。汽车整车产品使用过程的碳减排工作，也需要交通行业通过开展企业层面和运输服务层面碳减排工作等方式来降低汽车在使用环节的碳足迹总量，同时也保证了运输行业自身企业层面和运输服务层面碳减排目标的实现。汽车、交通、能源行业构成了紧密且完整的"碳链条"，三者相互关联、相互支撑、相互约束，各行业的双碳目标和策略的制定必须要实现全方位协同，才能保证每个领域的目标都能落地。不能为了自身行业实现碳中和目标，而导致其他行业无生存之地的情况发生，也需要国家从宏观层面科学设置不同行业不同地区的碳排放目标，实现各行业协调推进，在保证汽车、交通、能源行业健康可持续发展的基础上，实现国家层面碳达峰、碳中和目标。

8.1.2 汽车低碳发展政策工具支撑

本书根据汽车产业低碳研究内容与国内外政策的追踪，初步提出了涵盖汽车全生命周期的低碳发展政策工具包，包括采购环节的资源保障手段、生产环节的绿色技术库、信息公开环节的环境信息与碳信息披露以及产业发展财税激励手段等。

1. 出口企业绿色资源供应及保障

对于产品出口企业，其生产过程中的绿色资源使用成为参与国际贸易过程中越来越重要的要求，如欧洲电池法中对动力蓄电池镍、钴、锂等重要金属的回收使用率提出了要求，对碳足迹的要求促使企业寻求更为清洁的电力供应。为更好保证产品出口企业的竞争优势，加速向汽车制造强国转型，应在绿色资源供给端形成保障措施。

在重要金属及循环材料方面，以产业政策引入与创新、全产业链管理为手段，为推进绿色低碳转型与战略性矿产资源保障协同提供基础支撑。根据用于新动力蓄电池生产的回收镍、钴、锂占比的预测，如图8-3所示。未来汽车行业中对循环材料的使用率将会出现一个迅速的上升期，该指标会成为衡量产品低碳性能的一个重要抓手。全球绿色低碳转型与碳中和目标的实现，增强了生态环境保护对资源供应的约束力。同时，国际竞争的方向逐步向产业政策竞争转变，战略性金属资源保障会逐步渗透到产业经济和大国博弈的地缘政治领域，供应链不确定性因素增加。绿色资源保障应考虑突破以现有的数量、规模或成本为目标的市场供给范围，建立完善的产业政策以保证产业链稳定安全和竞争优势，让市场得到国家力量的有效支持，让高附加值产品出口企业与高质量循环材料供应商达成长期战略合作，保障循环材料优先供应[1]。

在绿色电力供应及交易方面，可为出口企业开启绿色电力交易"绿色通道"，优先保障该类企业绿色电力交易。绿色电力的供应能够大幅降低汽车产品，尤其是纯电动车产品的全生命周期碳排放，大大增加我国产品出口过程中的低碳竞争力。我国可再生能源消纳保障机制于2019年通过《关于建立健全可再生能源电力消纳保障机制的通知》启动，落实了可再生能源优先利用的法定要求，依法建立起强制性的市场份额标准。在2021年9月的国内首批绿色电力交易中，华晨宝马、北京奔驰以及部分零部件企业所购买的绿色电力占据了全部交易量的近半数。通过外购绿色电力进一步抵消生产过程中产生的碳排放成为汽车上下游企业进行减碳脱碳的重要手段。企业生产环节中绿色电力的购买，有助于其在后续的生产经营中践行"双碳"目标，并获得更高的经济、社会和环境效益及价值。此外，在绿色电力输送方面，我国西北、华北地区的风电、光电、水电等能源潜力巨大，对传统电力有着充分的替代空间。2020年，我国特高压运输线路实现100%水电运输的输电量为1803.7亿kW·h，风光电运输637.3亿kW·h，均低于火电运输的2877亿kW·h，相关电力输送的基础设施较为完备，绿色电力输送空间丰富。

图 8-3 用于新动力蓄电池生产的回收镍、钴、锂占比预测

2. 产业供应链信息收集统计机制

汽车行业实现碳中和，绝非单凭整车企业一己之力，产业链上游的供应商更是协力实现减碳脱碳的重要角色，供应链、供应商降碳能力的强弱直接影响着车企全产业链协同脱碳的效果。企业在全生命周期的降碳工作以及对供应商的尽职调查工作已经成为应对合规要求和增强自身低碳竞争力的手段之一，在各方均开展环境信息披露工作的基础上，建立完整的供应链信息收

集统计机制，在下游企业建立清晰完整的环境信息数据库与碳排放数据库，形成统一有效的供应链管理方略与降碳策略成为政策支撑的新重点。

在现阶段，有相当一部分制造企业缺少对二级、三级等间接供应商的关注，即便开展风险评估，关注较多的基本为质量、价格等直接商业话题，而对环保合规等方面的风险关注较少，碳排放的数据统计与减排管理只停留在主机厂和一级供应商，导致供应商潜在的环境风险与碳排放风险并不能得到全面评估和化解。加之企业在开展供应商风险评估过程中，由于供应商数量多、风险信息分散，使评估数据收集工作周期长、难度大，为供应链的低碳、绿色可持续管理带来困难。

汽车产业的主要排放源于上游多级供应商，但通常供应商的碳排放数据并不在主机厂直接管辖范围内。材料和零部件等部分的碳排放虽不直接由主机厂控制，但材料与零部件产生的碳排放属于主机厂的相对责任。因此对于进行碳排放核算的汽车企业，数据统计和减排措施不能只停留在企业自身以及一级供应商层面，需要涵盖整个供应链。基于此背景，中国工业碳排放信息系统（CICES）按照建立产业供应链碳排放信息收集统计机制的思路搭建完成，如图8-4所示。汽车行业内的各企业共同研究制定了统一的碳排放数据报送报表和报送规范，对碳排放数据收集报送内容、方式方法进行了标准化，避免了不同形式数据源带来的交互困难，避免了不同口径数据源带来的核算和审核困难。全产业链形成统一步调，极大带动了碳排放数据的流通和积累，对全生命周期视角下的碳排放管理，提高产品的低碳竞争力具有重要意义。

图 8-4 中国工业碳排放信息系统（CICES）系统架构

3. 汽车产业绿色低碳技术库制订

低碳技术是指以能源及资源的清洁高效利用为基础，以减少或消除二氧化碳排放为基本特征的技术，广义上也包括以减少或消除其他温室气体排放为特征的技术。根据减排机理，低碳技术可分为零碳技术、减碳技术和储碳技术；根据技术特征，可分为非化石能源类技术，燃料及原材料替代类技术，工艺过程等非二氧化碳减排类技术，碳捕集、利用与封存类技术和碳汇类技术五大类。近年来，得益于不断完善的顶层设计和不同领域形成的多维度、全覆盖的工业低碳发展体系，我国工业节能降碳工作取得了显著成效，低碳技术升级的覆盖量明显上升，在应对气候变化与可持续发展方面起到了重要作用。

截至2022年3月，我国已出台了多批《国家重点推广的低碳技术目录》《绿色技术推广目录》，涵盖电力、钢铁、石化、化工、新能源、交通运输等重点行业及领域，以此引导绿色发展转型工作，见表8-8。目前出台的技术目录已经覆盖了汽车工业领域产业链的绝大部分，但在汽车行业快速更新、技术不断换代的背景下，部分新兴技术尚未纳入当中，存在信息更新不及时、不准确的问题，难以指导行业的快速发展与不断转型，同时缺少符合行业特征特色的低碳技术详解，汽车行业亟待制订符合行业特征与发展趋势的专有低碳技术库[2]。

表8-8 我国有关部门发布的低碳技术目录中涉及汽车产业内容（部分）

技术名称	适用范围	综合效益
基于燃烧和润滑性能提升的车用燃油清净增效技术	交通车辆/非移动污染源治理	按2019年全国汽油消耗12000万t、柴油消耗15000万t计算，年节约1185万t标准煤；减少二氧化碳排放约3152万t
新能源汽车全铝车身制造技术	新能源汽车	单车碳排放112kgCO$_2$/辆；生产制造过程能耗11.9kgce/辆；车型行驶能耗9.7kW·h/100km
汽柴油清净增效剂生产技术	交通车辆	按2019年全国汽油消耗12000万t，全国柴油15000万t计算，一年可节约1027万t标准煤；减少二氧化碳排放约2731.82万t
高效节能SiC功率器件及模块关键技术	新能源汽车	新能源汽车电机控制器系统效率99%。促进太阳能、风能等可再生能源发展，减少温室气体及有害气体排放
退役动力蓄电池高值化综合回收利用技术	资源循环利用	提高退役动力蓄电池的回收经济价值，提炼了磷酸铁、碳酸锂、石墨等原料，产品附加值提高了40%，极大减缓了动力蓄电池原材料紧缺问题，实现资源循环利用

（续）

技术名称	适用范围	综合效益
高效放电回馈式电池化成技术	锂离子电池生产	蓄电池放电电能回馈到局部直流母线，为其他充电设备提供电能。当蓄电池放电的电能大于充电设备所需电能时，通过逆变器对公司内部公用电网逆变，逆变电能返回电网
汽车混合动力技术	混合动力汽车	再生制动能量回收技术；消除怠速工况技术；高效率混合动力专用发动机技术；整车集成和整车控制策略优化匹配技术等。预计未来五年可实现年均减排554万 t CO_2

在汽车行业内制订低碳技术库，对行业发展有明显的促进作用：

第一是加强政府对行业的引领作用。《关于完整准确全面贯彻新发展理念做好碳达峰碳中和工作的意见》中指出要"加强绿色低碳重大科技公关和推广应用，推广节能低碳技术，建立绿色低碳技术科技创新服务平台"。"十四五"规划《纲要》中提出要"构建市场导向的绿色技术创新体系，实施绿色技术创新攻关行动"。技术路径引导是在汽车交通行业建立具备低碳特征的产业体系，推广减排潜力大、先进适用、成熟可靠、社会综合效益良好的低碳新工艺、新技术和新设备的重要抓手之一，也是制订财政、税收等优惠政策的有力依据。

第二是规范绿色低碳技术的市场化推广应用。 现阶段我国的低碳发展虽已步入快车道，但低碳技术概念认识不清、对减排潜力缺乏规范评价方法的问题依旧存在，部分传统的高排放高耗能技术同样被纳入低碳序列。具备行业特征的有关技术库可以对行业企业技术使用进行规范性引导，对技术概念作清晰划定，能够有效引导社会各界对低碳技术概念的认识与理解。

第三是助力国际应对气候变化合作与贸易活动开展。《联合国气候变化框架公约》《京都议定书》等文件中明确向发展中国家转让和提供有减排温室气体作用的先进技术是发达国家的重要责任义务。汽车行业低碳技术库涵盖我国行业温室气体减排潜力较大、先进适用的低碳技术，这将为我国与发达国家在低碳领域的合作提供重要依据，并作为南南合作等交流的技术支撑。同时，采用先进低碳技术的产品会有更强的国际市场竞争力，能够助力我国汽车产品进一步参与国际贸易外循环。

汽车行业的产业链长、辐射面广、碳排放总量增长快、单车碳强度高的特点，对原材料从生产端一直到产品使用回收端的低碳管理都提出了要求，实现行业绿色低碳的高质量发展要依赖各类企业的共同努力。总结来看，汽车行业低碳发展政策建议可以归类为：①汽车全生命周期碳排放标准的制订和实施，助力国家碳减排方案厘清汽车产业碳排放的边界，明确汽车行业碳减排的定位、责任和目标；②完善有利于汽车碳排放管理和控制的政策，形成汽车产业低碳政策工具箱；③推动"官产学研"各方形成合力，通过技术孵化、项目示范等方式，加快清洁能源、绿色制造等技术的甄选与落地，以及原材料的循环利用；④进一步加大对新能源汽车使用端的支持力度，配套金融财税税收管理办法，进一步形成鼓励低碳产品消费的氛围。

4. 汽车产品碳足迹信息公示制度

汽车行业是我国国民经济的支柱型产业，具备产业链长、辐射面广的特点，是推动上下游产业链进行减排的重要抓手。在国际上，我国已成为汽车出口大国，具有竞争力的碳排放水平将是我国汽车行业破除全球碳贸易壁垒，走向汽车出口强国的重要支撑，汽车产品的碳排放信息公示制度已成为全球碳排放管理的重要政策工具，建立由政府主导的汽车碳足迹信息公示制度已成为国际发展趋势。在消费端，随着我国低碳理念宣传的不断深入，低碳水平将会成为消费者衡量产品的重要指标。我国也有必要整合国内已有的汽车碳排放数据，在行业管理上做到"心中有数"，探索建立汽车碳足迹公示制度。

目前碳足迹公示的基础工作已基本完备：①**全产业碳排放的数据体系构建已在加速**，通过统一核算方法、统一数据规范、统一报送平台三步走措施迅速构建了汽车行业本土化碳排放数据体系，使得行业内乘用车生命周期碳排放的核算方法、系统边界得到统一，信息不对称的问题得到了初步解决。②**数据报送规范达成了共识**，我国汽车行业共同研究制定了统一的碳排放数据报送表格和报送规范，对碳排放数据收集报送内容、方式方法进行了统一要求，避免了不同口径数据源造成的核算和审核困难。全产业链形成统一步调，极大地带动了碳排放数据的流通和积累。③**数据报送平台已上线运行**，中国工业碳排放信息系统可以有力推动碳数据基础平台的共建共管，促进全产业链碳排放管理能力的提升及数据体系建设的成熟完善，真正实现碳排放数据的可核算、可回溯、可流通、可信任，切实解决行业企业碳排放核算面临的上游数据缺失与收集困难问题，为产品碳足迹信息管理及公示制度的制定提供有效支撑。

加快进行全生命周期碳排放管理，响应国家碳达峰碳中和目标，突破国际贸易碳壁垒已经成为汽车行业的共识。我国汽车碳足迹信息公示制度将按照试点先行、自愿披露、逐步过渡的思路，如图8-5所示，构建由国务院指导、部委联合实施监督，以技术规范为支撑的管理体系，将做到以下几方面工作。

I 方法支撑	II 自愿申报	III 强制公开	IV 多渠道实施	V 建成产品碳迹公示体系	……
■ 乘用车生命周期碳排放核算技术规范 ■ 商用车生命周期碳排放核算技术规范 ■ ……	■ 自愿申报与第三方核算结合的原则，通过网络平台和标识对企业产品的碳足迹进行公示 ■ 公示结果可作为低碳产品补贴、推广支撑依据 ■ 公示结果应对出口国碳足迹核查	■ 基于国家双碳工作部署，结合企业公示情况探索实施强制公示 ■ 实施后监督管理	■ 公示制度及平台建设成熟后，考虑多平台信息公开方法 ■ 除官网公布外，可使用碳足迹签粘贴、企业官方网站公布等方式	■ 完善网络平台信息公开与碳足迹物理标签粘贴两项制度，基本完成单车产品碳足迹公示体系建设 ■ 达到促进绿色生产、推广低碳产品的目的	■ 体系进一步完善 ■ 支撑汽车行业碳排放管理政策实施（如碳税、限额管理等）

图 8-5　汽车产品碳足迹信息公示制度实施思路

第一是开展自愿公示试点工作。 此阶段以自愿性信息报送和第三方核算支撑为实施原则，以轻型乘用车车型为实施对象，开展试点工作。首先发布核算通知向企业收集数据，经核查后公布年度汽车碳足迹信息核查情况，作为面向企业单位信息确认工作的材料。最后，在企业反馈无问题后，在生态环境部官网发布涵盖车辆型号、整备质量、燃料类型、碳足迹、核算时间及核算系统边界等的年度汽车产品碳足迹信息公告。在事后监管端，同步建立信息抽检机制，对每年定期公开的汽车产品碳足迹信息开展一致性抽检或者根据举报线索进行核查，结果向社会通报。

第二是强化配套政策技术体系。 通过总结试点经验，从制度要求、公司管理和技术文件等方面进一步健全汽车碳足迹信息公示制度，包括完善汽车产品碳足迹信息公示要求、汽车产品碳足迹信息公示技术规范等有关政策管理体系，确保要求统一、格式统一、口径统一。同时，将碳足迹信息公示情况纳入汽车行业企业环境信息披露报告中，促使企业在治理过程中建立碳足迹信息核算及公示团队，有效规范信息源的可信度与专业度。在时机成熟时，逐步实现从自愿披露过渡到强制披露。

第三是多维激励低碳车企发展。 开展汽车产业环境信息披露工作与汽车产品碳足迹信息公示工作是对供应链进行深一步管理的有力举措。前者可保证供应链中各企业的可持续发展信息透明公开，后者能够有力支撑产品碳排放数据的可追溯、可查询、可审核。在促进我国企业环境信息接受公众监督的同时，也能助力企业充分应对外循环中的供应链信息审查。

5. 行业环境信息披露及评价制度

构建环境信息披露体系已成为推动我国生态环境治理体系和治理能力现代化建设的一项重要任务，是治理模式从行政管理到公共治理转变的一项重要实施基础。在生态环境保护问题日益严峻，碳达峰碳中和话题受到广泛关注的背景下，强化企业生态环境保护的主体责任，规范环境信息依法披露活动是控制污染排放、高效利用资源、改善环境质量的有力举措。

中共中央国务院《关于完整准确全面贯彻新发展理念做好碳达峰碳中和工作的意见》、国务院《关于加快建立健全绿色低碳循环发展经济体系的指导意见》强调企业环境信息的集中、完备、可查。生态环境部在2021年接连印发《环境信息依法披露制度改革方案》《企业环境信息依法披露管理办法》《企业环境信息依法披露格式准则》（以下简称"格式准则"）等文件明确提出，到2025年我国环境信息强制性披露制度要基本形成。

根据相关文件的要求，自2022年起，符合管理办法要求的重点企业单位要在规定时限内公开其环境信息年度报告和临时报告。要求重点企业至少披露企业环境管理信息、污染物产生、治理与排放信息、碳排放信息等八类信息。具体到汽车行业，建立内容更为详细，指标更为丰富的信息披露体系已成为带动广泛产业上下游企业同步进行减排工作、促进行业绿色低碳高质量发展的重要任务之一。汽车行业环境信息可披露内容见表8-9。其中碳排放是企业需重点关注的话题之一。汽车行业与其他重点行业的不同点是汽车产品在使用过程中也会产生大量的二氧化碳温室气体排放，因此环境信息披露的重点应同时考虑生产、使用、物流运输过程中的碳排放，形成完整的二氧化碳信息公开体系，也以此带动不同类别环境信息的披露公开工作。

表 8-9　汽车行业环境信息可披露内容

序号	披露方向	内容概述
1	目录和名词解释	报告封页扉页内容，报告名词解释
2	关键环境信息摘要	对重要披露项的解释说明性内容
3	企业基本信息	企业运营的基本信息，包括工商信息、产品信息、生产技术等
4	企业环境管理信息	企业遵守生态环境依法管理信息，企业全产业链环境管理战略、绿色制造体系建设信息、管理体系建设及第三方认证信息
5	企业能源资源消耗信息	企业能源/水资源管理举措、能源/水资源消耗量、能源/水资源强度
6	污染物产生、治理与排放信息	企业大气污染物、水污染物的产生治理排放情况，固废及有害物的管理情况，噪声粉尘等的治理情况
7	碳排放信息	企业厂界碳排放及交易情况
8	材料环境信息	使用材料 VOC、禁用物质管理及含量、再生与可降解材料使用、产品轻量化、绿色物料使用情况
9	产品环境信息	车辆产品使用能耗、产品尾气排放、车内 VOC 含量、车辆行驶噪声、产品全生命周期碳排放情况
10	分销体系环境信息	绿色包装、绿色运输、绿色仓储、经销商管理信息
11	产品回收环境信息	产品回收管理、可再利用率与可回收利用率、动力蓄电池溯源、拆解信息公开、再制造零部件使用信息
12	强制性清洁生产审核信息	企业在强制性清洁生产审核方面的信息
13	生态环境应急信息	企业出现生态环境事故及面对重污染天气情况的信息
14	生态环境违法信息	企业生态环境违规违法信息
15	本年度临时报告情况	《企业环境信息依法披露管理办法》中临时报告要求信息
16	相关投融资的生态环保信息	企业进行符合管理办法规定的投融资行为时的生态环保信息

6. 汽车行业碳排放财税政策制订

"1+N"政策体系中顶层文件《关于完整准确全面贯彻新发展理念做好碳达峰碳中和工作的意见》和《2030年前碳达峰行动方案》均提出建立健全有利于绿色低碳发展的税收政策体系，更好发挥税收对市场主体绿色低碳发展的促进作用。完善财税政策是支持激励汽车行业进行绿色研发创新的重要手段，也是各国气候战略的重要组成部分。目前，我国对于节能与新能源车已经有较大力度的政策倾斜，财税激励政策在一定程度上扶持了汽车行业的发展，但是大多停留在整车产品层面，对于低碳技术、绿色创新等环节的激励较少，可行的激励手段尚不明确。例如企业所得税中"研发费用加计扣除"的政策，在一定程度上起到了增加企业现金流、鼓励企业研发创新的作用，但在实际落地上忽视了"绿色创新"因素，并未将绿色低碳制造等技术考虑在内。针对汽车二氧化碳排放量低于一定额度的汽车整车制造以及零部件制造企业，可以通过提高其研发费用税前扣除比例，为汽车行业实现低碳发展以及我国"双碳达标"提供支持性政策。

在财税补贴方面，完善针对汽车行业的财政补贴可以考虑以下几个方面：一是从补贴结构入手，目前我国财政补贴对于产业的支持方式往往通过直接投入的方式，较为单一的补贴结构不利于产业发挥自身的增长能力。对此，可以减少直接投入的比重，加强能够产生引导作用的补贴方式，促进补贴方式的多元化。二是从补贴环节入手，财政补贴可从生产和销售环节放宽至产业链上的各个环节，以此形成产业链联动发展，降低汽车原材料获取、零部件及整车制造、燃料生产等全产业链二氧化碳排放量。在研发环节可鼓励汽车核心低碳技术的绿色创新，提高汽车整车企业及零部件企业的整体技术水平。在市场推广环节，对商业模式的参与主体给予补贴，对于各种汽车行业经营的创新模式给予支持。

在税收方面，可考虑以汽车行业作为试点行业实施碳税政策。碳定价机制主要包括碳排放权交易机制和碳税机制。碳排放权交易机制按照"总量控制与配额交易"的形式，建立政策性市场，供控排单位自由买卖配额，碳价由市场决定。碳税政策以消费化石燃料的碳含量或碳排放量为基准对控排单位征税，通过税收手段，将因二氧化碳排放带来的环境成本内部化为生产经营成本，税率由政府设定。欧盟、美国加利福尼亚州、韩国、新西兰等国家或地区建立了碳交易市场，主要涵盖电力行业、石油化工、铝业等能源密集型工业。芬兰、瑞典、挪威、丹麦、英国、日本等国家已开征碳税，主要集中在交通领域，对交通燃料或者机动车碳排放进行征税，取得了良好的减排效果。另外，部分发达国家正在基于国内的碳定价机制，探索建立碳关税制度，预计国际贸易格局将会发生重大变化。欧盟已发布了碳边境调节机制的草案，提出欧盟碳排放交易体系（EU-ETS）下的所有商品均应纳入碳关税征收范围，目前包括水泥、电力、化肥、钢铁和铝。欧洲议会修订稿中，建议加入氢和塑料及其制品，并将间接排放纳入核算范围内，预计未来有可能进一步扩大产品范围，包括下游产品，将对国际贸易产生较大影响。

通过国际上的成功经验可以看出，碳定价机制将对汽车行业碳减排产生积极作用。随着汽车产销量和保有量的增加，汽车行业碳排放增长较快，在汽车行业实施碳定价机制具有重要意义。然而，汽车行业碳排放源较为分散，加入碳交易市场难度大、流程多、操作成本高。而碳税征收流程简单，易操作，比较适用于汽车行业这类排放源分散、集中度较低的行业。因此，以汽车行业作为试点行业开展碳税政策研究，促进减排成本内部化，推动汽车行业资源正向转移，不仅可以促进汽车行业碳减排，提高汽车产品低碳竞争力，扩大汽车出口市场，推动汽车行业向高质量发展迈进，同时可以形成辐射带动效应，为全行业开展碳税政策研究提供借鉴意义。研究制定汽车行业碳税政策，不仅是应对国际碳贸易壁垒的关键选择，更是促进我国"双碳"目标实现的重要一环。

8.2　汽车行业低碳发展的战略要点

8.2.1　加快电力结构的脱碳化进程

电力的清洁化程度对于汽车行业的低碳发展具有至关重要的影响。近年来，我国一直大力发展水电、风电、光电等可再生能源电力，促进电力结构低碳清洁化转型。截止到2023年底[1]，水电、风电和光伏发电占比分别达到20%，10%，6%。然而，我国电力结构依然以火电为主，绿色电力供应仍显不足，尤其是风电和光电尚有较大发展潜力，导致我国电力碳排放因子依然较高。相比之下，欧美国家的火电，占比不到30%，可再生发电比例较高，碳排放水平显著低于中国。现阶段，在核算企业和产品的碳排放时，发电产生的间接碳排放正在逐渐纳入核算范围中。欧洲议会关于《欧盟碳边境调节机制》的修订稿中建议将电力生产等间接排放纳入碳核算范围。同时，在欧盟发布的《欧盟电池与废电池法》草案中，对电池的碳足迹提出了严格要求，不满足要求的产品将被禁止进入欧盟市场。这些政策变化表明，电力结构的清洁化程度将成为影响我国新能源汽车发展的重要因素。因此，进一步加快电力结构的脱碳化进程尤为重要。

由于我国煤炭资源禀赋优越，导致我国电力结构中火电为主，以往的主流技术路径和基础设施主要与火电体系相配套，煤发电技术稳定，发电成本低廉。在未来一段时间内，为了保障电力供给稳定、生产生活有序运行，煤炭等化石能源依然是我国电力的主要能源供给。因此，在逐步提高可再生电力占比的同时，需配套采取多种措施提高煤电的清洁化程度，遵循"控制增量、优化存量"的原则，发挥煤电安全保障作用，重点发展先进煤电产能，适度安排新增煤电规模。此外，还需构建清洁电力供应体系，增加绿电厂及相应配套设施的建设，加快智能电网建设。根据各地区能源资源禀赋特点，因地制宜，大规模推进风电、光伏发电的开发，开展分布式光伏发电示范应用。例如，在西南地区，以主要河流为重点，积极推进大型水电基地建设；在西北地区，大力发展风能和太阳能，同时，建设跨区跨省输电通道，优化能源资源区域间配置，提高可再生电力的区域流动，协调不同区域间清洁电力的供需矛盾。通过这些举措，助推能源脱碳化进程，实现绿色低碳发展目标。

8.2.2 稳步推进汽车电动化发展

电动化已成为推动汽车产业低碳高质量发展的重要途径。相比于传统燃油车辆，电动车辆在全生命周期内可显著减少碳排放。为降低汽车行业碳排放，各国陆续出台了电动化发展目标。欧盟于2021年7月发布了乘用车和轻型商用车CO_2排放标准修订草案，建议到2035年使碳排放量较2021年下降100%，这意味着届时燃油车将完全退出欧盟市场。美国在拜登政府的领导下，大幅增强了对新能源汽车的支持。2021年8月，拜登签署行政令，要求2030年全美电动化率达到50%。2023年1月，美国众议院通过了1.7万亿美元的刺激法案，大幅增加新能源汽车补贴力度，并取消了补贴限制。我国发布了"双积分"政策，要求2023年和2024年新能源汽车积分比例分别达到16%和18%，通过引导传统车企加大新能源汽车布局，从而释放新能源汽车的发展潜力。在政策的引导下，各大车企纷纷将电动化作为未来发展的重点，造车新势力和合资品牌加大电动及插电式混合动力车型的开发力度，丰富和完善产品矩阵，推动产品线多元化。

然而，随着电动化的快速推进，行业面临的挑战也愈加凸显。电动汽车企业间竞争加剧，电池所需的镍、钴、锂等关键原材料资源紧张以及原材料成本上涨等问题不断显现。同时，欧盟出台的《欧盟电池与废电池法》对电池的碳足迹、再生材料利用含量、材料回收效率以及尽职调查等方面提出了严格要求，对我国新能源汽车发展提出了挑战。因此，政府和汽车企业需要及时采取有效措施应对国内外形势的变化。政府方面，应做好基础保障工作，制定科学合理的标准、政策、发展规划、财政措施，引导我国新能源汽车低碳高质量发展，扩大产品市场竞争优势。另外，完善充电桩等基础设施，推进公共充电桩建设和规范管理，提高新能源汽车充电便捷性，解决消费者充电难等根本性问题，扩大新能源汽车的应用场景。企业方面，现阶段适逢新能源汽车飞速发展时期，国内外相关政策变化频繁，企业应持续关注国内外汽车行业碳排放政策动态，及时调整业务布局，提高国内外相关政策应对能力。其次，加大新能源汽车研发投入，力争取得关键性技术突破，提高新能源汽车品质和质量。同时，新能源汽车产品的上游供应链日益受到关注，尤其是供应链可持续供应能力问题等。企业应及时做好预警工作，防止或降低关键原材料紧缺或者成本过高带来的风险。

8.2.3　加大低碳材料的有效供给

加大低碳材料的有效供给是我国经济社会发展的重要举措。推动低碳材料的供给，促进资源节约和集约利用，构建低碳材料供给体系，对保障国家资源安全，推动实现碳达峰、碳中和，促进生态文明建设具有重大意义。目前，我国高质量低碳材料的供应量有限，难以满足企业低碳发展的需求。一是我国资源回收情况并不乐观。例如，2019年国内十大品种再生资源的回收数据显示，废轮胎和废玻璃的回收量较2018年分别下降3.7%和5.4%[2]。二是低碳材料供应商的再生资源加工利用水平和生产规模较低，难以满足汽车行业对高质量低碳材料的需求。以部分低碳材料为例，近年来国内再生钢、铝、铜的市场占比约为欧盟的25%、40%、30%（中汽中心测算）。因此，推动回收产业规模的提升，促进回收技术水平的提高，是保障汽车行业再生材料供给的重要任务。

首先，建立再生材料的质量和碳减排评估标准，保障汽车回收利用产业的标准依据和良性政策环境。推动再生资源规模化、规范化、清洁化利用，促进再生资源产业集聚发展，提升行业规范化水平，促进资源向优势企业集聚，解决循环材料生产能力不足和规模不大的问题。其次，建立完善的汽车回收体系，包括强制性回收政策的制定、回收网点设立、专业回收资质的下发等，继续开展生产者责任延伸试点，加强汽车回收监管力度，提高汽车从报废、拆解、加工处理到回收材料投入市场全过程的流向透明度。最后，鼓励回收企业加大资源提取技术创新，促进新技术、新工艺、新设备推广应用，支持规范回收企业工艺设备提质改造，推进智能化、精细化拆解，保障回收材料的质量和水平，提高镍、钴、锂、铝等关键原材料的循环利用率。通过这三个方面的努力，我国可以逐步建立高效、规范、低碳的材料回收和再利用体系，确保关键原材料的充足供应，助推汽车行业及其他产业的低碳高质量发展。

8.2.4 提升智能化生产生活水平

提升智能化生产生活水平是推动经济社会转型和实现绿色发展的重要抓手。近年来，我国积极推动智能制造、智慧城市、智能家居等领域的发展，通过引进人工智能、大数据、物联网等先进技术，提升生产效率和生活品质。截至 2023 年底，我国智能制造装备和工业机器人市场规模分别达到 5000 亿元和 1100 亿元，家庭智能设备普及率达到了 45%。然而，我国智能化水平整体上依然处于较为初级的阶段，技术创新能力和自主研发水平仍需提升，特别是在核心技术和高端制造设备方面，与国际先进水平还有一定差距。欧美国家在智能生产和智能生活领域起步较早，已经形成了规模化应用和完善的产业链。现阶段，随着全球数字化转型的加速，各国对智能生产和智能生活提出了更高的要求。欧洲议会发布的《人工智能法》草案中建议在监管人工智能产品和服务时，需确保其透明性和安全性，未达到标准的产品将无法进入市场。因此，进一步提升我国智能化生产生活水平，对提升国际竞争力具有关键意义。

由于我国传统产业基础雄厚，但信息化和智能化程度相对较低，存在技术瓶颈和市场机制不完善的问题。为了加速智能化建设，提升生产效率和生活质量，必须统筹推进科技创新和产业升级。例如，针对制造业，全面实施智能化改造，鼓励企业进行信息化和数字化转型，提高生产过程的自动化和精准化。在生活服务领域，大力推广智能家居、智慧医疗、智能交通等应用，提升居民生活便利度和安全性。在技术层面，应加强对人工智能、5G、大数据等前沿技术的研发投入，建立技术标准和产业联盟，促进技术成果转化和产业化。同时，完善政策法规体系，鼓励创新创业，形成良性发展的智能产业生态系统。例如，以制造业为重点的东部沿海地区，可以率先推进智能制造示范应用；中西部地区则可以结合自身优势发展智慧农业和智能物流。通过综合施策，我国智能化生产生活水平将实现大幅提升，为经济社会高质量发展注入强劲动力。

8.2.5 推广低碳替代燃料使用

推广低碳替代燃料使用是我国经济社会发展的重要举措。通过增加清洁燃料的应用，我们可以有效减少温室气体排放，推动实现碳达峰、碳中和目标。目前，我国在清洁燃料的推广和应用方面取得了一定进展，但与其他发达国家相比仍有提升空间。近年来，氢能和生物燃料等低碳替代能源的技术研发和市场推广不断加速。全国多个城市已开始建设氢能基础设施，推动氢燃料汽车的商业化运行，并制定了生物燃料的使用标准和政策支持，以扩大其在交通和工业领域中的应用。

政府应进一步加大对低碳燃料的政策支持和资金投入，制定清晰的推广路线图和实施方案。建立完善的低碳替代燃料供应保障体系，包括加快建设氢能加注站、液化天然气（LNG）补给站等基础设施，并提供相应的补贴和税收优惠政策，激励企业和个人使用低碳燃料。此外，促进产学研协同创新，鼓励企业与科研机构合作，研发高效、安全的低碳燃料技术，加速新技术的商业化进程。通过这些举措，我国可以在全球低碳能源革命中占据优势地位，为建设生态文明和实现可持续发展做出重要贡献。

8.2.6 倡导居民低碳出行新模式

公共交通、自行车、共享单车等低碳出行方式具有明显的节能减排效益。倡导低碳出行对于缓解交通拥堵，促进汽车行业碳减排具有重要的作用。首先，应为低碳出行建立良好的基础保障机制。充分挖掘现有道路资源，运用道路空间再分配机制，为低碳出行提供更多的空间，保障自行车、电动自行车等非机动车辆的道路权，鼓励居民在短距离内采用低碳出行方式。2024 年，多个城市已通过智能交通系统，利用居民出行大数据，优化组合多种交通工具和调度策略，加强公共交通模式的资源整合和数据共享，按需响应，动态调整路线和站点，便于居民采用公共交通出行方式，提高运能供给与出行需求的匹配程度。

其次，通过多种方式鼓励居民采用低碳出行方式。近年来，多个地方政府建立了个人出行"碳账户"体系，应用统一的量化方法和标准，评估居民步行、自行车、公共交通等低碳出行方式的减排量，并为市民和小微企业的节能减碳行为赋予价值。例如，成都市政府通过"碳惠天府"机制，奖励公众碳减排积分，开发了绿色出行、节水节电等不同场景，制定了餐饮、商超等低碳评价规范。浙江省发改委推出的"浙江碳普惠"平台，通过记录居民日常生活中的低碳行为并累积碳积分，有效促进了居民对于碳减排的参与感，树立低碳出行理念，引导居民更多地选择低碳出行方式。这些举措不仅推进了低碳出行的普及，也为城市的可持续发展注入了新的活力。

8.2.7 加快推进负碳技术研发

负碳技术可以实现碳排放的净吸收，对于碳中和目标的实现具有重要意义。负碳技术是指从大气中移除 CO_2 的实践或技术，主要包括碳捕集利用与封存技术（CCUS）、碳汇及其他先进的负碳技术。《IPCC 全球升温 1.5℃特别报告》指出，预计在 2030 年，CCUS 技术的减排量为 1 亿 ~4 亿 t/ 年，而到 2050 年这一数字将增至 30 亿 ~68 亿 t/ 年。CCUS 不仅是难以脱碳行业低碳转型的可行技术选择，还能为部分工业生产过程提供 CO_2 原料。美国、欧盟、日本等发达国家或地区均通过多项措施推动 CCUS 项目的发展。例如，美国通过 45Q 税收抵免和加州政府的低碳燃料标准提供财政支持，2020 年新增了 12 个 CCUS 商业项目，运营中的 CCUS 项目约占全球运营项目总数的一半。

根据中国《二氧化碳捕集利用与封存（CCUS）年度报告（2021）》显示，中国已投运或在建的 CCUS 示范项目约有 40 个，捕集能力为 300 万 t/年。然而，目前中国 CCUS 技术多以示范项目为主，项目规模小，直接经济成本高，还存在一定的环境风险，尚未形成规模化的商业应用场景，未能充分发挥 CCUS 的潜力。碳汇通过吸收大气中的二氧化碳，同样在碳减排中起着重要作用。相较其他负碳技术，碳汇的减排成本较低，发展潜力巨大。2023 年，浙江省印发了《关于完整准确全面贯彻新发展理念做好碳达峰碳中和工作的实施意见》，明确提出巩固提升林业碳汇、推进海洋碳汇开发利用以及开展碳汇试点等重点工作。

为推动中国负碳技术的发展，首先，应完善 CCUS 和碳汇减排量的监测、报告、验证方法及标准体系，建立建设、运营、监管、终止的完整标准体系，确保项目减排效果能够量化和比对，为提升碳减排能力、精准监测和交易打下基础。其次，需加大对 CCUS 项目和碳汇项目的基础设施建设投入，特别是提高 CO_2 运输与封存基础设施的建设规模和规范管理。通过学习和借鉴国际负碳技术激励政策，探索制定符合中国实际情况的税收优惠和补贴政策，保障负碳技术的资金支持。最后，允许经核证的 CCUS 项目和碳汇项目的减排量进行交易，例如通过国家核证自愿减排量（CCER）参与碳交易市场，最大限度地激发负碳技术研发的潜力。这些措施将促使中国在全球碳中和进程中发挥更大作用，推动经济和环境的可持续发展。

8.3 总结与展望

本书聚焦于乘用车、商用车两类车型，单车、企业和车队三个维度的全生命周期的碳排放核算及分析，深度研究了我国汽车碳排放现状以及不同减排路径、不同减排情景下的多场景减排潜力分析，以期为我国汽车产业的碳中和发展提供借鉴参考。下一步，将继续致力于中国汽车低碳行动计划研究，结合行业发展趋势，深耕汽车行业碳中和研究。

参考文献

[1] 中国电力企业联合会. 中国电力统计年鉴 2023 [M]. 北京：中国统计出版社, 2023.
[2] 生态环境部. 国家重点推广的低碳技术目录 [Z]. 2014.

附　录
APPENDIX

附录 A　材料更换及逸散次数　　　（单位：次）

编号	材料名称	除纯电动乘用车外的适用 M1 车辆	纯电动乘用车
1	轮胎	2	2
2	铅酸蓄电池	2	2
3	润滑剂	29	8
4	制动液	2	2
5	冷却液	2	2
6	制冷剂	逸散1次，更换1次	逸散1次，更换1次
7	洗涤液	14	14

附录 B 车辆周期相关碳排放因子

编号	名称	碳排放因子缺省值	单位
1	钢铁	2.38	$kgCO_2e/kg$
2	铸铁	1.82	$kgCO_2e/kg$
3	铝及铝合金	16.38	$kgCO_2e/kg$
4	镁及镁合金	39.55	$kgCO_2e/kg$
5	铜及铜合金	4.23	$kgCO_2e/kg$
6	热塑性塑料	3.96	$kgCO_2e/kg$
7	热固性塑料	4.57	$kgCO_2e/kg$
8	橡胶	3.08	$kgCO_2e/kg$
9	织物	5.80	$kgCO_2e/kg$
10	陶瓷/玻璃	0.95	$kgCO_2e/kg$
11	铅	2.74	$kgCO_2e/kg$
12	硫酸	0.10	$kgCO_2e/kg$
13	玻璃纤维	8.91	$kgCO_2e/kg$
14	磷酸铁锂	2.93	$kgCO_2e/kg$
15	镍钴锰酸锂	17.40	$kgCO_2e/kg$
16	锰酸锂	4.73	$kgCO_2e/kg$
17	石墨	5.48	$kgCO_2e/kg$
18	电解液：六氟磷酸锂	19.60	$kgCO_2e/kg$
19	润滑剂	1.20	$kgCO_2e/kg$
20	制动液	1.20	$kgCO_2e/kg$
21	冷却液	1.85	$kgCO_2e/kg$
22	制冷剂	15.10	$kgCO_2e/kg$
23	洗涤液	0.97	$kgCO_2e/kg$
24	镍钴锰酸锂电池包	87.78	$kgCO_2e/kW·h$
25	磷酸铁锂电池包	73.51	$kgCO_2e/kW·h$
26	锰酸锂电池包	67.90	$kgCO_2e/kW·h$
27	整车生产	550	$kgCO_2e/$辆

附录 C 能源/燃料生产的碳排放因子

能源/燃料名称	生产的碳排放因子	单位	核算边界
全国电网平均供电	0.635	$kgCO_2e/kW \cdot h$	包括能源开采、电力生产、电力输送过程
水电	0.035	$kgCO_2e/kW \cdot h$	包括能源开采、电力生产、电力输送过程
风电	0.006	$kgCO_2e/kW \cdot h$	包括能源开采、电力生产、电力输送过程
核电	0.014	$kgCO_2e/kW \cdot h$	包括能源开采、电力生产、电力输送过程
火电	0.971	$kgCO_2e/kW \cdot h$	包括能源开采、电力生产、电力输送过程
光伏发电	0.048	$kgCO_2e/kW \cdot h$	包括电力生产过程
生物质发电	0.230	$kgCO_2e/kW \cdot h$	包括电力生产过程
天然气	0.07	$kgCO_2e/m^3$	包括天然气开采、加工、运输等过程，未考虑生产过程逸散排放
汽油	0.487	$kgCO_2e/L$	包括原油开采、加工、运输过程，未考虑生产过程逸散排放
柴油	0.535	$kgCO_2e/L$	包括原油开采、加工、运输过程，未考虑生产过程逸散排放
煤	0.08	$kgCO_2e/kg$	包括原煤开采、洗选过程，未考虑采矿场煤的自燃和瓦斯的逸散排放
低压蒸汽（0.3MPa）	0.31	$kgCO_2e/kg$	用煤作为能源生产，包括原煤开采、洗选过程、运输及锅炉生产蒸汽过程
中压蒸汽（1MPa）	0.38	$kgCO_2e/kg$	用煤作为能源生产，包括原煤开采、洗选过程、运输及锅炉生产蒸汽过程

附录 D　常见化石燃料特定参数值

燃料品种		低位发热量 / (GJ/t，GJ/10⁴Nm³)	单位热值含碳量 / (tCO₂e/GJ)	燃料碳氧化率
固体燃料	无烟煤	26.700[①]	27.40 × 10⁻³[②]	94%
	烟煤	19.570[③]	26.10 × 10⁻³[②]	93%
	褐煤	11.900[①]	28.00 × 10⁻³[②]	96%
	洗精煤	26.344[④]	25.41 × 10⁻³	90%
	其他洗煤	12.545[④]	25.41 × 10⁻³	90%
	型煤	17.460[③]	33.60 × 10⁻³[③]	90%
	焦炭	28.435[③]	29.50 × 10⁻³[②]	93%
液体燃料	原油	41.816[④]	20.10 × 10⁻³[②]	98%
	燃料油	41.816[④]	21.10 × 10⁻³[②]	98%
	汽油	43.070[④]	18.90 × 10⁻³[②]	98%
	柴油	42.652[④]	20.20 × 10⁻³[②]	98%
	一般煤油	43.070[④]	19.60 × 10⁻³[②]	98%
	液化天然气	51.44[④]	15.30 × 10⁻³[②]	98%
	液化石油气	50.179[④]	17.20 × 10⁻³[②]	98%
	煤焦油	33.453[④]	22.00 × 10⁻³[①]	98%
气体燃料	炼厂干气	45.998[④]	18.20 × 10⁻³[②]	99%
	焦炉煤气	179.81[④]	13.58 × 10⁻³[②]	99%
气体燃料	高炉煤气	33.000[③]	70.80 × 10⁻³[①]	99%
	转炉煤气	84.000[③]	49.60 × 10⁻³[③]	99%
	其他煤气	52.270[④]	12.20 × 10⁻³[②]	99%
	天然气	389.310[④]	15.30 × 10⁻³[②]	99%

① 数据取值来源为《2006 年 IPCC 国家温室气体清单指南》。
② 数据取值来源为《省级温室气体清单指南（试行）》。
③ 数据取值来源为《中国温室气体清单研究（2007）》。
④ 数据取值来源为《中国能源统计年鉴（2019）》。